国家文化产业资金支持媒体融合重大项目

高等职业教育教学改革特色教材·财经通识课

珠算教程

（第七版）

迟海滨 王朝才 名誉顾问

姚克贤 主 编

ZHUSUAN
JIAOCHENG

东北财经大学出版社
Dongbei University of Finance & Economics Press 大连

图书在版编目（CIP）数据

珠算教程 / 姚克贤主编 . —7 版 . —大连 ：东北财经大学出版社，
2024.7 . —（高等职业教育教学改革特色教材·财经通识课）. —ISBN
978-7-5654-5310-6

Ⅰ.0121.5
中国国家版本馆 CIP 数据核字第 2024TF4770 号

东北财经大学出版社出版
（大连市黑石礁尖山街 217 号　邮政编码　116025）
网　　址：http://www.dufep.cn
读者信箱：dufep@dufe.edu.cn
大连天骄彩色印刷有限公司印刷　东北财经大学出版社发行
幅面尺寸：185mm×260mm　　　字数：324 千字　　　印张：15
2024 年 7 月第 7 版　　　　　　　2024 年 7 月第 1 次印刷
责任编辑：张晓鹏　张爱华　　　　　　责任校对：一　心
封面设计：原　皓　　　　　　　　　　版式设计：原　皓
定价：42.00 元

教学支持　售后服务　　联系电话：（0411）84710309
版权所有　侵权必究　　举报电话：（0411）84710523
如有印装质量问题，请联系营销部：（0411）84710711

第七版前言

文化是一个国家、一个民族的灵魂。文化兴则国运兴，文化强则民族强。习近平总书记在党的二十大报告中提出"推进文化自信自强，铸就社会主义文化新辉煌"的历史性任务，并从国家发展、民族复兴高度，就繁荣发展文化事业和文化产业、加大文物和文化遗产保护力度做出具体部署，为我们扎实推进中国珠算非物质文化遗产保护传承、不断激发文化自信、切实增强中华民族伟大复兴的精神力量提供了根本遵循。

《珠算教程》一书自问世以来，受到社会各界和有关学校的赞许，并据各方要求已进行了五次修订，现做第六次修订，使之与时俱进，更加科学、合理，更符合实际教学需要。

本次修订主要做了如下工作：

（1）简化并精准提炼课前思考内容，便于学生集中精力思考并快速了解单元内容。将部分课前思考内容整合融入课后练习栏目，便于学生课后复习。

（2）学习目标中增加素养目标，落实"立德树人"根本任务，推进高校课程思政建设，发挥好珠算课程的育人作用，提高高校人才培养质量。

（3）充实文化广角栏目，让学生和其他广大读者更好地了解珠算与珠算文化在历史和现代生活中的价值，提高文化自信。

（4）每单元新增了珠算文化方面的视频资源，丰富了教材内容的呈现形式，使教材更加立体化。

本版教材由姚克贤担任主编，张洋参与修订。由于编者水平所限，书中不妥之处在所难免，恳请读者在使用的过程中提出宝贵意见，以便我们修订时改进。

编　者

2024年5月

第六版前言

　　《珠算教程》一书自问世以来，受到社会各界和有关学校的赞许，并据各方要求已进行了四次修订。现做第五次修订，使之更加科学、合理，更符合实际教学需要。

　　本次修订主要做了如下工作：

　　（1）将每一单元的内容按照课前思考、正课内容和课后练习三个环节展开，层层递进，环环相扣。

　　（2）将每单元的课前思考题调整为十个以内，按照课程内容的逻辑顺序提示性地展开提问，便于学生思考并快速了解单元内容。

　　（3）每单元后增加文化广角栏目。文化广角主要包括珠算之最、珠坛故事和文化呈现三部分内容，从不同角度展现珠算与珠算文化，让学生和广大读者更好地了解珠算和珠算文化在历史和现代生活中的使用价值与文化价值，提高其文化自信和民族自信。

　　（4）补充了课后练习题答案（请扫码查看），供读者参考。

　　由于编者水平所限，书中不妥之处在所难免，恳请读者在使用的过程中提出宝贵意见，以便我们修订时改进。

编　者

2021年4月

第五版前言

《珠算教程》一书自问世以来，受到社会各界和有关学校的赞许，并据各方要求已进行了三次修订。现应多方要求与意见做第四次修订，使之更加完整、科学、合理，符合客观需求。

本次修订的主要内容如下：

一、增添一些国内外有关资料，使广大读者加深了解中国珠算科技的内涵和实际意义。

二、本教材和习题集是珠算四则运算的理论与实践操作相结合的整套两本书籍，但各有侧重面。此次修订将习题集中的理论思考题部分移到本教材中，使之更加合理化。

三、本教材在内容上做了一些补充调整，如将"变通乘除法"中的两项方法调到"基本方法"中，还对古书《数术记遗》中的十四种算具与算法做了详尽的表述等（通过二维码链接查看）。

在修订过程中，中珠协副秘书长刘芹英博士和枣庄师范学校孙晋同高级讲师等提供了大量资料和宝贵意见，在此一并道谢。

根据需要，特聘中珠协副秘书长刘芹英博士为本书主审之一。

前后参加此次修订的有西安财经学院李培业、河南财政税务高等专科学校（现河南财政金融学院）郭启庶、中南财经政法大学朱世浩、山西财经大学王令九、山东商业职业技术学院姚克贤和赵孝廉，还有山东英才学院的赵娟、姚兆女。

由于编者水平有限，书中难免有许多不足之处，敬请广大读者见谅。

编　者

2017 年 12 月

目 录

第一单元

珠算概述

课前思考

1.你知道珠算吗？我国珠算起源和发展进程是怎样的？
2.在互联网时代，推进珠算非物质文化遗产保护与传承有哪些意义？

学习目标

知识目标：通过本章学习，了解珠算的起源和发展脉络；了解国内外珠算与珠心算发展现状。

技能目标：认识算盘，能够正确握持算盘。

素养目标：能够认识到非物质文化遗产是中华优秀传统文化的重要组成部分，是中华文明绵延传承的生动见证，是联结民族情感、维系国家统一的重要基础。保护好、传承好、利用好非物质文化遗产，对于延续历史文脉、坚定文化自信、推动文明交流互鉴、建设社会主义文化强国具有重要意义。

第一节 我国珠算发展简史

珠算是以算珠为载体，以算盘为工具，以其独特的计算原理和基本的数学原理为基础而进行计算数值的一项计算技术。

中国式的珠算及算盘，是我国劳动人民在长期的生产、生活实践中发明创造并不断改进、演变而成的，是中华民族的优秀文化遗产（堪与古代四大发明相媲美）。大量史实证明：我国的珠算及算盘在几千年历史进程中，不断演变创新，是在与多种算具、算法竞争中不断完善的一种先进计算技术和计算工具。历史上珠算对中华民族的科技发展、社会进步和促进文化经济发展发挥过明显的作用，而今珠算已经发生质的飞跃，从基本算理算法发展到珠心算水平，具有深刻的科学内涵、特殊的深化作用，所以说，它不仅是我国一项优秀的科学文化遗产，同时作为人类基本计算技术技能，也是世界文化遗产的组成部分，具有世界性科技意义。故此在今后的历史进程中，同样将继续发挥其巨大作用，并将长期存在、发展下去。总之，珠算可以概括为："源自商周，始于秦汉，成型唐宋，鼎盛元明，发展在今。""根在中国，面向世界。"

从史料考察，我国珠算及算盘的发展大致可分为以下几个阶段：

首先是以尚未固定成盘的珠算盘为主并与其他古算具并存阶段。这大致上可以从西周前到汉代为一个历史阶段。从上古结绳而治，到屈指可数的计数法，一直发展到诸多古算具并存，是一个相当漫长的时期。现在史料探明，在陕西省岐山县发现的西周带色陶丸，以及古汉字"𢏏"（数）的

十四种算具和算法介绍

写法，即"用手串珠，谓之数"，可见珠算溯源甚久；后来随着社会的进步、经济的发展、分工的细化、商业的兴起，对计算及算具提出了新的更高要求，因而创造发明许多古算具、算法。如汉《数术记遗》记述的积算（筹算）、珠算、两仪算、太一算、三才算、五行算、八卦算、九宫算、运筹算、了知算、成数算、把头算、龟算、计数（心算）等十几种算具、算法。这是合乎历史发展规律的。我国从西周奴隶制度形成以来，经济上逐步发展，随着商朝的灭亡，大部分商族上层人物沦为奴隶，一方面，周政权令"商"

十四种算具和算法具体操作过程的详细说明

人奴隶经商为政权所用；另一方面，一般民众操此业而生。当时货币也发展起来，财税也相继形成，尽管仍以农为本，但不断扩展商业。到了春秋战国，国家抑商、轻商，同时扶商、重商，为政权生存所用。而且在客观上经济发展、农产品数量增加、交换范围与方式扩展，也必然促使市场逐步形成，交通也有所发展。如战国时商人能将籴粟"运行五百里"以上，农产品交换可以跨区进行，集市扩大，商贾阶层不断形成。如有名的白圭、计然、范蠡等就是杰出的代表人物。由此可见，商业的兴盛已达相当发达的程度。从云梦出土的秦简说明，秦代商品、货币、税收也是相当发达并被秦政权所高度重视的。到了汉代，进入了我国封建制度早期经济发达、商业兴盛的一个代表时期。史称："汉兴，海内为一，开关梁，弛山泽之禁，是以富商大贾周流天下，交易之物莫不通，得其所欲……"（《史记·货殖列传》）经济的繁荣、商业的兴盛、交通的发达、市场的扩展，再加财政税收的加强，势必计算任务更加烦冗，尤其商业计算任务更加繁重，于是由简单的计数法和计算工具，发展到较为复杂、较为先进的计数方法和计算工具，这是必然的趋势。当然珠算及算盘在开始一段较长时间内因为还不够完善，所以就不可能广泛普及且占统领计算地位。何况筹算等算具、算法有当时珠算尚不具有的不少计算优点，所以在这一阶段，筹算、珠算及其他几种算具、算法同时并存，是合乎那个时期的历史条件的。

后来是珠算及算盘发生了较大变更的阶段，从许多计算工具演变为筹、珠并存状态，进而算盘又吸收其他算具之长而形成固定成盘、有梁有档的定型算盘。这时期，算盘从结构上吸取诸算具之长，而形成独创之算具，且从筹算的三行张算，改变为一行张算。珠算从算法上也日趋改革，更加适应客观经济计算需要。筹算仍为上层人物所应用。这时期大致上可以说是始于唐宋。

我们曾考证北宋的《清明上河图》中一药铺隐约可见的十五档的算盘、巨鹿县出土的宋大观二年前的算珠，以及山东台儿庄中华珠算博物馆所收集的唐代陶瓷算珠，可以

认为在宋初或者更早一些时期就有完整式的算盘了。这时期记载珠算的书籍有《盘珠集》《走盘集》，宋代《谢察微算经》中的算盘有横梁隔木之说等，可见其成型唐宋确实无疑，可以认为其从原始的游珠算盘吸收其他计算器之优点，发展到固定成盘、档位分明，并突出了五升十进制，而方法上也由繁到简进行改进，充分发挥了既简便又迅速的计算优点，自成一家，逐步替代了其他许多古算具，而得到广泛应用。这个变化也是和社会发展息息相关的。封建王朝进入唐代，其经济已得到高度的发展，而与珠算应用休戚相关的商业得到高度的发展必然会促进珠算的改进和广泛的应用。从历史观察，唐代商业及其对外贸易的兴盛，使唐朝成为我国历史上举足轻重的一个朝代。这时工商业的封建体制已形成，经济高度发展，不仅在范围分工方面远较汉代广泛，结构也发生重大变化。许多行会得以建立，有些贵族、官僚也参与商业活动。唐政权积极鼓励对外贸易，如广州、杭州、泉州、扬州等十几个城市的对外口岸开放，交通也相应发达，如崔融曾描述唐武后对商业发展的支持情况时说："天下诸津，舟航所聚，旁通巴汉，前指闽越。七泽十薮，三江五湖，控引河洛，兼包淮海，弘舸巨舰，千轴万艘，交贸往还，昧旦永日。"（《旧唐书·崔融传》）同时市场不断扩大，"日击鼓三百"而集散的市场很多。此外，财政、税收措施逐步完善（如实施两税法等），货币制度也得到改革，这些与商业的发展是相辅相成的。因此，在商业发展的鼎盛时期，其计算任务之繁、要求之高，要比汉时更甚。故伴随着商业发展应运而生的算盘，自然演变为定型盘具，并具有一定的算法，这是客观现实。可见，算盘成型于唐宋是无可置疑的。而后到明代是我国珠算应用的鼎盛时期，明代初期我国已进入资本主义萌芽时期，比西方发展更早。明初经济发达，海内外贸易兴盛，计算任务更加繁重，所以珠算应用更加广泛。这时记载珠算的书籍甚多，如王文素的《新集通证古今算学宝鉴》，《魁本对相四言杂字》（内有算盘图形），吴敬的《九章详注比类算法大全》，以及元代"至大"二年王振鹏的"乾坤一担图"挂有一架完整的算盘，特别是程大位的《算法统宗》既有算理又有实例，是一本丰富又现实的珠算大作，《算法统宗》风行全国并传入朝鲜、日本以至于世界各地，说明明代我国珠算就风行于世，应用广泛而家喻户晓了。

而今阶段，我国珠算已进入质的飞跃时期，不仅承前继后地为国人所应用与推广，还为世界科技经济领域所推崇和应用。从以下珠算显著功能和珠算科技现况说明我国珠算科技的前途是无量和光明灿烂的。

第二节 珠算功能

一、珠算具有良好的计算功能，同电子计算机（器）各有所长，长期共存

珠算不仅能进行加、减、乘、除的运算，还能进行乘方、开方等较为复杂的计算，特别是在加、减运算方面应用尤为广泛。当然，单就计算功能考核，电子计算机（器）确有许多优于珠算的地方。而事实证明，在电子计算机（器）和珠算的基本四则计算的比赛中，两者的准确性、快速性往往相差无几或互有短长，特别是简单的加减算，珠算

比计算机（器）更为方便快捷，珠算明显优于电子计算机（器）。诚然，现代化的电子计算机（器）与珠算在应用上没有什么可比性，但从珠算发展的前景说，特别是珠心算，则更有广阔的天地，大有作为。可以预测，在今后较长的历史时期内，珠算及算盘作为一种计算技术和计算工具，将与电子计算机（器）并存，继续服务于社会。

二、珠算具有显著的教育功能

珠算的教育功能日益得到社会的重视和广泛推广。所谓珠算教育功能，一般来说，是指在学校教学教育中所显示的优异教育作用。

在小学中，作为基础教育，曾经安排了珠算教学内容。由于算盘档位分明，算珠形象直观，算理清晰明了，所以儿童用手拨珠、用脑记数，对于认识自然数、建立数的概念，效果很好。算盘是帮助小学生认识和掌握四则运算的最好工具。当今许多地方在小学中进行数学教学与珠心算教学相结合的方法效果突显。这个过程是反映计算思维的过程，尤其适合对小学生进行启蒙教育，对于缩短小学的算术教学时间、提高教学质量，有着重要作用。而且由于数学成绩突出也带动了其他课程的良好学习效果，可以说"一科突出，多科受益"。在国外，珠算的教育功能也引起了教育家的注意和高度评价。如美国多年来所推行"新数学"教育活动，结果学生学习数学只用计算器，则知其必然不知其所以然。在1987年4月载文"现在西方的教育家们发现，在西方失宠了500年的算盘对教学数学原理，是远比笔、纸、电子计算器和计算机好得多的手段"。美国是发明电子计算机（器）的国家，电子计算机（器）的使用也相当普遍。他们在教学中发现小学生使用电子计算机（器）的弊端，从而提出把珠算当作"新文化"引进。他们总结说："即使是原子和电子计算机时代，也还是需要基础数学知识，而算盘在漫长的历史中证明了它的基础概念会长久持续下去的。"在日本，曾推行"轻松教学法"，结果数学教学效果不好，近年来又在小学三、四年级中增设珠算教学内容，可见进行珠算教育是必要的，意义是深刻的。

三、珠算具有卓越的启智功能

珠算是使用手指拨动算珠进行运算的。学习珠算的过程，也是训练灵活的手指动作、敏锐的目光扫描、高强的记忆能力、紧张的脑力活动等的过程。因此学习珠算可以训练眼、脑、手等的协调力，提高思维能力，促进思维发展，锻炼人的意志，培养人的注意力和观察力等，这对启迪人们的智慧具有重大作用。

开展珠算、珠心算教育，使珠算、珠心算的启智功能进一步被发掘，是近代珠算史上一大创举，也是珠算事业发展的一场革命，更是当前我们国家在发展道路上所需要的一项科技举措。珠算的启智功能不但在儿童少年中有显著效果，在成人中也具有积极的作用。因为人的一生都存在发展智力的可能性，固然最佳年龄段为5~12岁，但随着年龄的增长、社会经验的积累、学业的推进，其智力开发也会随着客观条件的变化而变化，但总的来说，运用必要的手段与方法，其智力的开发同样是有成效的。许多资料剖析说明，由于学生们努力学习珠算，功夫不负有心人，所以收效良好。一个人的脑力开发就目前来说一般达不到5%，而在学习珠算时脑、手、眼等并用，激发了人们自身固有的多元智能，如语言智能、逻辑思维智能、接收数字智能，特别是肢体运作智能，运用肢体表达感觉，运用双手灵活而巧妙地产生与改造事物的能力，这正是操作珠算的特点。学习珠算就是运用有效的手段，在恰当的场合下进行操作、训练、指导，促使各有关智能得到充分发挥与发展，这就是学习、训练珠算的目的。据不完全统计，截至2022年9月，全国开展珠心算普及教育的小学和幼儿园数量超过1 000家，小学和幼儿园珠心算在学总人数超过35万人。

珠算、珠心算的启智功能是巨大的。

一是当前世界科技大发展，也是人类智力大发展、大竞争的时代。而人的大脑潜力尚有85%可以开发，因此开发人类智力、提高人民素质，是社会发展、人类进步的根本动力，也是人类文明发展所需要的。

二是开发人类智力手段与方法甚多，像弹琴、游泳、书画、打字等，都具有开发智力的功能和作用，但比较起来远不如珠算、珠心算教育优越，因为珠算、珠心算教育开发智力的力度强、收效快。2024年3月22日发布在浙江大学微信公众号上的一则消息称，浙大科研团队进行了长达5年的追踪研究，对接受珠心算训练儿童的行为和脑磁共振数据进行了大量分析发现，实验组和控制组的数学能力存在着显著的差异。无论是平均数学能力得分，还是数学学习的快慢，实验组的表现均显著优于控制组。有关专家研究认为，珠算、珠心算作用于人们大脑主要是手、口、脑、眼、耳等器官并用，而且不断强化作用的力度，大大提高了脑神经的运动频率，使大脑功能得到很好的锻炼；再是双手拨珠，开发左右脑，协同动作，全面发展；同时，脑像图的形成和运作，特别是通过右脑的激烈活动，对整个大脑的开发具有特殊的意义，这也是其他开发手段所难以做到的。所以说，在开发人类智力活动中，珠算、珠心算处于优势地位和具有特殊效能。随着珠算事业的发展，人们必将越来越深刻地认识开展珠算、珠心算教育启智的现实与远大意义。

同时，开展珠算、珠心算比赛和推行珠算等级鉴定考核活动，也是进行珠算、珠心算教育启智功能的具体表现形式。世界上现有多种比赛形式，而珠算比赛是展示人的智能潜力或极限比赛之一。珠算比赛更显示速度和实效。比赛强调更多的是思维训练，通过脑、手、眼等并用使人的精力高度集中，而且这种比赛是较容易被推广、普及的，所以说珠算比赛也是人类智能的比赛。进行珠算等级鉴定考核活动，可以提高人的注意力、记忆力、意志力以及培养认真、仔细、准确、高效、踏实的作风等，使人们才智有继续发挥的余地。所以通过珠算等级鉴定考核，也是选拔优秀人才的有效手段。

四、珠算具有延缓脑衰老的功能

近年来，以上海、山东等地为代表的老年珠算与珠心算教育受到社会的一致好评。科学研究表明，学习珠算与珠心算，不仅具有开发儿童智力潜能的作用，还可以起到健脑益智、延缓脑衰老的作用，是老年朋友健康长寿的"法宝"，老年珠算与珠心算课程通过动手、动脑的游戏活动锻炼双手并用、耳目协调，达到灵活用脑、增强记忆力的目的，对有效预防老年人阿尔茨海默病有显著作用。

综上所述，充分证明了珠算是我国劳动人民所创造的一门古老而又充满活力的科学技术。它从诞生时起就为人们所运用，在漫长的历史长河中发挥着极其重要的作用。它的内涵十分丰富，其逻辑系统性还有待进一步概括整理；它的功能还需加深开发和应用，使之趋于完善；它的将来具有广阔的应用前景。随着我国现代化建设和世界科学技术的高度发展，珠算将会有新的发展，将与电子计算机（器）长期共存，为人类社会发展做出新的贡献。

第三节 珠算科技现状

珠算问世以来，其算理算法在普及应用中不断得到改进，从加、减、乘、除四则运算，到乘方、开方，应用范围很广。它科学地继承和创造了五升十进制，算珠聚散以示数之有无，档位分明以示数位之高低。近年来，各种算法层出不穷，日新月异，各有特色。

我国发明的珠算技术和算盘，从明代起先后传到朝鲜、日本、越南、泰国等邻国，以后又辗转到西方一些国家。美国是发明电子计算机（器）的国家，近年来也派留学生去日本学习珠算技术，或请日本珠算专家到美国讲课。他们把珠算当作"新文化"引进，纳入研究课题，并成立了美国珠算教育中心加以推广运用。近年来，我国所倡导的珠算式心算已走向世界，为世人所重视。据不完全统计，全球至少有132个国家和地区正在开展不同规模的珠心算教育。有的珠心算教育机构已将珠心算教育推广至世界100余个国家和地区，并在世界各地建成40余座珠算文化博物馆（展室）。可以说，目前在整个世界范围内，珠算越来越充分地发挥着它的作用。

珠算技术和算盘在发展的过程中，经受了严峻的考验。尽管有笔算、计算尺、计算表、电子计算机（器）等先后问世，但由于各自的功能、作用不尽相同，所以它们均不能取代算盘和珠算技术的地位，而是并行不悖、相得益彰。现在，电子计算机（器）虽已广泛使用，但算盘在国民经济各部门的计算工作中仍然发挥着重要作用，有着一定生命力。

中华人民共和国成立以来，党和政府对珠算十分重视。曾在小学教育中进行珠算教学，曾经推行"三算结合"的教育，积极研究与推广新算法，当前推行在小学数学教育中与珠心算结合的教学法，进一步发展了珠算技术，以求促使我国珠算更上一层楼，从而更好地为人类文明服务。下面，我们回顾一下党和国家领导人对发展珠算的重视程度：如1972年10月，敬爱的周总理在谈发展电子计算机时曾指出："要告诉下面，不要把算盘丢掉。"1978年8月，一些珠算界人士上书党中央请求加强对珠算的领导，成立组织，同年9月得到邓小平同志亲自批示："不要把算盘丢掉，交科学院、财政部研办。"薄一波同志在1979年2月为《珠算》杂志的题词中指出："用算盘和用电子计算机并不矛盾，现在还应充分发挥算盘的功能，为我国经济建设事业服务。"1991年，中国珠算协会组织举办首届全国珠算科技知识竞赛，参加竞赛的人数达240万余人，当时的国务委员兼财政部部长王丙乾为大会题词："加强珠算的学术交流和理论研究，把珠算这门应用科学提高到一个新的水平。"1992年1月21日，中共中央总书记江泽民同志在常州市刘国钧职教中心财务模拟室参观时，非常关心学生使用算盘的情况，鼓励学生打好算盘。1998年，朱镕基总理在视察大连，观看庄河实验小学学生的珠心算表演后说："真了不起！"他高度肯定了珠算、珠心算的教育成果。

在党和政府的关怀和支持下，我国珠算事业得到很大发展。自1979年中国珠算协会成立后，各省、自治区、直辖市也相继建立珠算协会，并从上到下地建立了一些学术性的珠算研究组织。这些组织建立后，大力开展珠算宣传，普及珠算教育，提高人们对珠算的认识，有计划地进行各种培训教育，组织各种类型的珠算技术比赛，开展珠算等级鉴定考核活动，加强珠算理论的研究，全面推广珠算式心算。这些工作的开展，为中国珠算事业的全面开展起到了很大的推动作用。

同时，国家重视珠算的对外交流活动，面向世界共同分享我国优秀传统的珠算成果，如中国珠算协会成立以来，与国际珠算学会团体及友好人士的相互交往有了很大发展。1980年8月，中国珠算协会代表团在访问日本期间，参加了在日本召开的国际珠算教育者会议，并由中国、日本、美国、巴西、韩国等珠算教育工作者代表联合签署了《珠算教育者会议宣言》。1981年首届珠算史讨论会在西安户县召开，日本珠算史研究会会长铃木久男做了报告，肯定珠算盘是中国宋代以前发明的，修改了以前研究的结论（以前曾与户谷清一、山崎与右门等珠算史专家所提的中国珠算盘是从西方古罗马等地传入中国的结论）。1994年在我国黄山召开国际珠算学术会议，著名的教育家、珠算家理查德博士等外国珠算界名人参加了会议。1996年在我国潍坊举办了首届世界珠算大会。从20世纪80年代起我国海峡两岸进行多次学术交流，并于1991年起多次举办两岸珠算比赛，多年来我国珠算界与世界许多国家和地区进行学术交流和互访。中国的算盘和珠算对世界产生了深远的影响。美国及一些发达国家和地区也在积极推广与应用珠算；日本数以万计的珠算学校补习珠算，几十个学术团体及刊物开展学术研究，在小学中又强调珠算教育并颁发了教学大纲。2002年，在北京成立国际珠算、心算联合会，推选中国为会长国。2013年12月4日阿塞拜疆时间下午5时23分许（北京时间晚9点23分），联合国教科文组织保护非物质文化遗产政府间委员会第八届常务委员会会议决定，将我国申报的中国珠算项目列入《人类非物质文化遗产代表作名录》。这些都为今后在世界范围内开展珠算科技活动奠定了良好基础。

珠算文化：中国最古老的计算器"中国第五大发明"

课后练习

一、简答题

1.简述珠算的发展历程。

2.谈一谈推广珠算（珠心算）对于非物质文化遗产保护与传承有何意义？

二、实训题

班级学生3~5人为一组，收集并整理珠算（珠心算）在世界各国的发展状况，通过

PPT或制作微视频的形式在班级展示。

文化广角

珠算之最

最早用来计算的圆珠——西周陶丸

1976年3月，我国考古工作者在陕西省岐山县凤雏村发掘西周王朝早期宫室遗址，在出土文物中发现了90粒陶丸，分青黄两色，其中青色20粒，黄色70粒，陶丸呈现珠形，直径一般为1.5～2厘米。考古学者认为，这是西周时代作为计算用的算珠。如果此说法成立，我们可以推断远在周代，我们的祖先已用圆珠作为计数和计算的工具了，这也使后人发明珠算成为了可能。当然，周人是如何使用这些陶丸计算，尚待进一步考证。

珠坛故事

周恩来指示：不要把算盘丢掉！

1972年10月14日下午5时30分至9时10分，周恩来总理在人民大会堂西大厅，会见了美籍华人李政道博士和其夫人。在交谈中，周总理询问到美国使用计算机的情况时，李博士首先回答了有关问话，之后又提到，中国在计算机方面应该比谁都先进，中国的算盘是最古老的计算机。周恩来说："要告诉下面，不要把算盘丢掉，猴子吃桃子最危险。"他的关于"不要把算盘丢掉"的指示，从此成为激励和鼓舞中国珠算界积极开拓和发展珠算事业的巨大动力。

谜语中的珠算文化

1. 天运人功理不穷，有功无运也难逢。因何镇日纷纷乱？只为阴阳数不通。
2. 兄弟七个排成串，大哥二哥在外乡。全家心想合一处，少的一个顶五个。
3. 长方院子一墙隔，上下分开两群鹅。多的不过五个整，少的一个顶五个。
4. 古人留下一座桥，一边多来一边少。少的要比多的多，多的反比少的少。
5. 一宅分为二院，五男二女成家。一家打得乱如麻，打到"清明"方罢。
6. 竹子搭成桥，木头挑成梁，谁要从我桥上过，一分一厘也分晓。
7. 四四方方一座城，城里驻有许多兵，只见兵打仗，不见兵出城。
8. 远看一本书，近看一窝竹，盘盘一下猜不中，请你再读十年书。
9. 两丘长田隔条畦，农民在此种荸荠，大田多收没分量，小田虽少产量奇。
10. 兄弟七人同模样，一心跟着李闯王，五弟在家二弟在外，里应外合打胜仗。
11. 两支义军练兵忙，南军不如北军强，南军虽有五好汉，不及北军两闯将。
12. 东南西北都是墙，墙壁内横着一根梁，梁中栏杆均匀放，杆串珠子上下忙。
13. 孙武子二分天地，楚霸王力托千斤。张天师能巧安排，孔夫子定夺乾坤。
14. 方正皆因规矩成，孩子无数紧随身。任他多少不明事，推来不误半毫分。
15. 一间屋子两边过，五男二女齐齐坐。为何常常来相打，因为家财未分安。

第二单元

珠算基础知识

课前思考

1.你了解算盘的基本结构吗？

2.汉字大写数字书写时应掌握哪些规则？

学习目标

知识目标：通过本章学习，了解算盘的种类和结构；熟记珠算专用名词。

技能目标：掌握算盘的记数方法和打算盘姿势；熟练掌握二指拨珠指法；规范数字书写。

素养目标：通过基本训练，培养学生注意力、记忆力、思维力、空间想象力和逻辑推理能力，奠定珠算基本功。

第一节　珠算基本知识

一、认识算盘

算盘是我国古代劳动人民创造的经济领域最通用的计算工具之一。随着经济的发展和科学技术的进步，算盘作为一种计算工具也不断得到改进和革新。现就算盘的结构与种类分述如下：

（一）算盘的结构

算盘呈长方形，由边（框）、梁、档、珠四个基本部分组成。改进后的算盘又增加了清盘器、计位点和垫脚等装置。图2-1是菱珠中型算盘的正面图。

边、梁、珠多为木质，档用细竹（或细金属条）制作。目前有以塑料、牛角、金属材料制作边（框）、梁、珠的算盘。

边（框）：是算盘的四周框架，用以固定算盘的梁、档、珠各部分，它决定了算盘的大小及形状。

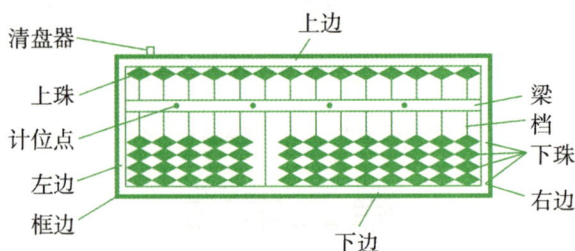

图 2-1

梁：是连接左右两边的一条横木，将盘面分为梁上、梁下两部分。

档：是连接上下边并穿过横梁的细柱，用以串联算珠并表示数位。

珠：又称"算珠"或"算盘子"，梁上部分叫上珠，梁下部分叫下珠。七珠算盘最上面的一颗叫顶珠，最下面一颗叫底珠。

清盘器：是近年来改良新加的。它是安装在横梁下面用以使算珠离梁的装置，其操作按钮装置在算盘上边的左端，主要用于提高清盘的速度与质量。

垫脚：装在算盘左右两边的底面，共三个，使算盘底面离开桌面，推（拉）压在算盘下面的计算资料时，防止算珠被带动。

计位点：在梁上的计位标记，每隔三档一点，每点在两档之间，主要作用是为计数与看数方便。

（二）算盘的种类

目前使用的算盘大致分为三类。

1.圆形七珠大算盘

这是中国的传统算盘，算珠上二下五，又分九至十五档等几种。这种算盘手指拨动算珠的幅度大，使用时声音响，处于被淘汰的趋势（如图 2-2 所示）。

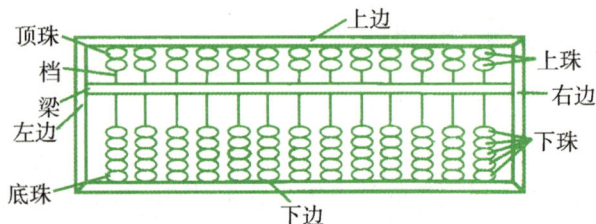

图 2-2

2.菱珠或圆珠中型算盘

这种算盘是在圆形七珠大算盘的基础上改进而来的。算珠上一下四，比圆形七珠大算盘缩短了档距，减少了算珠，增加了档位，并装有清盘器及垫脚。它克服了七珠大算盘的缺点（如图 2-1 所示）。

3.菱珠小算盘

这是一种上一下四珠条形菱珠算盘，一般档位较多，便于手握移动；档距短，利于提高速度。该种算盘目前正在被大力推广，尤其是在小学、幼儿园珠算教学中被广泛使用（如图2-3所示）。

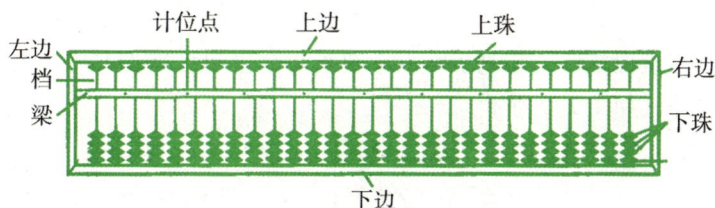

图2-3

二、记数与看数

（一）记数

算盘以算珠表示数码，靠梁的算珠表示数字，离梁的算珠表示零。上珠一颗表示五，下珠一颗当一，以档表示数位，计算中各档表示的数位不同，高位在左，低位在右，从右到左每隔一档相差十倍，选定个位档后，向左分为十位档、百位档、千位档……每差一档扩大十倍或缩小十分之一。某档下珠满五，需换用上珠表示，称为"五升"；某档算珠满十，需换用左档一颗算珠表示，称为"十进"。这种上下珠记数和进位方法被称为"五升十进制"。做加减计算时，选定档位不得变化。乘除运算由于运算结果会使原档位发生变化，另有定位规定，我们将结合乘除运算加以说明。

算盘中全部算珠离梁靠边称为空盘，将数码拨入空盘，使靠边算珠靠梁叫"置数"，如将294 368.74拨入算盘（如图2-4所示）。

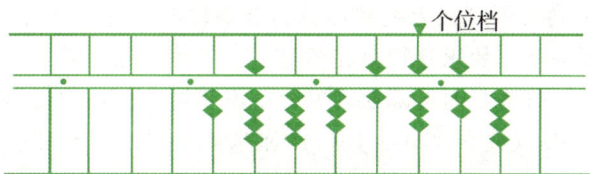

图2-4

（二）看数

将数置入空盘，或将算盘上的数字记录下来，都需要看数。要练习一眼能看几位数字，一般开始时分节看数，从左到右三位一节，熟练之后能边看边打。不要看一个数码拨一次算珠，或看完一个数后再拨算珠。看数与拨珠要防止口中读出声音，应养成看数反应快、记数牢而准的基本功。

三、握笔、清盘与姿势

（一）握笔方法

珠算运算需要用手拨珠，又要用手持笔书写计算结果，所以要求握笔运算。握笔方法，一是用无名指和小指握住笔尖部分，笔身横在右手拇指和食指之间，使拇指、食指和中指能够灵活拨珠（如图2-5所示）。

二是将笔夹在无名指和小指之间，笔尖在小指方向，笔身横在右手拇指与食指间（如图2-6所示）。

三是菱珠小算盘握笔法，将笔横在右手拇指与食指间，笔头上端伸出虎口，笔尖露在食指与中指之外（如图2-7所示）。

图2-5

图2-6

图2-7

目前，后两种方法在社会上广泛推广采用，尤其小学、幼儿园都推广采用第三种握笔方法。

（二）清盘方法

在每次运算之前，要使所有的算珠都离梁靠边，使盘面变为空盘，这个过程叫清盘。清盘的方法因使用的算盘不同而有所不同。没有清盘器的算盘的清盘方法是，将拇指和食指合拢（拇指在梁下，食指在梁上），顺着算盘的横梁迅速移动，利用手指对靠近横梁两旁算珠的推弹力，使算珠离梁靠框。使用此法，用力要自然均匀，切勿有意识地使两珠上下弹开，要一气呵成。目前，大多数算盘均设有清盘器，运算前按一下清盘器即可清盘。

（三）打算盘的姿势

打算盘的姿势正确与否直接影响到运算的准确程度。打算盘时，身要正，腰要直，脚放平，头稍低，眼向下，要求视线落在算盘下边与练习题交界处，运算时靠活动眼睛看数拨珠，不要摇头。打算盘时肘部摆动的幅度不要过大，精力要高度集中。上身与桌沿的距离约10厘米。算盘放在离桌沿10～15厘米的位置，并与桌边基本平行。算盘的中央部分基本上要与身体中心一致。

珠算文化：明代青花缠枝莲枝瓷算盘

计算资料的摆放位置根据使用算盘的不同而有所差别。使用圆形七珠大算盘，一般是将资料放在算盘的左方偏上位置。使用菱珠中型或小型算盘，可将资料放在算盘下面，边打边在算盘底下向前推进，以防止错看、漏看数字或重看、串行看数，借以加快运算速度，提高运算质量。

四、珠算拨珠法

我国珠算拨珠法尚无详细资料记述，仅在《珠算入门》（1810年）和《算学启蒙》（1891年）两书中记述，如《算学启蒙》记述："珠算之用，指法为先。若用单指、两指，不能算熟、算快。"后来人们创新双指、三指同时联拨，之后结合五珠小算盘联动拨珠速效极高，再后来珠算创新为珠心算，初学者先拨珠，之后到脑中拨珠，再达到条件反射，看数直接计算出结果。

（一）三指拨珠法（适用于大、中型算盘）

三指拨珠法是用拇指、食指、中指三个手指拨珠，无名指和小指屈向掌心（如图2-8所示）。

中指——

食指——

拇指——

图2-8

手指拨珠的一般要求是：指稍倾斜，指尖触珠，用力适当；不要用指甲或指腹拨珠。

1.单指独拨

为了使拨珠迅速而准确，拇指、食指和中指应有一定的分工。

（1）拇指：主要管下珠靠梁（如图2-9所示）。

（2）食指：专管下珠离梁（如图2-10所示）。

图2-9

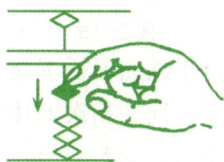

图2-10

（3）中指：专管上珠靠梁（如图2-11所示）和上珠离梁（如图2-12所示）。

图2-11

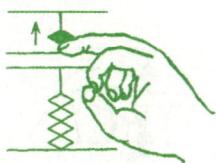

图2-12

为了减少拨珠次数，提高拨珠速度，在熟练单指拨珠的同时，应进一步学习两指联拨和三指联拨。

2.两指联拨

（1）拇、中指联拨。

①齐合：上、下珠同时靠梁。

同档齐合：同一档次上、下珠同时靠梁。用拇指拨下珠靠梁的同时，用中指拨同档上珠靠梁，如0+6（7、8、9）等（如图2-13所示）。

异档齐合：左一档次下珠靠梁，右一档次上珠同时靠梁。用拇指拨左一档次下珠靠梁的同时，用中指拨右一档次上珠靠梁，如0+15（25、35、45）等（如图2-14所示）。

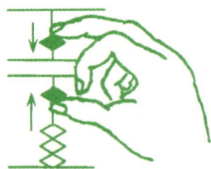

图2-13

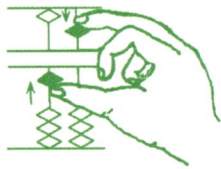

图2-14

②齐分：上、下珠同时离梁。

同档齐分：同一档次上珠离梁，部分下珠同时离梁。用中指拨上珠离梁的同时，用拇指拨同档下珠离梁，如9-6、98-76、989-678等（如图2-15所示）。

异档齐分：左一档次部分下珠离梁，右一档次上珠同时离梁。用拇指拨左一档次下部分下珠离梁的同时，用中指拨右一档次上珠离梁，如45-35、35-25、25-15等（如图2-16所示）。

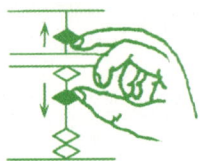

图2-15

图2-16

③齐上：上珠离梁、下珠同时靠梁。

同档齐上：同一档次上珠离梁，下珠同时靠梁。用中指拨上珠离梁的同时，用拇指拨同档下珠靠梁，如5-1、6-2、7-4等（如图2-17所示）。

异档齐上：左一档次下珠靠梁，右一档次上珠同时离梁。拇指拨左一档次下珠靠梁的同时，用中指拨右一档次上珠离梁，如5+5、5+15、5+25、5+35等（如图2-18所示）。

图2-17

图2-18

④齐下：上珠靠梁、部分下珠同时离梁。

同档齐下：同一档次上珠靠梁，部分下珠同时离梁。用中指拨上珠靠梁的同时，用拇指拨同档部分下珠离梁，如4+2、3+3、4+3等（如图2-19所示）。

异档齐下：左一档次部分下珠离梁，右一档次上珠同时靠梁。用拇指拨左一档次部分下珠离梁，同时用中指拨右一档次上珠靠梁，如20-5、30-15、40-25等（如图2-20所示）。

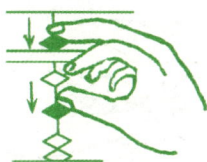

图2-19

图2-20

（2）食、中指联拨。

① 齐分：上珠、全部下珠同时离梁。

同档齐分：同一档次上珠离梁，全部下珠同时离梁。用中指拨上珠离梁的同时，用食指拨同档全部下珠离梁，如6-6、7-7、8-8、9-9等（如图2-21所示）。

异档齐分：左一档次全部下珠离梁，右一档次上珠同时离梁。用中指拨右一档次上珠离梁的同时，用食指拨左档全部下珠离梁，如15-15、25-25、35-35、45-45等（如图2-22所示）。

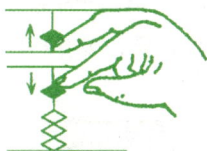

图2-21

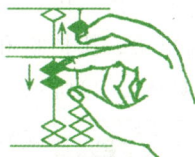

图2-22

② 齐下：上珠靠梁、全部下珠离梁。

同档齐下：同一档次上珠靠梁，全部下珠同时离梁。用中指拨上珠靠梁的同时，用食指拨同档全部下珠离梁，如4+1、2+3、1+4、3+2等（如图2-23所示）。

异档齐下：左一档次全部下珠离梁，右一档次上珠同时靠梁。用中指拨右一档次上珠靠梁的同时，用食指拨左一档次全部下珠离梁，如10-5、20-15、30-25、40-35等（如图2-24所示）。

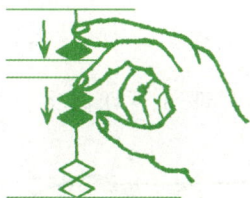

图2-23

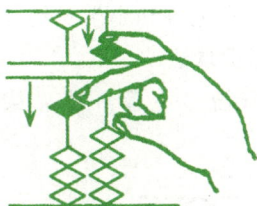

图2-24

（3）拇、食指联拨。

① 扭进：右一档次下珠离梁，左一档次下珠同时靠梁。用食指拨右一档次下珠离梁的同时，用拇指拨左一档次下珠靠梁，如1+9、2+8、3+7、4+6等（如图2-25所示）。

② 扭退：左一档次下珠离梁，右一档次下珠同时靠梁。用食指拨左一档次下珠离梁的同时，用拇指拨右一档次下珠靠梁，如10-9、10-8、10-7、10-6等（如图2-26所示）。

图 2-25

图 2-26

3.三指联拨

三指联拨难度最大,协调性最强,要求用拇指、中指、食指同时拨珠,共同完成比较复杂的拨珠动作。

(1)进位的三指联拨:右一档次上、下珠同时离梁,左一档次下珠靠梁。用食指和中指拨右一档次上、下珠离梁,同时用拇指拨左一档次下珠靠梁,如9+1、8+2、7+3、6+4等(如图2-27所示)。

(2)退位的三指联拨:左一档次下珠离梁,右一档次上、下珠同时靠梁。用食指拨左一档次下珠离梁,用拇指和中指同时拨右一档次上、下珠靠梁,如10-1、10-2、10-3、10-4等(如图2-28所示)。

图 2-27

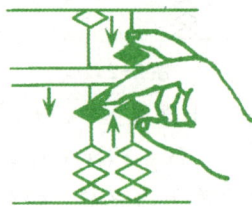

图 2-28

(二)两指拨珠法(适用于小算盘)

两指拨珠法是指用拇指与食指拨珠,其余三指微屈向掌心。该法适用于菱珠小算盘,目前许多地方和小学及幼儿园均推广此类拨珠方法。

1.单指拨珠法

(1)拇指:主管下珠靠梁(如图2-29所示),兼管部分下珠离梁(如图2-30所示)。

图 2-29

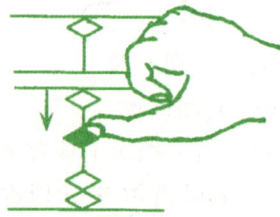

图 2-30

(2)食指:管下珠离梁(如图2-31所示)、上珠靠梁(如图2-32所示)与离梁(如图2-33所示)。

图2-31   图2-32   图2-33

2.两指联拨

拇指与食指配合拨珠，有以下六种拨珠方法：

（1）齐合法：在拇指拨下珠靠梁的同时，食指拨上珠靠梁。

①同档法：同档上、下珠同时靠梁，如在空盘上拨入6、7、8、9或1+7、2+6、3+6、1+8、2+7等（如图2-34所示）。

②异档法：左档下珠和右档上珠同时靠梁，如在空盘上拨入15、25、35、45或20+15、10+35、12+25等（如图2-35所示）。

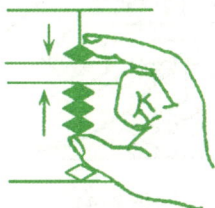

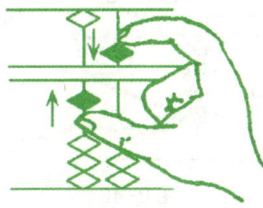

图2-34   图2-35

（2）齐分法：在拇指拨下珠离梁的同时，食指拨上珠离梁。

①同档法：一是同档上珠与全部下珠同时离梁，如6-6、7-7、8-8、9-9等（如图2-36所示）。

二是同档上珠与部分下珠离梁，如9-8、9-7、9-6、8-6、8-7、7-6等（如图2-37所示）。

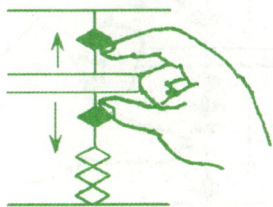

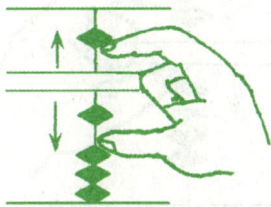

图2-36   图2-37

②异档法：一是左档全部下珠与右档上珠同时离梁，如15-15、25-25、35-35、45-45、89-35等（如图2-38所示）。

二是左档部分下珠和右档上珠同时离梁，如45-15、45-25、45-35、35-15、35-25、25-15、96-15等（如图2-39所示）。

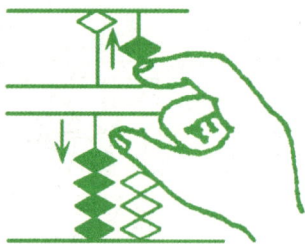

图2-38

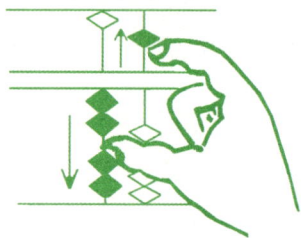

图2-39

（3）齐上法：在拇指拨下珠靠梁的同时，食指拨上珠离梁。

①同档法：同档下珠靠梁，上珠同时离梁，如5-1、5-2、5-3、5-4、6-2、6-3、6-4、7-3、7-4、8-4等（如图2-40所示）。

②异档法：左档下珠靠梁，右档上珠同时离梁，如5+5、5+15、5+25、5+35、6+5、7+5、8+5、9+5、57+25等（如图2-41所示）。

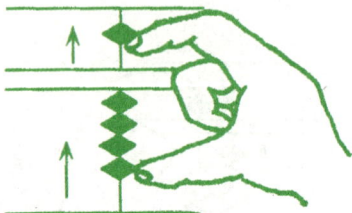

图2-40

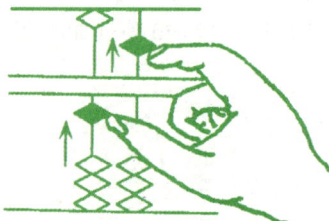

图2-41

（4）齐下法：在食指拨上珠靠梁的同时，拇指拨下珠离梁。

①同档法：一是同档上珠靠梁，全部下珠同时离梁，如1+4、2+3、3+2、4+1等（如图2-42所示）。

二是同档上珠靠梁，部分下珠同时离梁，如2+4、3+4、4+4、4+3、4+2等（如图2-43所示）。

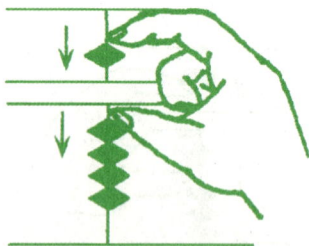

图2-42

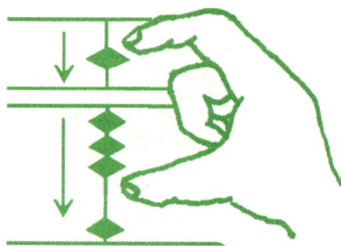

图2-43

②异档法：一是左档全部下珠离梁，右档上珠同时靠梁，如10-5、20-15、30-25、40-35、91-35等（如图2-44所示）。

二是左档部分下珠离梁，右档上珠同时靠梁，如20-5、30-15、40-25、82-15、94-25等（如图2-45所示）。

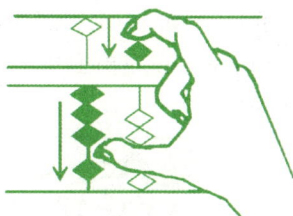

图2-44　　　　　　　　　　　　　　　　　图2-45

（5）扭进法：在食指拨右档下珠离梁的同时，拇指拨左档下珠靠梁，如1+9、2+8、3+7、4+6、6+9、3+17、7+8等（如图2-46所示）。

（6）扭退法：在食指拨左档下珠离梁的同时，拇指拨右档下珠靠梁，如10-9、10-8、10-7、10-6、20-18、32-19等（如图2-47所示）。

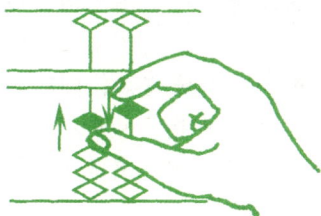

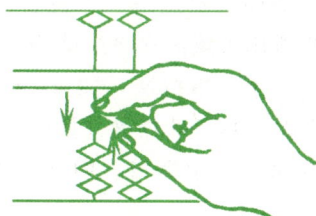

图2-46　　　　　　　　　　　　　　　　　图2-47

（三）双手拨珠法

为了进一步加快珠算拨珠速度，提高计算效率，在熟练掌握三指拨珠或两指拨珠法的基础上，可以运用双手拨珠法，即以右手拨珠为主，左手辅助右手同时完成某一拨珠动作。当前在开展珠心算教学中，已广泛采用双手拨珠法。

采用双手拨珠法，左手的辅助拨珠动作主要有以下几种情况：

1.左手协助进位

左手协助进位是指右手在右档完成某一拨珠动作的同时，左手在左档完成进位动作，主要适用于加法和乘法加积。

（1）左手单指拨珠。如4+8，右手食指在右档上拨两颗下珠离梁，同时左手拇指在左档上拨一颗下珠靠梁（如图2-48所示）。再如9+3，右手在右档上用中指和拇指分别拨上、下珠离梁（齐分），同时左手在左档上用拇指拨一颗下珠靠梁（如图2-49所示）。

图2-48　　　　　　　　　　　　　　　　　图2-49

（2）左手两指联拨。如48+2，右手在右档上用中指、食指分别拨上、下珠离梁（齐分），同时左手在左档上用中指拨一颗上珠靠梁、食指拨四颗下珠离梁（齐下）（如

图2-50所示)。再如45+6，右手在右档上用中指拨一颗上珠离梁、拇指拨一颗下珠靠梁（齐上），同时左手在左档上用中指拨一颗上珠靠梁、食指拨四颗下珠离梁（齐下）（如图2-51所示）。

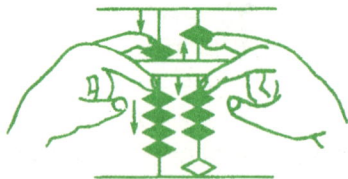

图2-50

图2-51

2.左手协助退位

左手协助退位是指右手在右档完成某一拨珠动作的同时，左手在左档完成退位动作，主要适用于减法和除法减积。

（1）左手单指拨珠。如40-9，左手食指在左档上拨一颗下珠离梁，同时右手拇指在右档上拨一颗下珠靠梁（如图2-52所示）。再如40-4，左手食指在左档上拨一颗下珠离梁的同时，右手拇指、中指在右档上分别拨一颗下、上珠靠梁（齐合）（如图2-53所示）。

图2-52

图2-53

（2）左手两指联拨。如50-7，左手在左档上用中指拨上珠离梁、拇指拨四颗下珠靠梁（齐上），同时右手在右档上用拇指拨三颗下珠靠梁（如图2-54所示）。再如54-7，左手在左档上用中指拨一颗上珠离梁、拇指拨四颗下珠靠梁（齐上），同时右手在右档上用中指拨上珠靠梁、用拇指拨两颗下珠离梁（齐下）（如图2-55所示）。

图2-54

图2-55

五、珠算的常用名词

算盘：算盘有中国算盘和外国算盘之分，随着历史的发展，各国算盘经过优胜劣汰，中国算盘保留了下来。中国算盘是我国古代劳动人民创造发明的一种计算工具，因其具有设计合理、结构简单、操作方便而享誉中外，深受使用者的喜爱，并在经济领域中发挥了重要的作用，被誉为中国的"第五大发明"。古书中亦称珠盘。

算珠：亦称珠、珠子、算盘珠，是穿在算盘档上用以计数的珠子。以靠梁的算珠表示数字，空档表示零和无数字。有圆珠和菱形两种。

内珠：亦称梁珠，靠梁的算珠称内珠，又叫梁珠，靠梁表示数字。

外珠：亦称框珠，靠框的算珠称外珠，通常表示零或者未参与运算的珠子，补数运算时表示补数。

悬珠：算珠既不靠梁也不靠框，表示基数以外的符号，现代5（上1下4）珠算盘基础上具有双重含义：（1）本档上的"–1"；（2）后档框珠数的"负号"。

空盘：算盘所有的档上算珠全部靠框不靠梁，表示算盘里没有记数。

空档：算珠全都离梁靠框的档，也表示数"0"的档。

隔档：亦称隔位，本档的左二档或右二档。左边的叫左隔档，右边的叫右隔档。

上档：亦称前档或左挨档，本档之左第一档。

下档：亦称后档或右挨档，本档之右第一档。

因数：在乘法运算中，乘数和被乘数都叫作积的因数。

法数和实数：古算名词。古算书和现代珠算书中常把乘数和除数统称为法数，而把被乘数和被除数称为实数。

凑数：两个之和为5的盘显数，称它们互为凑数。互为凑数的数只有两组，即1与4和2与3。

补数：两个整、小数绝对值之和为10^n，则称该两数互为补数。如7与3、63与37、0.00981与0.00019、9 875与125等都是互为补数的。当给定一个数要求其补数时，应以原数的位数为准，如求996的补数，应是4。

第二节　数字的书写

计算离不开数字，数字是计算的前提，一切计算过程及结果均需通过数字表示和反映，没有数字，计算则无从谈起。

在经济工作中，填写票据、凭证、记账和制表时，都要书写数字。数字书写是否规范、正确、工整、清晰，将直接影响工作质量。熟练掌握数字书写技能，能有效提高工作质量和效率；反之，将导致工作的失误，甚至会对财产造成重大损失。因此，写好数字是经济工作者的一项基本技能。为此，财政部、人民银行和语言文字工作委员会曾联合下文，对数字的书写做了明确规定。经济工作中用到的数字有中文大写数字和阿拉伯数字两种，现分述如下。

一、中文大写数字

（一）中文大写金额用字

中文大写金额常用字共有19个，即零、壹、贰、叁、肆、伍、陆、柒、捌、玖、拾、佰、仟、万、亿、元、角、分、整。其中前10个字为数量用字，每个字单独存在时，能表示一定的意义；后9个字为数位用字，每个字单独存在时，往往不能完整、准确地表达其意义。

（二）中文大写金额书写规定

（1）大写数字应用正楷或行书填写，要求字迹端正，易于辨认。不得使用不规范的简化字，不得用一、二（两）、三（仨）、四、五、六、七、八、九、十、毛、另（或0）等字代替。

（2）在票据和凭证中填写中文大写金额时，要求标准规范、要素齐全、正确清晰、防止涂改。

（3）关于"人民币"字样的使用：

① 中文大写金额数字前应标明"人民币"字样。凭证中大写金额栏内未印"人民币"字样的，应加填"人民币"三字。

② 票据（支票、汇票和本票等）及银行结算凭证（汇款单、存款单等）大写金额栏内，不得预印固定的"仟、佰、拾、万、仟、佰、拾、元、角、分"字样，大写金额数字应紧接"人民币"字样填写，不得留有空格或加填冒号。如￥300.00，应写为"人民币叁佰元整"，不能写成"人民币　叁佰元整"或"人民币：叁佰元整"。

（4）"拾"字前应有数量用字，以防被填写涂改。如￥10.00，大写应为"人民币壹拾元整"，不能写成"人民币拾元整"；￥3 010.00，大写应为"人民币叁仟零壹拾元整"，不能写成"人民币叁仟零拾元整"。

（5）关于"整"字的用法：人民币以元为主币，角分为辅币，中文大写金额数字到元为止的，元后面应写"整"字；到角为止的，"整"字可写可不写；到分为止的，不应再写"整"字。如￥20.00，大写为"人民币贰拾元整"；￥342.10，大写为"人民币叁佰肆拾贰元壹角"或"人民币叁佰肆拾贰元壹角整"。

（6）关于"零"的用法：

① 小写金额角分为零或有角无分，在写成大写时，零不再写出。如￥316.00，大写为"人民币叁佰壹拾陆元整"；￥25.10，大写为"人民币贰拾伍元壹角"。

② 若小写金额中间有一个零，则大写中这个零应写出来。如￥701.34，大写为"人民币柒佰零壹元叁角肆分"；又如￥345.01，大写为"人民币叁佰肆拾伍元零壹分"。

③ 若小写金额中间连续有几个零，在写成大写金额时，可只写一个零或将所有的零都写出来。如￥4 006.00，大写为"人民币肆仟零陆元整"或"人民币肆仟零零陆元整"。

④ 若小写金额元位（或万位）是零，或元位是零且左边与其相连的几位均为零，但角位不是零时，大写金额中可以只写一个零字，也可以不写零。如￥1 680.32，应写成"人民币壹仟陆佰捌拾元零叁角贰分"，或"人民币壹仟陆佰捌拾元叁角贰分"；又如￥107 000.53，应写成"人民币壹拾万零柒仟元伍角叁分"，或"人民币壹拾万柒仟元零伍角叁分"，或"人民币壹拾万柒仟元伍角叁分"。

（7）发票、收据等凭证的大写金额栏内，一般均印有"人民币"字样及固定的大写金额数位，填写大写金额时，只需填入数量用字。若小写金额尾数是0时，其大写对应位置填“零”字；大写金额栏前端未用部分应用规定符号划销（如图2-56所示）。

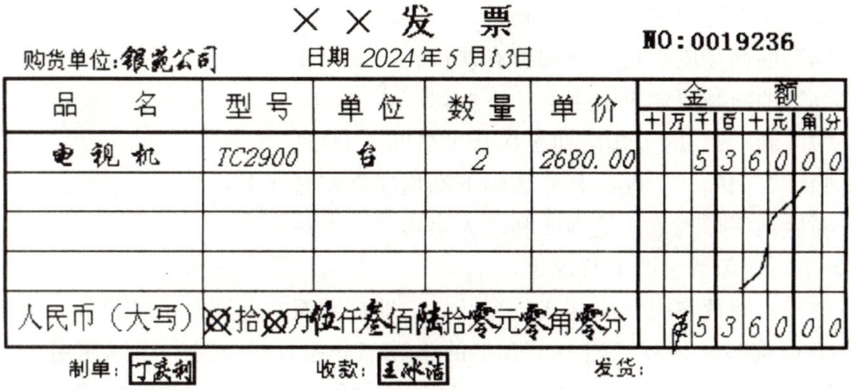

××发票　　NO:0019236

购货单位:银苑公司　　日期 2024年5月13日

品名	型号	单位	数量	单价	金额							
					十	万	千	百	十	元	角	分
电视机	TC2900	台	2	2680.00			5	3	6	0	0	0
人民币（大写）	⊗拾⊗万伍仟叁佰陆拾零元零角零分					¥	5	3	6	0	0	0

制单：丁晨利　　收款：王冰洁　　发货：

图2-56

（三）日期的大写

票据的出票日期必须使用中文大写。为防止变造票据的出票日期，在填写月、日时，月为1、2和10的，日为1～9及10、20和30的，应在其前加“零”；日为11～19的，应在其前加“壹”。如1月15日，应写成“零壹月壹拾伍日”。又如10月20日，应写成“零壹拾月零贰拾日”。

二、阿拉伯小写数字

（一）阿拉伯数码规范写法

小写数字即阿拉伯数字，共有1 2 3 4 5 6 7 8 9 0十个数码。在财经工作中使用时，因有一些特殊要求，形成了一定的特殊式样，被称为标准数码（如图2-57所示）。

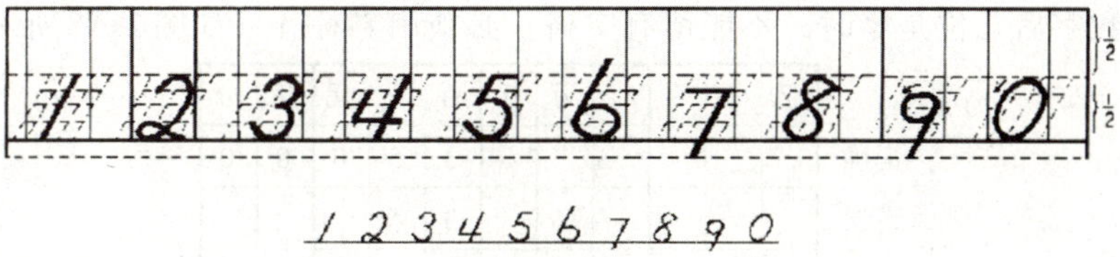

图2-57

标准数码的特点是整齐、美观，不易涂改。假若书写不规范，可能被涂改的数码有：

1→4，1→6，1→7，1→9；2→3，2→8；3→5，3→8；5→8；6→8；7→8，7→9；0→6，0→8，0→9。

（二）标准数码的书写规定

在账表、票据或凭证上书写数码时，应符合以下规定：

（1）书写时应自上而下，先左后右，字字清晰，不能连笔。

（2）数码高度约占账格的1/2，并应贴账格下线书写。

（3）数码须有一定斜度，大约以上端右倾60°为宜。

（4）"0"字要写得圆滑，不留缺口。

（5）"4"的两竖应平行，顶端留有缺口，不能封闭。

（6）"6"的斜竖要伸至上半格的下1/4处。

（7）"7"和"9"的下端应伸至次行半格的上1/4处。

（8）除"7"和"9"外，其他数码下端均应靠在底线上。

（9）要做到字形规范，笔画流利，大小均匀，不易涂改。

（三）小写金额数字的书写规定

（1）书写小写数字时，应从高位到低位，即自左而右分别写出各位数。为了易于辨认数值、方便读写与计算，当一个数字的整数部分超过三位时，国际通用"三位分节制"，即从该数字的个位起，由右向左，每三位数作为一节，节与节之间空一个数字字符的位置。

（2）采用小写数字记录金额时，一般应在小写数字前加填人民币符号"¥"。"¥"是汉语拼音"YUAN"（元）的符号，它既代表人民币"元"的单位，又代表人民币币制。因此，凡在小写金额前已填人民币符号的，后面就无须再写主币单位"元"字。如¥150.06，即为人民币壹佰伍拾元零陆分。需要注意，人民币符号"¥"与小写金额数字之间不能留有空格，更不能将人民币符号写得像某个数码字，以防被添上其他数字或涂改。

（3）若金额数字没有角、分，即到"元"为止，小写金额数字角分位应分别用"0"补齐，不得空而不写。如人民币玖佰元整，应写成"¥900.00"；人民币陆元陆角，应写成"¥6.60"。

（4）登记账簿、编制报表时，因账簿和报表都有固定格式，只需将数字按规定填入账格中，不需要再填小数点和分节号；账簿和报表中的金额数字前不能加填人民币符号"¥"；金额数字后几位是零时，不能留有空格，必须用零补齐（如图2-58所示）。

	亿	千	百	十	万	千	百	十	元	角	分
正确							3	5	0	0	0
错误							3	5			
错误							3	5	0		

图2-58

（四）阿拉伯数字练习中应明确的关系

十个标准数字对于初学者来说，既简单又陌生：说其简单——有受教育多年的基础；言其陌生——在于经济应用中有其特殊要求，不经过严格刻苦的练习，很难写出既规范工整又美观流畅的数字。在练习中，应明确以下关系：

1.数字书写与书法的关系

人人都有书写汉字的经历，有的人写了十几年还写不好，现在练写数字，难免有畏惧感。数字的书写，尽管也讲究起笔、运笔等，但其毕竟笔画少，间架结构简单明了，没有汉字的那些千变万化。练习时只要抓住要领，掌握规律，很快就能显现出练习的效果。

2.汉字书写风格与数字标准的关系

好的汉字书写风格是写好数字的基础。但是形成书写风格，就表明有了书写习惯，而习惯会造成轻视标准的现象，书写中易出现这样或那样的问题，若不能严格约束自己，就难以达到要求。所以，有书写风格者，更应认真比较个人的书写与标准的异同，把精力用在克服个人的弱点上。

3.描摹与临摹的关系

练习数字要有标准字样，应先对标准字样进行描摹，然后在标准账格上进行临摹。描摹时要注意标准，从描摹中体会字的倾斜、高低、宽窄及笔画结构等。描摹到有一定手感后再用标准账格逐字临摹，边临摹边比较，潜心琢磨。若临摹与标准字样差距较大，还必须继续描摹，直到差距缩小为止。注意不可看到标准字样就进行临摹，否则往往会顾此失彼；也不可拘泥于描摹，以防失掉写好数码字的自信心。

4.自信心与他人指教的关系

每个人对数字规范标准的理解、对美的认识以及对自己能否达到要求的信心各异，在练习中应注意个人的成长进步，肯定成绩，树立榜样，把抽象要求和言语评价变成现实材料，激励自己向高标准努力。这对于树立自信心，激发积极性是非常有利的。但弱点不易自我发现，需经他人指点，所以应主动与他人进行交流，以得到他人的指教。

三、错账的更正

实际工作中，由于一些主客观因素的存在，写数时会偶然发生一些这样或那样的错误，如错列、错行、错位或写错数等。一旦出现差错，不得任意涂改、刀刮、橡皮擦、粘贴，也不得用化学药水腐退等，应使用规范的改错方法进行更正。如发现当日的文字或数字记载错误时，应采用画线更正法进行更正：先在错误的文字或数字上画一红线，然后在画线上方填写正确的记录。在画线时，如果是文字，可只划销错误部分；如果是数字错误，应将该笔数字全部划销。划销画线时必须注意使原来的错误字迹仍可辨认。更正后应由会计人员和会计机构会计负责人在更正处盖章，以示负责。

（1）发现写错数字时，应在错写数字上用红笔画一条横线，并贯穿该笔数字的前后，以示将其全部销去。然后，将正确数字写在错写数字的上方，如图中第二行，将813.75改为831.75（如图2-59所示）。

（2）若一笔数字未写完便发现差错，也要坚持将数字写完，或用"0"补齐后尾，不得留有空格，然后用画线更正法进行更正。例如，在写635.18时，误将6 351往左错写3格（错位），及时发现后应将后面账格用"0"补齐，然后用画线更正法进行更正（如图2-60所示）。

亿	千	百	十	万	千	百	十	元	角	分
							3	5	0	0	0
						8	3	1	7	5
						8	1	3	7	5

图 2-59

	亿	千	百	十	万	千	百	十	元	角	分
正确							6	3	5	1	8
				6	3	5	1	0	0	0	0
错误							6	3	5	1	8
				6	3	5	1				
错误							6	3	5	1	8
				6	3	5	1	8			

图 2-60

（3）若一笔数字中只写错一个或几个数码，不能只更改错写的数码，而应将该笔数字全部用红线划销后，再将正确数字填入上半格中（如图 2-61 所示）。

	亿	千	百	十	万	千	百	十	元	角	分
正确					8	5	8	3	0	1	2
					8	5	3	8	0	1	2
错误						8	3				
					8	5	8	8	0	1	2
错误						8	3	0	1	2	
					8	5	3	8	0	1	2

图 2-61

（4）若大写金额书写有误，一般应另行填制新的凭证。确有特殊原因不能更换新凭证的，可采用画线更正法更正，并由经办人和会计机构负责人在更正处盖章，以示负责。

课后练习

一、单指拨珠练习题

（1）　　1 231
　　　+2 113

（2）　　232 401
　　　+212 042

（3）　　121 021
　　　+201 213

（4）　　2 314
　　　－2 213

（5）　　4 322
　　　－2 312

（6）　　443 334
　　　－121 123

（7）　　550 505
　　　－550 505

（8）　　12 132
　　　+55 555

（9）　　67 986
　　　－55 555

（10）　　14 213
　　　　 −12 212

二、两指联拨练习题

（1）　　12 131
　　　　 + 7 867

（2）　　97 687
　　　　 −67 677

（3）　　567 857
　　　　 −343 413

（4）　　342 314
　　　　 +234 342

（5）　　23 431
　　　　 +87 679

（6）　　78 697
　　　　 −67 686

（7）　　878 967
　　　　 −352 515

（8）　　241 342
　　　　 +324 324

（9）　　201 030
　　　　 −150 515

（10）　 324 332
　　　　 +786 988

三、三指拨珠练习题

（1）　　67 968
　　　　 +43 243

（2）　　896 789
　　　　 +214 432

（3）　　79 869
　　　　 +31 241

（4）　　89 796
　　　　 +21 334

（5）　　986 867
　　　　 +134 244

（6）　　101 010
　　　　 − 10 101

（7）　　202 020
　　　　 − 20 202

（8）　　121 112
　　　　 − 43 343

（9）　　102 030
　　　　 − 30 403

（10）　 102 213
　　　　 − 23 434

四、双手联拨练习题

（1）　　698 687
　　　　 +423 423

（2）　　968 768
　　　　 +143 342

（3）　　69 789 679
　　　　 +43 421 432

（4）　　796 897
　　　　 +324 243

（5）　　9 869 796
　　　　 +1 243 324

（6）　　12 230
　　　　 − 3 443

（7）　　120 923　　　　　　（8）　　313 212　　　　　　（9）　　60 829 103
　　　　－ 44 034　　　　　　　　　　－ 34 344　　　　　　　　　　－ 4 434 214

（10）　　93 804 102
　　　　　－ 4 030 324

五、根据下列小写金额数字写出大写金额数字

（1）¥238.61　　　　　　　　（6）¥60 000.50

（2）¥12.36　　　　　　　　　（7）¥106 000.30

（3）¥2 308.00　　　　　　　　（8）¥780 050.03

（4）¥6 310.27　　　　　　　　（9）¥960 023 117.00

（5）¥160 000.00　　　　　　　（10）¥130 130.02

六、根据下列大写金额数字写出小写金额数字

（1）人民币贰佰肆拾元零伍角

（2）人民币玖分

（3）人民币叁拾万元整

（4）人民币壹拾伍万零伍元整

（5）人民币叁仟肆佰贰拾陆元壹角柒分

（6）人民币壹万元零壹分

（7）人民币伍佰陆拾万元零玖分

（8）人民币壹万零壹佰零壹元零壹分

（9）人民币壹拾陆万零壹拾陆元壹角陆分

（10）人民币叁佰零玖万零陆佰元柒角壹分

七、简答题

1.算盘的"五升十进位"的含义是什么？

2.三指拨珠法中，拇指、中指联拨有几种方法，请举例说明。

3.阿拉伯数字写法应掌握哪些规则？

文化广角

珠算之最

最早出现算盘图的儿童读物——《魁本对相四言杂字》

　　明初期（1371年）刊印的《魁本对相四言杂字》，是一本看图识字的儿童读物，四字一句，图文对照，书中刊有一幅算盘图，图上画的是梁上二珠、梁下五珠的十档算盘，这是至今发现最早绘有算盘图的图书。在看图识字的儿童读物中绘有算盘图，这说明算盘在明初是民间通行的算具，而不是陌生的新事物。如果你细看一下算盘图的下面，便会发现书中在画算盘图的同时，绘有算子，也就是算筹，这便说明算筹在明初社会上还存在，也就是说，当时算盘和算筹同时存在。

珠坛故事

陈云打算盘

1976年11月的一天上午10时左右，陈云同志来到杭州玉泉公园参观展览，当他走到玉泉鱼池旁的大厅时，看到一位会计正在打算盘算账，他走过去和蔼地要求会计让他来试试。陈云同志坐下来，兴致勃勃地拨动算珠，噼里啪啦地打起算盘来，指法娴熟。通过一拨一弹，人们不难想象陈云同志为我国的经济工作做出多少重大的决策啊！他笑盈盈地打算盘的照片，不仅生动地表明了他对算盘的肯定和珍爱，还深刻地表明他对发展珠算寄予殷切的期望。新华社记者岳湖同志抓住机会，拍摄到这张珍贵的照片。1982年1月，时任全国政协副主席赵朴初同志见此照片，一时诗兴大发，挥笔作诗一首："唯实是求，珠落还起。加减乘除，反复对比。运筹帷幄，决胜千里。老谋深算，国之所倚。"诗句既是对陈云同志为国理财业绩的赞誉，也是对我国珠算工作者的勤勉和鼓励，尤其是"唯实是求"四字警句，更成为财务工作者的座右铭。

民间俗语中的珠算文化

1. 吃不穷，穿不穷，不会算盘一世穷。
2. 不管它三七二十一，咱们干咱们的。
3. 三下五去二，他干得干净利落。
4. 算盘一响，黄金万两。
5. 他这个人呀，肚子里揣了个小九九。
6. 肚子里边打算盘，你真有心计。
7. 他来了个一推六二五（一退六二五）。
8. 他非来个三三见九不可。

第三单元

珠算加减法

课前思考

1.珠算基本加减法有几种?

2.基本加减法的两类方法各有何优缺点?

学习目标

知识目标:通过本单元的学习,熟记传统加减口诀;熟练掌握基本加法和减法的运算原理;了解珠算与珠心算的演进关系。

技能目标:熟练掌握基本加减法的拨珠和运算,熟练掌握变通加减法和珠算结合心算加减法运算;了解传票算法与账表算法的过程及打法。

素养目标:培训学生计算能力、空间能力、归纳推理能力以及记忆力、注意力、自控力、意志力,体会"方圆相合,大道至简"的珠算文化。

第一节 珠算加减法简介

古时,筹算和珠算的算法是互相渗透、一脉相通的,但对珠算加减的具体运算方法没有记载。从筹算有关记述可推断,加减中的加法可能是直加法,减法可能是直减法,到了明代才有加减法口诀的产生,即传统的"上法诀"和"退法诀"。

"上法诀"和"退法诀"首见于明代吴敬《九章详注比类算法大全》的"起五诀"、"成十诀"、"破五诀"和"破十诀"。明代王文素的《新集通证古今算学宝鉴》中也著录了这四种口诀。以上四种加减法口诀,在明代徐心鲁订正的《盘珠算法》中,综合成全套的"上法诀"和"退法诀",也就是流传到现在的加法口诀和减法口诀。

《盘珠算法》著录的上法、退法口诀,比《九章详注比类算法大全》的同类口诀,文句简练,所述拨珠顺序也有所改进。例如,上法诀"一起四作五"改为"一下五去四",将拨珠顺序"先去四后下五"改为"先下五后去四"。又如,退法诀"一去五下还四"，改为"一上四去五"，将拨珠顺序"先去五后还四"，改为"先上四后去五"。这几种改变，使拨珠都比原来合理顺手。

以上两种口诀从产生到现在没有变化。过去在小学、幼儿园的孩子们初学珠算加减法，都从熟读上法、退法口诀入手。但是，现在有人不赞成教这两种口诀，主张采用新的教学方法，根据五的组成和分解规律，来理解满五加和破五减，根据十的组成和分解规律，来理解进位加和退位减，其方法便于掌握，并且与算术原理接轨。

总之，传统的珠算加减法对推动我国珠算技术水平的提高起了很重要的作用，现在还应借鉴，但有些方法已经或正在被更先进的方法所替代。这些先进的方法不仅能减少拨珠次数，提高计算速度，还能启迪人的智力，充分发挥珠算教育的功能。

基本加减法主要有两种方法：传统口诀加减法和凑五补十加减法。传统口诀加减法又可分为直加直减法，补五加、破五减法，进位加、退位减法，破五进位、退位补五法。凑五补十加减法又可分为直接加减法、凑五加减法、进位加法和退位减法等。人们往往称加减法有传统的诀法和无诀的凑五补十法，实际上凑五补十法的口语化也是口诀化方法。另外，实际上补数加减法（凑整加减法）也是基本加减法之一，但通常认为基本加减法主要有两种方法。

变通加减法有多种，主要有穿梭法（来回加减法）、分节法、归总法、借减法（倒减法）、提前进退位法等。

珠算结合心算加减法主要有两种方法：几个数结合法和一目多行运算法。

在上述各方法中，应以基本加减法为基础，其他加减法为辅（应用其他加减法时，应根据不同题目数字的特点，选择适当的算法），重点发展珠算结合心算加减法。

当前，社会上大力推广的珠算结合心算加减法，主要是在熟练基本加减法的基础上，再通过脑译珠映象活动进行加减运算的一种方法。它是珠算在新时期内质的飞跃变化，意义深远。

第二节　基本加减法

加减法是珠算四则运算（加减乘除）的基础，在熟练之后才能更有效地做乘除运算。

一、传统口诀加减法

珠算加减口诀是根据算盘位数、档位和五升十进位制等特点，结合加减数字的内容要求，科学地概括、总结出来的。如果说我国的十进位制是我国数学的伟大创造，那么珠算的五升十进位制应该也是古老数学的精华。中国传统的加减口诀是在明代形成的，初见于明朝吴敬《九章详注比类算法大全》一书，以后逐步形成了今天的传统口诀。

珠算文化：
明代圆角黄花
梨老算盘

（一）口诀表

口诀表见表3-1至表3-9。

表3-1 直接的加拨珠指法表

加数	口诀	三指拨珠法	二指拨珠法
1	一上一		
2	二上二	用拇指拨下珠靠梁	用拇指拨下珠靠梁
3	三上三		
4	四上四		
5	五上五	用中指拨上珠靠梁	用食指拨上珠靠梁
6	六上六		
7	七上七	用拇指拨下珠，用中指拨上珠同时靠梁	用食指拨上珠，用拇指拨下珠同时靠梁
8	八上八		
9	九上九		

表3-2 直接的减拨珠指法表

减数	口诀	三指拨珠法	二指拨珠法
1	一去一		
2	二去二	用食指拨下珠离梁	用食指拨下珠离梁
3	三去三		
4	四去四		
5	五去五	用中指拨上珠离梁	用食指拨上珠离梁
6	六去六		
7	七去七	用食指或拇指和中指分别拨下、上珠同时离梁	用拇指和食指分别拨下、上珠同时离梁
8	八去八		
9	九去九		

表3-3　　　　　　　　　　　　　　**补五的加拨珠指法表**

指法 加数　　口诀	三指拨珠法	二指拨珠法
1　一下五去四 2　二下五去三 3　三下五去二 4　四下五去一	用中指拨上珠靠梁，同时用食指或拇指拨下珠离梁	用食指拨上珠靠梁，同时用拇指拨下珠离梁

表3-4　　　　　　　　　　　　　　**破五的减拨珠指法表**

指法 减数　　口诀	三指拨珠法	二指拨珠法
1　一上四去五 2　二上三去五 3　三上二去五 4　四上一去五	用拇指拨下珠靠梁，同时用中指拨上珠离梁	用拇指拨下珠靠梁，同时用食指拨上珠离梁

表3-5　　　　　　　　　　　　　　**进十的加拨珠指法表**

指法 加数　　口诀	三指拨珠法	二指拨珠法
1　一去九进一 2　二去八进一 3　三去七进一 4　四去六进一	先用中指和食指或拇指分别拨上、下珠同时离梁，再用拇指向左一档进一靠梁	先用食指和拇指分别拨上、下珠同时离梁，再用拇指向左一档进一靠梁
5　五去五进一	先用中指拨上珠离梁，再用拇指向左一档进一靠梁	先用食指拨上珠离梁，再用拇指向左一档进一靠梁
6　六去四进一 7　七去三进一 8　八去二进一 9　九去一进一	先用食指拨下珠离梁，再用拇指向左一档进一靠梁	先用食指拨下珠离梁，再用拇指向左一档进一靠梁

表3-6 退十的减拨珠指法表

指法 口诀 减数		三指拨珠法	二指拨珠法
1 2 3 4	一退一还九 二退一还八 三退一还七 四退一还六	先用食指在左一档拨一下珠离梁，再用中指和拇指同时拨本档上、下珠靠梁	先用食指在左一档拨一下珠离梁，再用食指和拇指同时拨本档上、下珠靠梁
5	五退一还五	先用食指在左一档拨一下珠离梁，同时用中指拨本档上珠靠梁	先用食指在左一档拨一下珠离梁，同时用食指拨本档上珠靠梁
6 7 8 9	六退一还四 七退一还三 八退一还二 九退一还一	先用食指在左一档拨一下珠离梁，再用拇指拨本档下珠靠梁	先用食指在左一档拨一下珠离梁，再用拇指在本档拨下珠靠梁

表3-7 破五进十的加拨珠指法表

指法 口诀 加数		三指拨珠法	二指拨珠法
6 7 8 9	六上一去五进一 七上二去五进一 八上三去五进一 九上四去五进一	用拇指拨下珠靠梁，同时用中指拨上珠离梁，再用拇指向左一档进一靠梁	用拇指拨下珠靠梁，同时用食指拨上珠离梁，再用拇指向左一档进一靠梁

表3-8 退十补五的减拨珠指法表

指法 口诀 减数		三指拨珠法	二指拨珠法
6 7 8 9	六退一还五去一 七退一还五去二 八退一还五去三 九退一还五去四	先用食指在左一档拨一下珠离梁，再用中指拨本档上珠靠梁，同时用食指或拇指拨下珠离梁	先用食指在左一档拨一下珠离梁，再用食指拨本档上珠靠梁，同时用拇指拨下珠离梁

表3-9　　　　　　　　　　　　　　传统的珠算加减法口诀表

加数或减数 \ 类型	直接的加和直接的减		补五的加和破五的减		进十的加和退十的减		破五进十的加和退十补五的减	
	直接的加	直接的减	补五的加	破五的减	进十的加	退十的减	破五进十的加	退十补五的减
1	一上一	一去一	一下五去四	一上四去五	一去九进一	一退一还九		
2	二上二	二去二	二下五去三	二上三去五	二去八进一	二退一还八		
3	三上三	三去三	三下五去二	三上二去五	三去七进一	三退一还七		
4	四上四	四去四	四下五去一	四上一去五	四去六进一	四退一还六		
5	五上五	五去五			五去五进一	五退一还五		
6	六上六	六去六			六去四进一	六退一还四	六上一去五进一	六退一还五去一
7	七上七	七去七			七去三进一	七退一还三	七上二去五进一	七退一还五去二
8	八上八	八去八			八去二进一	八退一还二	八上三去五进一	八退一还五去三
9	九上九	九去九			九去一进一	九退一还一	九上四去五进一	九退一还五去四

注："上"指拨下珠靠梁；"下"指拨上珠靠梁；"去"即减去，指将靠梁珠拨靠边框；"进"指在左档上加；"退"指从左档上减。

从上面的口诀表中可以看出加减口诀的逆运算关系。表中每一句口诀的第一个字是指要加（或减）的数，后面的字是表明拨珠的运作过程。从中可以看出，加减运算共有以下四种情况：

第一种，"直接的加"和"直接的减"。例如，算盘上已有数码3，现要加1，直接拨一颗下珠靠梁即可，即"一上一"，和数是四。或算盘上已有数码4，现要减3，直接拨去三颗下珠即可，即"三去三"，差数是一。

第二种，"补五的加"和"破五的减"。例如，算盘上已有数码4，现要加2，这时两数之和已经满5，而本档下珠不够用（不用底珠），就需要拨加一颗上珠，再去掉多余的三颗下珠，即"二下五去三"。再如，算盘上已有数码6，要减去3，这时下珠不够减，必须拨去一颗上珠，并且相应地把减5后多减的数用下珠补上，即"三上二去五"。

上述两种情况是不进位的加和不借位的减。

第三种，"进十的加"和"退十的减"。例如，算盘上已有数码9，现要加3，这时本档上的上、下珠都不够用了（不用顶珠和底珠），应向左档进1（进十），就要在本档上拨去多加的数（上珠一颗，下珠二颗），并在左一档拨加一颗下珠，即"三去七进一"。再如，算盘上已有数码12，现要减去3，这时个位档只有2，不够减，必须从左一档借1（退十）去减，然后把多减的数（7）拨还在个位档上，即"三退一还七"。

第四种，"破五进十的加"和"退十补五的减"。例如，算盘上已经有数码5，现要加6，这时，本档珠不够用（一般不用顶珠、底珠），必须破五进十，就是在本档拨加一颗下珠，拨去一颗上珠，同时在左一档拨加一颗下珠（进十），即"六上一去五进一"。再如，算盘上已经有了数码11，现要减去6，这时个位档（本档）1不够减6，就要从左一档借1（退十），然后在本档拨加一颗上珠，再拨去一颗下珠，即"六退一还五去一"。

后两种情况是进位的加和退位的减。

总之，不论哪一种加减，都不外乎不进（退）位的加减和进（退）位的加减几种情况。

（二）加减具体运算

在多位数加减法运算中，其基本步骤、方法是：

（1）先在算盘上选定个位档，一般把右起第一个计位点作为小数点为宜。

（2）再拨上被加数或被减数。

（3）在相加或相减时，初学时要从高位向低位（即从左到右）依次加减，这与笔算由低位向高位运算正好相反，熟练之后亦可来回运算。

（4）加数或减数要和被加数或被减数的档位对齐，然后进行加或减运算，如百位对百位、十位对十位、个位对个位等。

（5）要从左到右三位或四位一节看数拨珠，熟练后边看边打。

（6）在运算时要注意"五升十进"的特点（即满五升为上珠，满十向左一档进位），熟练运用口诀到以后不用口诀。

【例3-1】（纯加题）2 346.57+478.21=2 824.78

步骤：

①在算盘上选好个位档，拨上被加数2 346.57（如图3-1所示）。

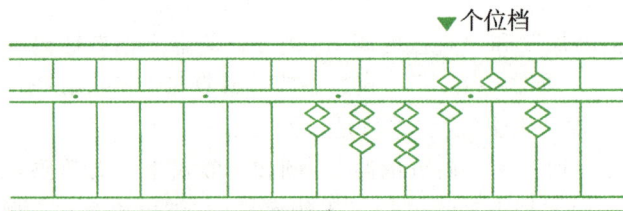

图 3-1

②以加数百位（即加数第一位）4，对准被加数百位（即被加数的第二位）3相加（四下五去一）（如图3-2所示）。

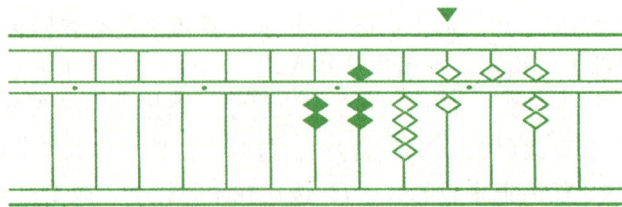

图 3-2

③以加数十位7对准被加数十位4相加（七去三进一）（如图3-3所示）。

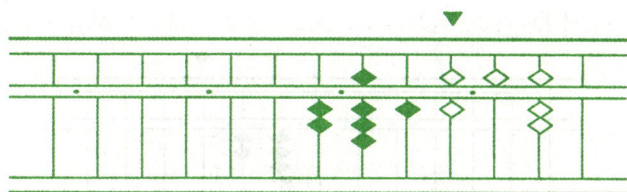

图 3-3

④以加数个位 8 对准被加数个位 6 相加（八上三去五进一）（如图 3-4 所示）。

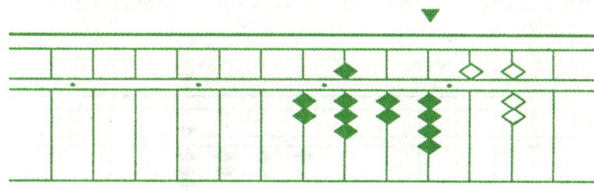

图 3-4

⑤以加数十分位 2 对准被加数十分位 5 相加（二上二）（如图 3-5 所示）。

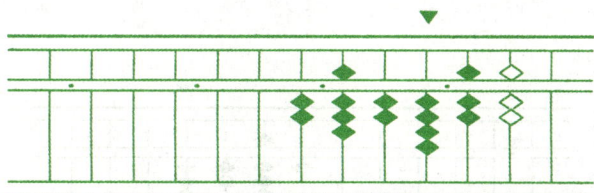

图 3-5

⑥以加数百分位 1 对准被加数百分位 7 相加（一上一）（如图 3-6 所示）。

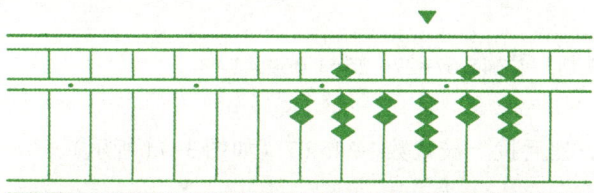

图 3-6

终盘为 2 824.78。

【例 3-2】（连加题）375+45+708+695=1 823

步骤：

①选好个位档，然后拨上被加数 375（如图 3-7 所示）。

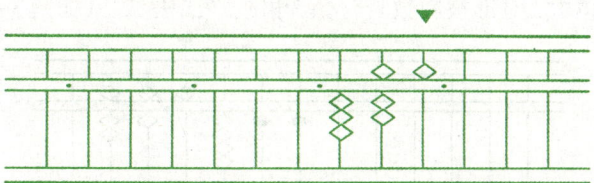

图 3-7

②加第二笔数45，十位（四去六进一）、个位（五去五进一）对齐相加（如图3-8所示）。

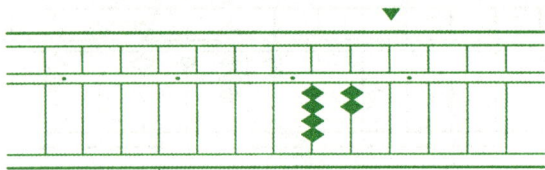

图 3-8

③加第三笔数708，百位（七去三进一）、十位（原珠不动）、个位（八上八）对齐相加（如图3-9所示）。

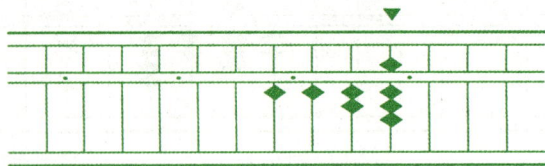

图 3-9

④加第四笔数695，百位（六上六）、十位（九去一进一）、个位（五去五进一）对齐相加（如图3-10所示）。

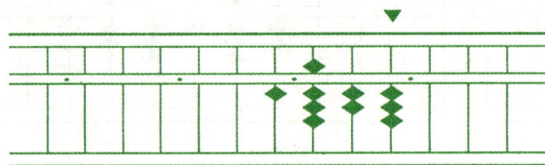

图 3-10

终盘为1 823。

【例3-3】（纯减题）1 345.67-276.25=1 069.42

步骤：

①选好个位档，然后拨上被减数1 345.67（如图3-11所示）。

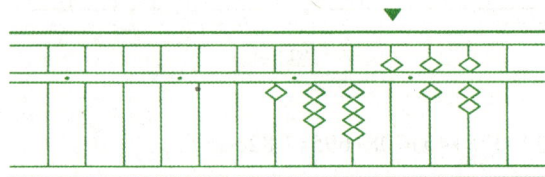

图 3-11

②先以减数百位数2对准被减数百位数3相减（二去二）（如图3-12所示）。

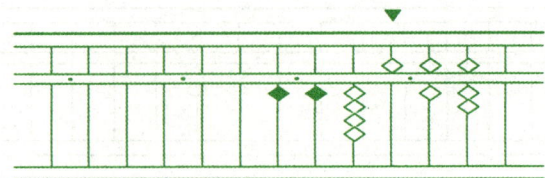

图 3-12

③以减数十位数7对准被减数十位数4相减（七退一还五去二）（如图3-13所示）。

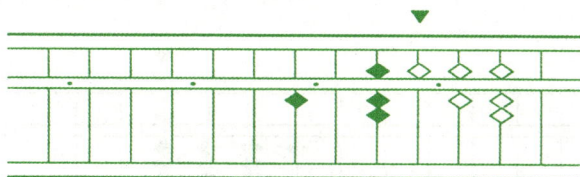

图3-13

④以减数个位数6对准被减数个位数5相减（六退一还四）（如图3-14所示）。

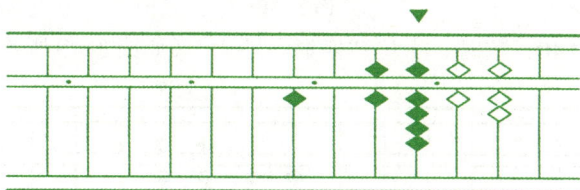

图3-14

⑤以减数十分位数2对准被减数十分位数6相减（二上三去五）（如图3-15所示）。

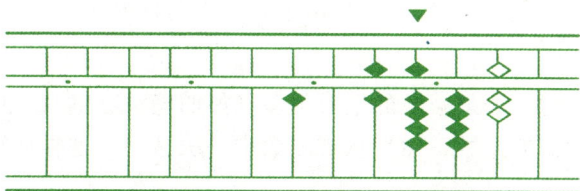

图3-15

⑥以减数百分位数5对准被减数百分位数7相减（五去五）（如图3-16所示）。

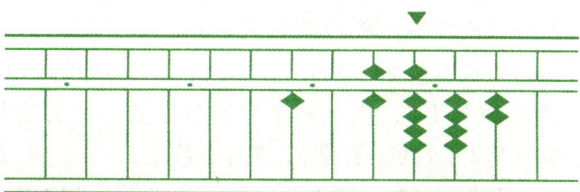

图3-16

终盘为1 069.42。

【例3-4】（连减题）2 242-804-40=1 398

步骤：

①定好个位档，然后拨上被减数2 242（如图3-17所示）。

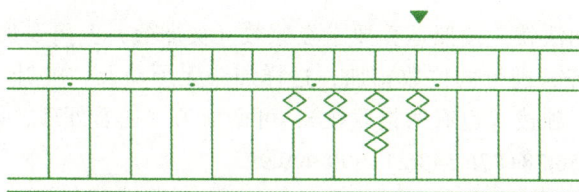

图3-17

②先减第一笔减数804，减时，百位"八退一还二"，个位"四退一还六"（如图3-18所示）。

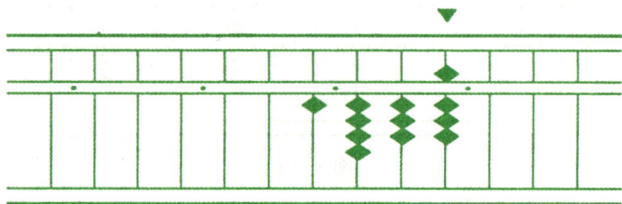

图3-18

③减第二笔减数40，减时，十位"四退一还六"（如图3-19所示）。

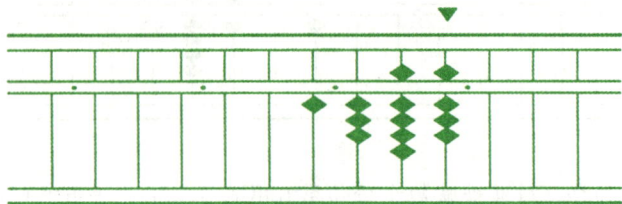

图3-19

终盘为1 398。

在进行减法运算时，如果减数的笔数很多（如四笔、五笔），也可以先把各笔减数全部加起来，得出要减的总数，然后从被减数中一次减去，这样计算较为准确、迅速。这里不再举例。

二、凑五补十加减法

这类加减法实际上与口诀加减法的数理完全一致。

它是运用凑五（五的组成与分解）和补十（十的组成与分解）的原理进行运算的。

凑数：如果两个数之和等于5，则这两个数互为凑数。互为凑数的两个数有两对，即1的凑数是4，4的凑数是1；2的凑数是3，3的凑数是2。

补数：如果两个数之和等于10^n，则这两个数互为补数。如2与8的和是10，则2的补数是8，8的补数是2。两个一位数的和是10的数有五对，1与9、2与8、3与7、4与6、5与5。

兹分述如下：

（一）直加、直减法

1.直加法

一般来说，直加法就是按照运算要求在原数（被加数）上需要加多少就直接拨加多少，但必须位数对齐，进行同位数相加，这样加法无须动及"五升"和"十进位"（注意：在指法上有单指独拨，也有两指联拨），可概括为"加看外珠，够加直加"。

【例3-5】123 456.78+876 543.21=999 999.99

①先定好个位档，再逐档拨入被加数123 456.78（如图3-20所示）。

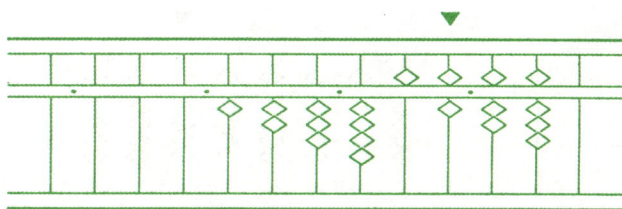

图 3-20

②然后以加数 876 543.21 对准档位（即同位数）逐位相加，结果为 999 999.99（如图 3-21 所示）。

图 3-21

【例 3-6】123 404 321+555 555 555=678 959 876

①先定好个位档，按顺序拨入被加数 123 404 321（如图 3-22 所示）。

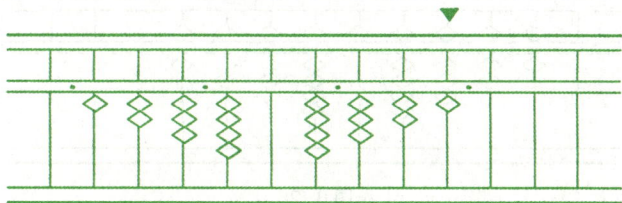

图 3-22

②然后将加数 555 555 555 对准被加数逐位加入，结果为 678 959 876（如图 3-23 所示）。

图 3-23

2.直减法

直减法就是在被减数上需要减去多少就直接减多少，无须动及"五升"和"十退位"，也应对准位数，同位数相减进行运算（注意：指法有单指独拨，也有两指联拨），可概括为"减看内珠，够减直减"。

【例 3-7】999 999.99-976 543.21=23 456.78

①先在算盘上定好个位档，然后顺序拨入被减数 999 999.99（如图 3-24 所示）。

图 3-24

②将减数 976 543.21 对准被减数的同位数逐位相减得 23 456.78（如图 3-25 所示）。

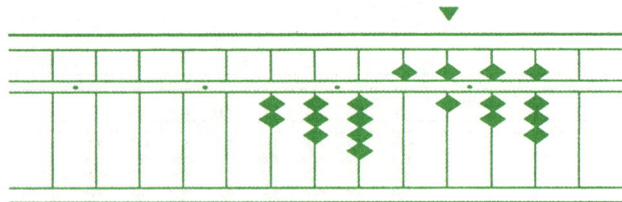

图 3-25

【例 3-8】 678 959 876－123 404 321＝555 555 555

①先在算盘上定好个位档，然后顺序拨入被减数 678 959 876（如图 3-26 所示）。

图 3-26

②将减数 123 404 321 对准被减数同位数相减即得 555 555 555（如图 3-27 所示）。

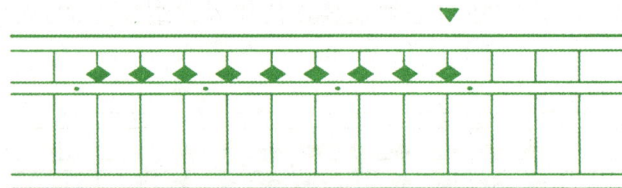

图 3-27

（二）凑五加减法

这种方法已涉及"五升"问题，即两个数之和为 5，互为凑数，即 1 和 4，2 和 3，4 和 1，3 和 2。在运算中是加中有减，减中有加，并非直接加或直接减。

1.凑五加法

两个数相加，如果被加数只有下珠，两数相加大于 5 而小于 10，这时需要动用上珠（一颗代表五），这就是凑五加法，概括为"下珠不够用，加五减凑"（如加四下五去一，加三下五去二，加二下五去三，加一下五去四等）。涉及凑五加法的有以下几种情况：

加1=加5减4（4+1）

加2=加5减3（3+2、4+2）

加3=加5减2（2+3、3+3、4+3）

加4=加5减1（1+4、2+4、3+4、4+4）

【例3-9】34 344+21 413=55 757

①先在算盘上定好个位档，然后把被加数34 344顺序拨入盘内（如图3-28所示）。

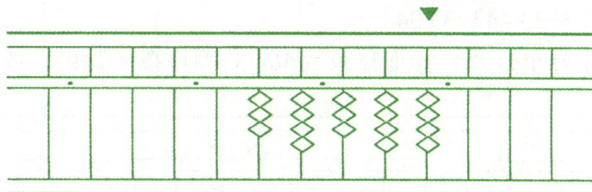

图3-28

②以加数21 413对准被加数相应档位相加，因为下珠不够加（不用底珠），则"加五减凑"，得55 757（如图3-29所示）。

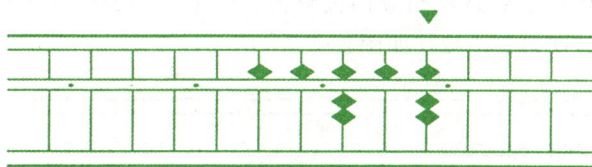

图3-29

【例3-10】12 344+43 211=55 555

①先在算盘上定好个位档，然后拨入被加数12 344（如图3-30所示）。

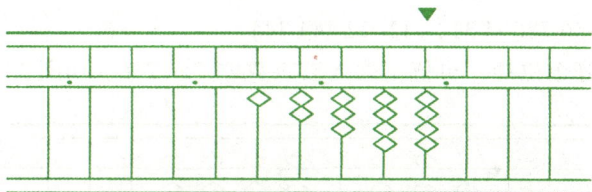

图3-30

②以加数43 211对准被加数相应档位相加，用"加五减凑"方法相加即得55 555（如图3-31所示）。

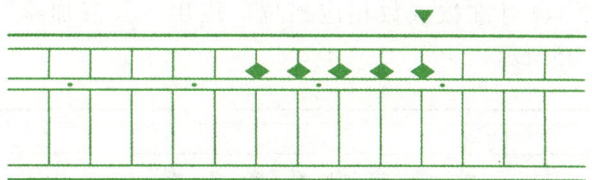

图3-31

2.破五减法

在减法运算中，如被减数有上珠而下珠又不够减1、2、3、4时，则需动及上珠

（即破五），这叫破五减法，概括为"下珠不够用，去五加凑"（如减二去五加三，减三去五加二，减四去五加一，减一去五加四等）。涉及破五减法的有以下几种情况：

减 1＝减 5 加 4（5-1）

减 2＝减 5 加 3（5-2、6-2）

减 3＝减 5 加 2（5-3、6-3、7-3）

减 4＝减 5 加 1（5-4、6-4、7-4、8-4）

【例 3-11】56 785-23 443=33 342

①先在算盘上定好个位档，再把被减数 56 785 顺序拨入盘内（如图 3-32 所示）。

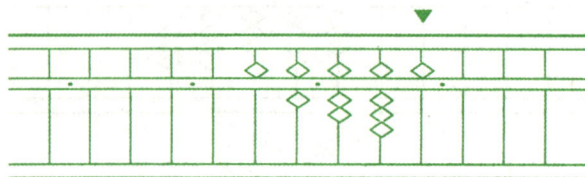

图 3-32

②以减数 23 443 对准被减数相应档位减去，因下珠不够用（不用底珠），则用"去五加凑"方法运算，即得 33 342（如图 3-33 所示）。

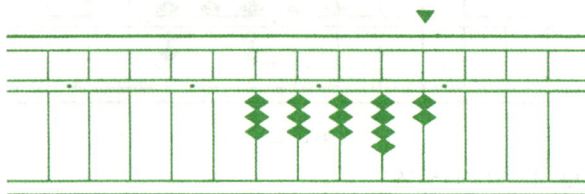

图 3-33

【例 3-12】26 756 786-4 312 442=22 444 344

①在算盘上定好个位档，再依次拨入被减数 26 756 786（如图 3-34 所示）。

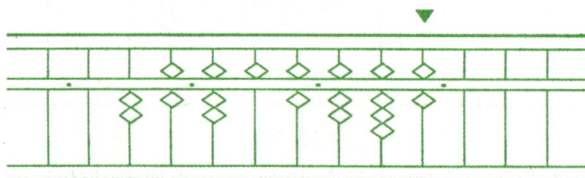

图 3-34

②以减数 4 312 442 对准被减数相应档位，运用"去五加凑"办法运算，即得 22 444 344（如图 3-35 所示）。

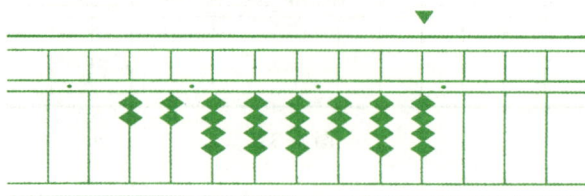

图 3-35

（三）进位加法和退位减法

当两个数之和为10^n时，如1与9、2与8、3与7、4与6、5与5，这两个数就互为补数，而10^n是这两个数的齐数。在珠算的进位和退位加减运算中，利用这种补数关系规律进行计算即可无须运用口诀得到运算结果。它和传统的口诀式加减法中的"进十的加""破五进十的加"与"退十的减""退十补五的减"的原理是一致的。

1.进位加法

两数相加之和为10并需要在前档进位（即10），这叫作进位加法，概括为"本档满十减补加齐"。例如：$+9=-1+10$；$+8=-2+10$；$+7=-3+10$；$+6=-4+10$；$+5=-5+10$；$+4=-6+10$；$+3=-7+10$；$+2=-8+10$；$+1=-9+10$。如果在7本档上要加8，这需要满十进位，则在本档减去8的补数2，而在前档进1（即加8的齐数10），得出15。

【例3-13】7+8=15

```
        7
   −    2
  +1    0
 ─────────
   1    5
```

【例3-14】14+8=22

```
   1    4
   −    2
  +1    0
 ─────────
   2    2
```

【例3-15】69+3=72

```
   6    9
   −    7
  +1    0
 ─────────
   7    2
```

如果是多位数相加，也可依照上述加一位的方法进行。

【例3-16】39 785.62+4 455.71=44 241.33

```
   3  9  7  8  5  .  6  2
   −     6
   +  1  0
   −        6
   +     1  0
   −           5
   +        1  0
   −              5
   +           1  0
   −                 3
   +              1  0  1
   +
 ────────────────────────
   4  4  2  4  1  .  3  3
```

【例3-17】723 456+98 765=822 221

盘式如图3-36所示。

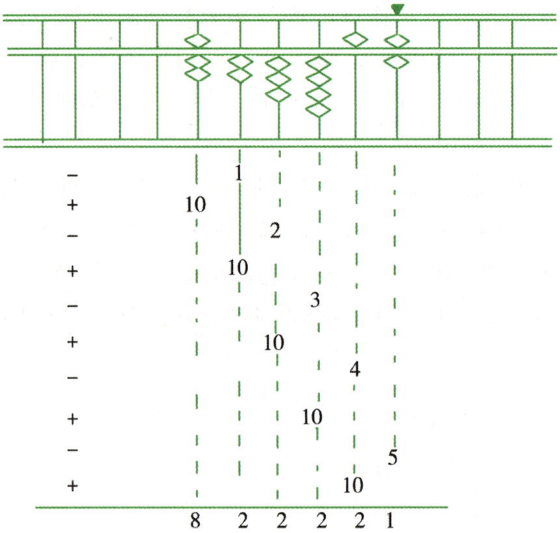

			1				
−			1				
+		10					
−				2			
+			10				
−					3		
+				10			
−						4	
+					10		
−							5
+						10	
	8	2	2	2	2	1	

图3-36

2.退位减法

当两数相减而该档的被减数不够减，这时应从前档借"1"（即视同本档的10），然后减去减数，这叫作退位减法。这种方法可概括为"本档不够，减齐加补"（即前档减1，本档加补）。例如：−9=−10+1；−8=−10+2；−7=−10+3；−6=−10+4；−5=−10+5；−4=−10+6；−3=−10+7；−2=−10+8；−1=−10+9等。又如：17−8，这时7的本档不够减8，则从前档退1（即为本档10）再减8，余2（即8的补数2）加在本档上（即"减齐加补"）。

【例3-18】17−8=9

$$
\begin{array}{r}
1\ \ 7 \\
-1\ \ 0 \\
+\ \ \ 2 \\
\hline
9
\end{array}
$$

【例3-19】36−9=27

$$
\begin{array}{r}
3\ \ 6 \\
-1\ \ 0 \\
+\ \ \ 1 \\
\hline
2\ \ 7
\end{array}
$$

如果是多位数相减，方法相同，注意对准数位，在相应档位上减，必须做到"本档不够，减齐加补"。

【例3-20】22 716-8 937=13 779

```
   2   2   7   1   6
 -1   0
 +     2
 -     1   0
 +         1
 -             1   0
 +             7
 -                 1   0
 +                     3
 ─────────────────────────
   1   3   7   7   9
```

【例3-21】44 516-8 787=35 729

盘式如图3-37所示。

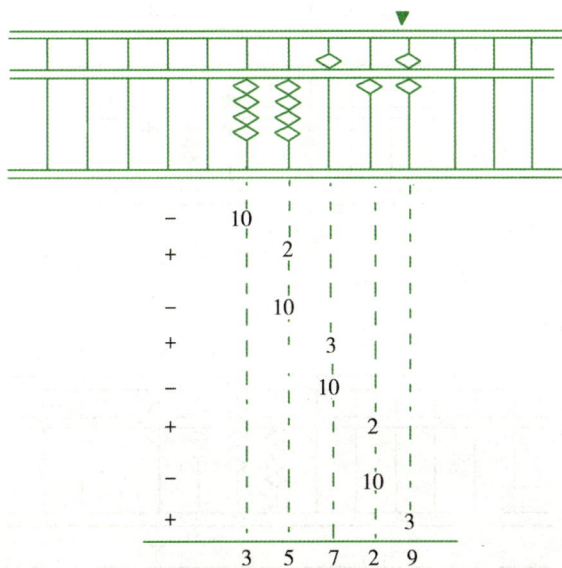

图3-37

运算中也可以先减其齐数后加补数，求取得数，结果一致。如上例：

44 516-8 787=35 729

```
     44 516
    -10 000
    + 1 213
    ──────────
     35 729
```

三、补数加减法（凑整加减法）

当加数或减数接近整数时，就可用补数（凑整）来进行加减运算，这种方法叫补数加减法（凑整加减法）。

【例3-22】20 634+9 998=20 634+10 000-2=30 632

盘式如图3-38所示。

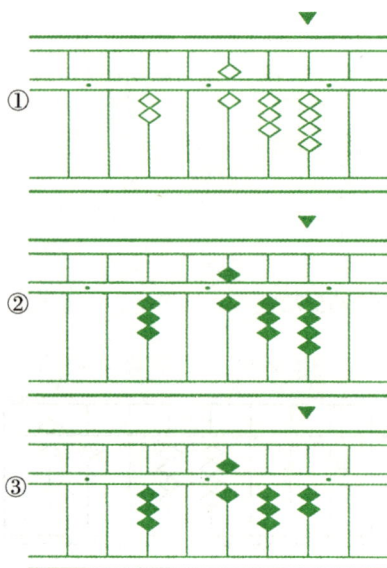

图3-38

【例3-23】4 876-996=4 876-1 000+4=3 880

盘式如图3-39所示。

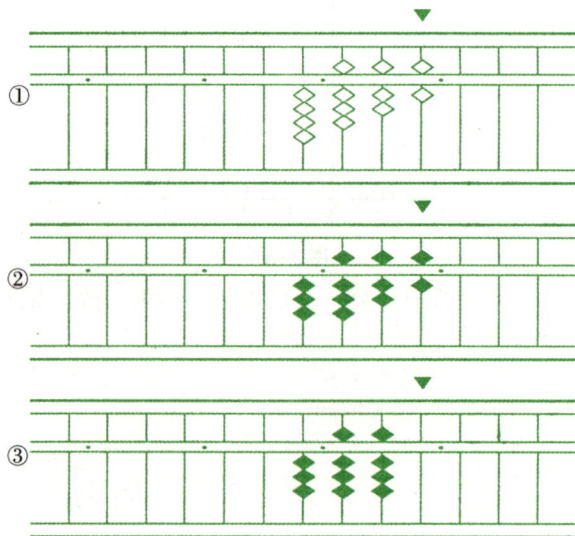

图3-39

四、三种加减法的对比与评价

评价加减法的标准是观察其以下方面综合而定：（1）准确度；（2）速度；（3）易学易用程度；（4）科学性。

（一）传统口诀加减法优缺点

传统口诀加减法的主要优点：（1）熟练口诀后准确性高；（2）结合算盘五升十进制特点顺利拨珠；（3）有一定的科学性。其主要缺点：背诵口诀是个难题，且由于需背口诀而速度受限制。

（二）凑五补十加减法优缺点

凑五补十加减法主要优点：（1）无需更多口诀，只掌握凑数、补数关系规律即可运算自如；（2）方法易学易用；（3）速度较快；（4）有一定科学性。其主要缺点：必须理解和熟练掌握凑数、补数的数理关系及规律。

以上两种方法，目前以凑五补十加减法应用为广。

（三）补数加减法（凑整加减法）优缺点

补数加减法（凑整加减法）主要优点：在相补的情况下，计算方便、简捷。其主要缺点：加数或减数需要接近整数。

第三节　变通加减法

变通加减法是以基本加减法为基础，在一定条件下，按照计算数字的特点、运算规律和计算任务要求而简化一些运算过程的算法，主要有：

一、借减法（倒减法）

借减法（倒减法）也叫"借1法""虚借法"。

在实际工作中，往往有许多数字需要连续加减，有时还会遇到不够减的情况，这就可以利用借"1"的办法，加大被减数后去减，等减完后再在原档上还"1"，如果不够还，出现差数，即为负数。

【例3-24】31 523-78 969+64 872-7 800=9 626

盘式如图3-40所示。

【例3-25】36 078+5 896-76 542-2 679=-37 247

盘式如图3-41所示。

借"1"后，算盘上的结果62 753不够还，还差37 247（即100 000-62 753），它是62 753的补数，成为"负数"，用"-"符号表示，即-37 247。

二、分节法

在连加连减多笔数字中，按分节号分成若干节，每节自上（左）而下（右），各节打完就得总数。

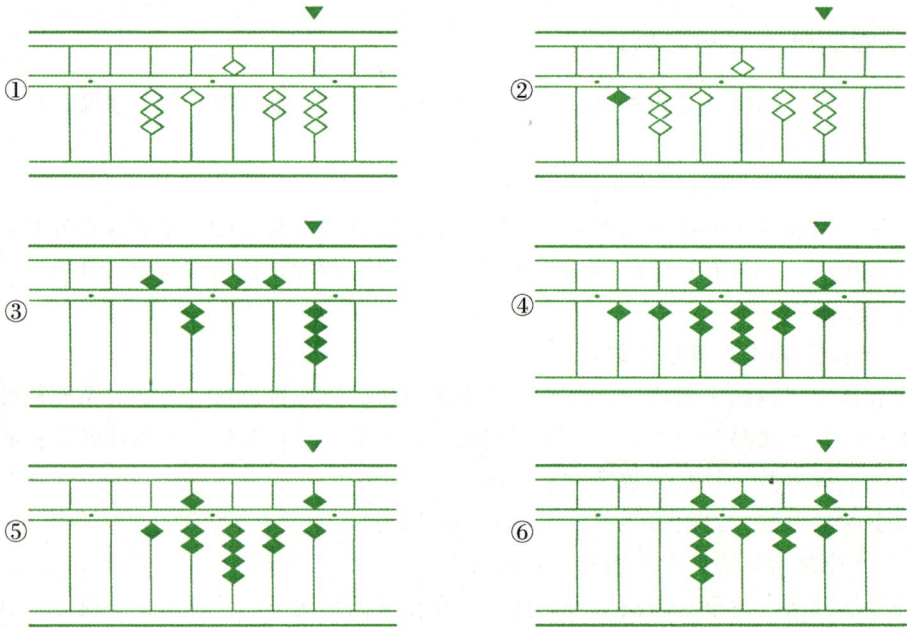

图 3-40

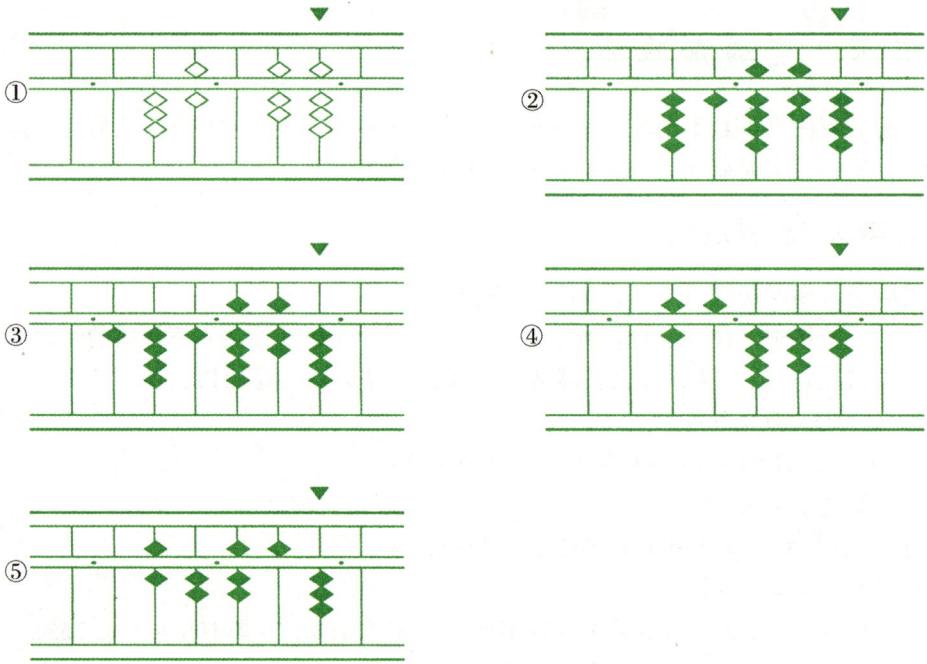

图 3-41

例如	1	237	846
		273	485
	3	754	361
		134	546
	7	447	632

把第一节百万位的1、3、7先加起来拨在算盘上，但数前必须留出足够的空档，以便运算。一般可在算盘左起第四档开始拨珠。把第二节的十万位、万位、千位的数连加起来拨在盘上，即237+273+754+134+447。把第三节的百位、十位、个位的数连加起来拨在算盘上，即846+485+361+546+632，得出最后结果。

在进行分节计算时，一定要做到流水作业，边看边打才能达到快的目的。

三、穿梭法（来回加减法）

这种打法是打第一笔时从左到右，打第二笔时从右到左，打第三笔时又从左到右，如此来回穿梭运算，可以缩短拨珠时间。

例如　第一笔　78 567　→

　　　第二笔　←　23 456

　　　第三笔　34 210　→

　　　第四笔　←　22 435

　　　合　计　158 668

四、归总法

对一笔被减数减多笔减数的运算，可以采用归总法，即把所有减数连加汇总起来，然后做一次减法。这样计算较为迅速，但在运用此法时，一般是几笔减数较小，连加起来不超过四五位，并在算盘右边拨珠，然后从算盘左起拨上被减数，一次减去减数。

【例3-26】

```
      32 437
   −   1 743
   −   2 406
   −   5 182
      23 106
```

这时可先计算 1 743+2 406+5 182=9 331，然后以 32 437−9 331=23 106。如果各笔减数连加起来位数很多，在算盘上无法再拨被减数，可用借减法处理，如：

```
      14 327
   −   2 346
   −   4 387
   −   2 641
       4 953
```

假如算盘上无法再拨入被减数，则：

第一步，2 346+4 387+2 641=9 374。

第二步，在9 374首位前虚借1，成为"19 374"。

第三步，以19 374-14 327（被减数）=5 047，其补数为4 953是真实得数（5 047+4 953=10 000虚借数）。也可以用两头看补法，即把被减数看成其补数，然后和减数一同相加起来，其盘面数还"1"后的补数即为得数。

五、提前进退位法

当两数相加时，把下位要进位的数预先加入本位，当两数相减时，把下位应减的数预先从本位减去，这样的运算方法被称为提前进退位法。

提前进退位法的规律是：两数相加，加数大于被加数的补数时，就可提前进位，并在下位减补数；两数相减，减数大于被减数时，就可以提前退位，并在下位加补数。这种方法与前面的补数加减法原理相同，实际上是一种分组（按每两位观察）计算的补数加减法。

【例3-27】35 762+18 293+39 578=93 633

计算说明：在加18 293时，利用提前进位法，可用$2\overline{2}\ 3\overline{1}3$（数字上带"‾"号者表示减去，不带"‾"号者表示加上）进行加减，得出其和为54 055。再加39 578时，可用$4\overline{1}\ 6\overline{3}8$进行加减。最后得出其和为93 633。

【例3-28】85 291-28 376-19 548=37 367

计算说明：用提前退位法计算为：

85 291+$3\overline{2}\ \overline{4}36$+$2\overline{1}\ \overline{6}68$=37 367

第四节　珠算结合心算加减法

珠算结合心算是提高珠算技术的有效方法，这种结合不仅可用于加减，还可用于乘除。如果心算能力很强，就可使盘上拨珠的动作大大减少，差错率相应降低，从而提高运算的速度和准确性。

要使两者很好地结合，必先打好心算基础。

一、心算基础

心算主要分为两个数字相加和两个以上数字相加两类。

（一）两个数字相加

如将1~9做如下排列，分为两组：

1 2 3 4 ………………………………………………称小数组

9 8 7 6 5 ………………………………………………称大数组

这两组中各选一个单数相加，会出现三种情况：

1.不满十的加

（1）当两个小数相加，如3+3、3+4、3+2、3+1等，都不满10。

（2）如将小数组的单数与大数组对位的单数都各退一位相加，如1+8、1+7等，2+7、2+6等，其和亦不满10。

2.满十的加

有5+5和上下对位的1+9、2+8、3+7、4+6共五种。

3.超十的加

（1）除5+5为10外，任何两个大数相加，如5+6、5+7等，6+7、6+8等，其和都超10。

（2）除1以外，将小数与其对位的大数超前的任何一数相加，如4+7、4+8、4+9、3+8、3+9、2+9等，其和都超10。

（二）两个以上数字相加

两个以上数字相加的心算，可用不同的数字组合来计算其和。常用的方法有以下几种：

1.倍数法

几个相同数字相加，可将相同数字乘以项数（个数）。例如，7+7+7=21，可以看作7×3=21。

凡是几个数字相同，一个数字不同，计算其和时可先按相同数计算，然后调整其差数；不相同的数字大几就加几，少几就减几。例如，7、7、7、9四个数字相加，其和为7×4+2=30。又如，9、6、9、9四个数字相加，其和为9×4-3=33。

2.取中数乘项数的方法

几个连续数相加，可取中间的一个数字乘以项数（个数）来求其和。例如，7、8、9三个连续数相加，就可取其中间数8乘以项数3，其和为8×3=24，即7+8+9=24。又如，4、5、6、7、8五个连续数相加，其和为6×5=30。再如，5、6、7、8四个连续数相加，取中数6.5，其和为6.5×4=26。由此可以得出：如果项数逢单，其和为"中间数×项数"；如果项数逢双，其和为"中间两数之和÷2×项数"。

隔位连续数有隔一位（1、3、5、7）、隔两位（3、6、9）、隔三位（1、5、9）等情况。其计算方法亦是：项数逢单，其和为"中间数×项数"；项数逢双，其和为"中间两数之和÷2×项数"。

3.凑十法（凑整法）

几个数字相加，先将可凑整的数相加成10，再加其他的数字。例如，2、7、8、3、5五个数字相加，先将2和8、3和7各凑成10，再加5，得出其和为25。

4.拆并法

几个数字相加，其中两数之和超10，它的零数有时又可与另外的加数凑成10，就可用拆并法计算其和。例如，8、3、7、9四个数字相加，可将3拆成2和1，将2和8、1和9各凑成10（或将8、3、9直接凑双10），再加7，得出其和为27。

5.并双法

这是将几个数中相同的数合并，再与其他数相加。例如，3、3、6相加，就将3加倍成6，再和6加倍得出其和为12。又如，4、9、5相加，先将4和5相加成9，再和9加倍得出和为18。

上述几种方法，可视具体情况灵活结合运用。经常练习，熟练后，便可见数就心算出答案。

二、心算结合加减法

（一）并行加法

将几行相加的数字，通过心算求和，一次加入盘中的算法被称为并行加法。计算时将算盘压在算题上，使需要并加的几行数字露出（算盘放置的位置可以在算盘上框看到要加的几行，或算盘下沿露出要加的几行为准），打一次，向下移几行（视并行的行数而定），不得重行或漏行。在并行加法中，又分为"一目双行""一目三行""一目五行"，甚至"一目十行"等。究竟一目几行合适，要看计算者的心算能力、智力和熟练程度。现分述如下：

1.同位数加法

这种方法是从高位算起，逐位加算相同位数的和，按位加入盘中（进位数加在前位，个位数加在本位）。这是一种不提前进位的算法。

【例3-29】

```
        85 186 ⎫
        86 734 ⎬算题
    +)  79 452 ⎭
    ─────────────
        23      ⎫
        20      ⎪
          1 2   ⎬盘上
            16  ⎪拨珠
    +)      12  ⎭
    ─────────────
       251 372
```

计算说明：此题是并行加法中"一目三行"运算法。先将万位上的数，按"类似相同数"看，其和为8×3-1=23，所以在十万位上加2，万位加3；千位上的数用拆并法将6分为5和1，那么5和5、1和9共凑成20，万位加2，千位无记数；百位上的1、4、7是隔位连续数（即等差数列），取中间数4乘项数3，其和为12，因此千位加1，百位加2；十位上的数用并双法，3和5组成8，再加倍得16，所以百位加1，十位加6；个位上的数4、6凑成10，再加2，其和为12，十位加1，个位加2。最后得出其和为251 372。

【例3-30】

```
              1 348 ⎫
              2 154 ⎪
              3 562 ⎬ 算题
              2 789 ⎪
         +)   1 986 ⎭
                  9 ⎫
                 25 ⎬ 盘上
                 31 ⎪ 拨珠
         +)      29 ⎭
             11 839
```

计算说明：此题是并行加法中"一目多行"运算法，是在熟练"一目三行"的基础上加快算速的一种方法。算法基本与"一目三行"相同。行多则难度较大，但它给凑数带来很多方便。如本例中千位数可按三个3计算，本位加9；百位数1、3、5、7、9是隔位连续数，取中间数5乘项数5得25，千位加2，百位加5；十位数4、5、6、8、8可按连续数取中间数6，乘项数5，再加1，得和为31，百位加3，十位加1；个位数将2、8和4、6各凑成10，再加9，得和为29，十位加2，个位加9。最后得出其和为11 839。

2.提前进位法

这种方法是算本位，看后位，将后位应进位的数，提前加入本位，一次拨入算盘。

【例3-31】

```
             3 487
             4 135
        +)   5 259
            12 881
```

计算说明：千位数的和为12，用左手拇指拨进位数1，同时用右手拇指拨2入本位；百位数的和为7，看十位数的和为16，提前进位1加上本位数7，在百位上拨8；十位数和的个位数是6，而个位数7、5、9的和是21，提前进位2加上本位数6，在十位上拨8；最后在个位上拨1。得出其和为12 881。

3.弃九弃十提前进位法

弃九弃十提前进位法简称"弃九弃十法"，这是"一目多行"中更简易的一种提前进位法。此种方法当前应用甚广。现将其计算法则分述如下：

（1）高位算起，前位进1、中位弃9、末位弃10；够弃则弃，弃后加余。

并行计算时，从高位算起，不满9时直加，满9或超9时前一档上先进1。在哪一档进1，就从进1的后一档起直至末位前的所有各档（统称中位），只要满9就弃掉不算，末位一档弃10（因为只有满10方能进位），弃9弃10后的余数则照加。

【例3-32】

```
        522 485
         36 574
    +)   23 615
    ─────────────
        582 674
```

计算说明：十万位为5；万位2+3+2得7，也不满9，但千位上三数之和超9，故在万位上先进1，则7+1得8；千、百、十位都是中位，千位弃9后，加余数2；百位弃9后，加余数6；十位弃9后，加余数7；末位弃10后，加余数4。算盘上得出其和为582 674。

【例3-33】

```
        321 453
        243 236
    +)   76 341
    ─────────────
        641 030
```

计算说明：万位超9，在十万位先进1，3+2+1得6；万位弃9后，加余数4；千位弃9后，加余数1；百位弃9后，无余数，得0；十位弃9后，加余数3；个位弃10后，无余数，得0。最后得出其和为641 030。

（2）中位欠弃，前位减1，本位加1；末位欠弃，本位照加，前位退1。

在计算中，当已先进1后，某中位之和不满9，不够弃9时，叫"欠弃"。这时就得从前位退1，减去本位应弃的9，把剩下的1加到本位上。这也简称"中位欠弃，退减加1"。末位之和不满10，亦叫"欠弃"，则将末位的数照加，前位减1。

【例3-34】

```
        236 153 ┐
        413 172 ├算题
    +)   93 243 ┘
    ─────────────
            743 ┐
          -1 57 ├盘上
                │拨珠
            -18 ┘
    ─────────────
        742 568
```

注：-1为退减数。

计算说明：万位超9进1，故十万位得7；万位弃9后，加余数4；千位弃9后加余数3；但百位之和为4，不足9，千位退1后得2，本位加1得5；十位弃9得7；但个位之和为8，不够弃10，十位退1得6，个位加余数8。最后盘上得出其和为742 568。

（3）某位如果超双弃，先弃后进再加余。

在前位进1后，中位之和如果超过两倍应弃的数18，就先弃9，然后逢10进1，再加余数；末位之和超过两倍应弃的数20，就先弃10，然后逢10进1，再加余数。

【例3-35】

```
      2 937 ┐
      7 848 ├算题
  +)  5 469 ┘
        15
       -1 2 ┐盘上
         4  ├拨珠
  +)     14 ┘
      16 254
```

计算说明：本例中，千位超9，万位进1，本位加余数5；百位之和21大于18，先弃9，还剩12（8+4），按逢10进1，在千位进1，百位加余数2；十位弃9后，加余数4；个位之和为24，先弃10，再逢10进1，在十位进1，个位加余数4。最后得出和为16 254。

此外，还有"一目五行弃双九""一目十行弃四九"等方法，原理与上述方法相同，只是弃几9，就应在前位进几。

（4）弃双九不足的退位。

在欠弃退减中，中位欠几个弃数，就在前位退几，本位加几；末位欠几个弃数，就在前位退几，本位照加。

【例3-36】

```
     28 272 ┐
     72 143 │
     48 235 ├算题
     53 271 │
  +) 34 354 ┘
        23
         7  ┐
       -1 2 ├盘上
         8  │拨珠
       -15  ┘
     236 275
```

计算说明：万位超双9前位进2，本位弃双9加3；千位弃双9加7；百位只能弃9，前位退1，本位加1得2；十位弃双9加8；末位只能弃10，前位退1，本位加5。其和为236 275。

（二）并行减法

将一个或几个减数用心算从被减数中减去，并把得出之差一次记入盘中的算法被称为并行减法。计算时，算盘的放置和移动与并行加法相同，亦应防止漏减和重减。其具体方法分述如下：

1.同位数直减法

同位数直减法是从高位起，逐位减算同位数之差，按位加入盘中（退位数在前位减，差的个位数加在本位）。这是一种不提前退位的减法。

【例3-37】

$$
\begin{array}{r}
8\ 796 \\
2\ 541 \\
-)\quad\ 327 \\
\hline
6 \\
-1\ 9 \\
3 \\
-18 \\
\hline
5\ 928
\end{array}
$$

算题

盘上 拨珠

计算说明：先将千位之差6入盘；百位7不够减8（5+3），前位退（借）1，17减8余9，本位加9；十位9减6（4+2）余3，本位加3；个位6不够减8（1+7），前位退1，减后余8，个位加8。最后得出其差为5 928。

同位数直减法，在"一目两行（三行）"运算熟练之后，可扩大到更多的行次，在减算中还可将多个减数用各种数字组合的方法合并后一次减去，这就可进一步提高运算速度了。

在运算中也可以结合两头看补数法变减为加，运算速度更快。

2.提前退位法

提前退位法是算本位、看后位，后位不够减，提前在本位一并减去要退减的数，然后记入其差。

【例3-38】

$$
\begin{array}{r}
8\ 547 \\
-)\quad 3\ 928 \\
\hline
4\ 619
\end{array}
$$

计算说明：千位8减3后应得5，但百位上的5减9不够减，就在千位上提前退减1后得4（5-1）；百位减后为6；十位上4减2，本应得2，看后位7不够减8，亦提前退减1后得1（2-1）；个位减后为9。最后得出其差为4 619。

【例3-39】

$$
\begin{array}{r}
84\ 956 \\
28\ 193 \\
-)\quad 3\ 282 \\
\hline
53\ 481
\end{array}
$$

计算说明：万位相减其差为6，但千位上4不够减11（8+3），故万位提前退减1后得5；千位加余数3（14-11）；百位9减3应得6，但十位上5不够减17（9+8），在百位提前退位2得4（6-2）；十位加余数8（25-17）；个位6减5得1。最后得出其差为53 481。

3.变减为加弃九弃十法

这是将"多位减法"变为"多位加法",用中位弃9、末位弃10的方法来运算。其方法是:用被减数的补数,加上减数之后,其所得之和的补数,就是所要求的差。简记为:被减等补,变减为加,求出其和,和补退差。

【例3-40】85 426-9 547=75 879

(被减数85 426的补数为14 574)

```
        14 574
    +)   9 547
    ─────────────
        24 121
```

计算说明:先将被减数的补数14 574拨入算盘,再用"弃九弃十法"求出其和24 121,它的补数75 879就是要求的差。

【例3-41】87 462-9 367-5 142=72 953

(被减数87 462的补数为12 538)

```
        12 538
         9 367
    +)   5 142
    ─────────────
        27 047
```

计算说明:先将被减数的补数12 538拨入算盘,再将所有的减数都以加数来看待,用"弃九弃十法"进行运算,得出其和27 047,它的补数72 953就是所求的差。

【例3-42】23 976-21 875-8 974=-6 873

(被减数23 976的补数为76 024)

```
        76 024
        21 875
    +)   8 974
    ─────────────
       106 873
```

计算说明:将被减数的补数76 024先拨入算盘,把所有减数变为加数,用"弃九弃十法"算出其和为106 873,它超过了被减数的位数(即前位出现了进1的10的乘方数),减去前位出现的进位数1,就是所要求的负差6 873。

(三)加减混合法

加减混合运算的方法有两种:一是正负数相抵法;二是两加一冲减法。

1.正负数相抵法

它适用于"一目两行"的算题。现举例如下:

【例3-43】

```
        873 219
  -)    532 174
  ─────────────
        341 1
         -145
  ─────────────
        341 045
```

计算说明：当"一目两行"中有加（正数）有减（负数）时，即可用正负数相抵法，将各位上正负数相抵后所余的正数入盘；当某位正负数相抵出现负数时，应从前位退1合并计算，再将所余正数入盘。本例中，十万位正负数相抵后余3，便在该档加3；万位相抵后加4；千位相抵后加1；百位相抵后本应加1，但十位正负相抵后负4，从百位退1相抵后十位加4；百位则为0；个位相抵后加5。最后得出这两个正数之和为341 045。

【例3-44】

```
        785 437
  +)    352 714
  -)    264 326
  ─────────────
        873 825
```

计算说明：先将第一行785 437拨入算盘，再将加的第二行和减的第三行用正负数相抵后，在同档位上应加即加，应减即减，故在十万位上加1，万位减1，千位减2，百位加4，十位减1，个位减2，便得出运算结果873 825。

2.两加一冲减法

这种方法常用于"一目三行"的计算。现举例如下：

【例3-45】

```
        856 471
  +)    425 328
  -)    843 286
  ─────────────
        438 513
```

计算说明：从高位算起，十万位加4（8+4-8），万位加3（5+2-4），千位加8（6+5-3），百位加5（4+3-2），十位加1（7+2-8），个位加3（1+8-6），得出运算结果438 513。

在"一目三行"的两加一冲减法的运算中，遇到"两加"小于"一减"，成为负数（例如，2+1-8=-5）时，就得从前位退1（或2）来一并计算。不过"三行"出现的负数要比"两行"出现的负数少得多，因此可以提高运算速度。在具体运用上，则要因题而异，灵活处理。

上述算例一般为竖式，若遇到横式题，应灵活应用。

第五节　传票算法与账表算法

一、传票算法

传票算和账表算是日常经济工作实际业务中接触最多、应用最为广泛的计算业务，具有很大的实用价值。中国珠算协会（以下简称中珠协）为贯彻"科学技术面向经济建设的方针"，为国家培养众多的优秀计算人才，在珠算技术比赛中设有传票算和账表算，并规定是团体赛和个人全能赛（加减算、乘算、除算、传票算、账表算）的必赛项目。

传票是会计凭证。经济部门的会计核算、统计报表、财务分析等业务活动，其数字皆出自基础凭证的计算。这些基础凭证的计算，其实就是传票算。它的计算速度和计算结果的准确性，直接影响各项业务活动的可靠性与及时性，因此传票计算是财会工作的基本功。所以，财经工作者或者财经院校的学生必须熟练地掌握好传票计算这门技术，以便更好地为祖国的经济建设服务。为了掌握过硬的传票计算技术，这里以全国珠算比赛的方式和要求阐述传票计算方法。

（一）传票算题型（全国比赛题型）

1.传票的规格和数码编排

全国珠算技术比赛用的传票，一般长19厘米，宽9厘米，用4号手写体铅字60克书写纸印刷而成。每本100页或120页，左上角装订成册。每页各有5笔数，列成5行，每行数字下加横线，其中第二行和第四行为粗线。每笔数字最多为7位数，最少为4位数，均为金额单位，要求0～9各数码均衡出现。各行数码从1～100页的总和均为550个。每页的右上角印有阿拉伯数字，表示传票的页数。其规格式样如图3-42所示。

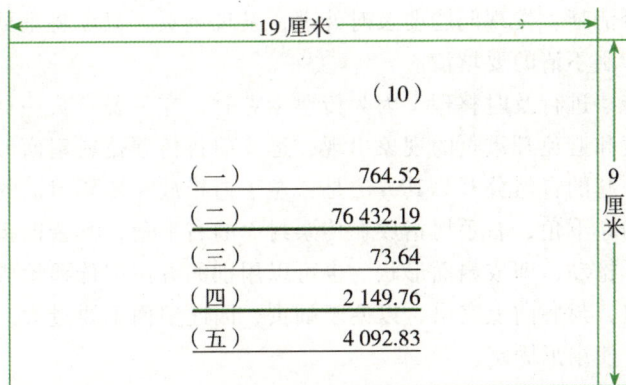

	19厘米	
	（10）	
（一）	764.52	
（二）	76 432.19	
（三）	73.64	
（四）	2 149.76	
（五）	4 092.83	

图3-42

这是第10页的5行数字。传票命题是每连续20页的某行数字为一题，要求每连续20页各行数码的和都是110个。要符合这一要求，传票的前20页（1～20页）必须把

4~7这4种位数排列好，使1~20页内每行各种位数都出现5次。排好了前20页，后面的80页只要按照前面20页循环就可以了。例如，第1页的第（一）行是4位数，那么第21、41、61、81页的第（一）行也都排4位数，这样，只要1~20页是110个数码，则2~21页也是110个数码。所以，只要这样排下去，不管从哪页起，每行连续20页的数码和都是110个。

2.传票算的题型

全国珠算技术比赛的传票算是采用限时不限量的比赛办法。赛题的多少，一般是估计选手（绝大多数）在规定的时间内不能算完（少数选手可采取加题的办法）。按照中珠协的比赛题型规定，每连续计算20页中的某一行为一题。所以，命题时应注意起止页数。

表3-10是传票算的试题答卷，如第一题是计算了3~22页的第二行数，每题的计算结果写在答案栏内。最后若时间已到而没有计算完指定的页数，但已计算完超过5页（包括5页）就可以将起止页数和答案都写出来，以便最后裁判参考。

表3-10 **传票算试题**

序号	行数	起止页数	答案	序号	行数	起止页数	答案
一	（二）	3~22		二十一	（三）	8~27	
二	（三）	14~33		二十二	（一）	11~30	
三	（一）	42~61		二十三	（二）	44~63	
四	（五）	78~97		二十四	（四）	55~74	
…	…	…		…	…	…	

（二）传票的检查和整理

传票在计算前一定要进行仔细检查，检查时应逐页翻看，以防漏页和重页，同时要注意检查印刷是否清晰。发现问题要及时处理，发现重页，只需将重页撕下即可，若有漏页则应调换。印刷不清的要填清。

检查完后将传票进行及时整理，因为传票运算时，左手要一页一页地翻传票。为了加快翻传票的速度和避免翻重页的现象出现，运算前将传票捻成扇面形状，使每张传票松动，原先粘在一起的自然分开。其方法是：左手拇指放在传票封面的左上角，其余四指放在传票背面的左下角，右手拇指放在传票封面的右下角，其余四指放在传票背面的右上角，轻轻往下捻动，即成扇面形状。也可以用别的方法把传票捻成扇面形状，但必须使封面向下突出，封底向上突出，以便于翻页，因此扇面不要过大。然后用夹子将传票的左上角夹住，使扇形固定。

（三）传票的找页

计算传票时，若用大中型算盘，传票可放在算盘的左上端；若用小算盘计算，则可将传票放在小算盘的前面。总之，传票的放置要贴近算盘，以便于看数、翻页和拨珠。

传票的命题是任意挑选起止页码的（如前面比赛试题所示），它不是按照传票页码的自然顺序，而是相互交叉组合着进行，这就需要找页。例如，前面所列试卷，第一题是 3～22 页；第二题是 14～33 页；第三题是 42～61 页；第四题是从 78～97 页……从这些题来看，每计算完一题，有时向前翻若干页，有时向后翻若干页。为了能找页快速，必须先练习好手感，即用手摸传票 10 页、20 页、30 页……有多厚。这样，当第一题计算完右手正在抄写答案时，眼睛稍瞥一下试卷下题起止页码，左手凭手的感觉迅速翻到起始页（调整的页数不超过 5 页），当右手答数抄完，紧接着便可计算下一题。所以，传票计算的速度与找页动作的快慢、准确与否关系很大。因此，必须刻苦练习传票计算的基本功之一——找页。

（四）传票的翻页

传票的翻页可分为一次一页翻页和一次双页翻页（也有一次三页翻页的），计算的方法又分为传统打法和来回打法。

1.一次一页翻页的传统打法

一次一页翻页传统打法的传票翻页方法是：左手小指、无名指和中指放在传票封面的左下方，食指、拇指放在每题的起始页，当右手将传票起始页的有关数拨入盘还剩下两个数码时，左手拇指将传票掀起给食指与中指夹住，拇指继续翻起下页传票，这样，左手拇指将传票一页一页地翻，右手将每页的有关数字拨入算盘，同时脑子一页一页地暗中数页码。当数到 19 时，左手拇指就不再往下翻页（这时右手正在将第 20 页的有关数字拨入算盘），做好计算下题的找页准备。当右手拨完最后一笔数时迅速将答案填写在试卷答案栏内。左手拇指又开始找页，这样继续下去。在翻动传票时，为避免翻重页，左手拇指除了管翻页，还要和食指配合找页，食指除管拾页外，还要和中指迅速将翻过来的页夹住，以便拇指继续往下翻。

2.一次一页翻页的来回打法

一次一页翻页来回打法是将一页数字从左到右拨入算盘，翻过第二页时，则将数从右到左拨入算盘，这样，依次往返的计算方法就叫一次一页翻页的来回打法。

这种打法的优点是：运算时手不空回，从右到左拨加时，不必考虑末位定位问题，运算速度相对来说较快。初学时，看数字从右到左不习惯，容易出现错档、错数现象，但只要多做看数练习，运算时运用提前进位的方法，困难是可以克服的。

3.一次双页翻页的打法

在传票运算时，一次翻传票的两页，并且把两页的同行数码用心算计算好后一次拨入算盘的方法叫一次双页翻页的打法。

一次双页翻页打法的翻法是：将左手小指、无名指放在传票封面的左下方，中指、食指和拇指放在每题的起始页。如计算"3～22 页（二）"，先用拇指迅速翻一页，然后用中指和食指夹住，拇指再迅速翻下页，翻的高度以能看清两页的数字为准。用心计算出两页第二行数字之和一次拨入算盘，当和数的最后两个数码即将拨入算盘时，便将此两页掀起夹在中指和无名指之间。拇指迅速翻起下两页继续计算，这样重复翻页，计算直至本题完毕。为不使翻页多翻或少翻，每掀动一次（即将计算完毕的两页翻过去），脑中默记 1，这样，当默记到 9 时，正在计算的下两页即为此题的终页，就不再往下翻了，而是做好计算下题的找页准备。

一次双页翻页的打法必须具有扎实的基本功。首先要有心算的基础，两行数相加一看即准，同时要做到翻页、看数、拨珠和抄写答案等动作协调连贯，前后找页、翻页动作要衔接紧凑，中间不能停顿。拨珠时动作要规范，不错档、错位，要形成条件反射。

一次双页翻页的打法也可以采用来回打法。来回打法与前面一样，这里就不多讲了。

传票算除这种"限时不限量"的比赛方式外，还有"限量不限时"的百张传票算。所谓限量不限时，就是在规定的必须完成计算题量的前提下，不限时间多少的比赛方式。计算的题量存在不同的难易程度，因而能显示出它的优点，能鼓励选手全面完成题量。评分时，用准确题数和计算时间两种尺度来衡量。

不管采用哪种形式进行传票算，都需要翻页和一边看数一边拨珠运算，只有做到眼、脑、手紧密配合，不停顿连续下去，才能提高传票算的效率。

二、账表算法

账表算的题型类似会计报表中的"试算平衡表"和多栏式的明细账，只不过把会计报表中的一些具体东西像"存货"和明细账中的产品等项目去掉了，只剩下细数和总额。因此，账表算具有广泛的使用价值。

为了掌握过硬的账表计算技术，这里以全国珠算比赛的方式和要求为例来阐述账表的运算方法。

（一）账表算的题型和格式

账表算全卷两张表，每张表由横5栏、纵20行数码组成。纵向5个算题、横向20个算题，要求纵横轧平，结算出总计数。

账表中各行数字最少4位、最多8位。纵向每题120个数码，由4位至8位各20笔数组成；横向每题30个数码，由4位至8位各5笔数组成，均为整数，不带角分。数码要求0～9均衡出现。

每张账表都有4个负号，纵向第4题、第5题各有2个，横向分别在4个题中，每题各有1个负号。每个带有负号的题都为正值，不设得负数的题。账表算题型见表3-11。

（二）账表算的计算和轧平

账表算每表计200分（纵向5题，每题14分，计70分；横向20题，每题4分，计80分；纵横轧平总数正确，再加50分），同时规定，前表未计算完，后表不计分。

什么叫轧平？轧平就是纵向5题答数相加的总和与横向20题答数相加的总和相等，并把它填写在表右下角最后一个空格内，这张表就算轧平了。轧平总数正确，则除纵向、横向每题所得分的总和150分外，另加50分，所以全表为200分。从这点看，账表算，"准"是关键。只有准才能得高分，因为不管纵向还是横向，只要有1题错了，就轧不平，不但不能得200分，连150分也得不到（因为必须从150分中减去错题分）。

表 3-11　　　　　　　　　　　　　账表算题型

	（一）	（二）	（三）	（四）	（五）	合　计
（1）	73 981 598	6 746	96 074	952 638	8 130 975	
（2）	6 320 631	65 780 341	5 602	24 741	953 804	
（3）	798 074	8 032 195	83 106 527	3 613	62 034	
（4）	14 862	804 769	4 329 184	79 064 357	7 295	
（5）	5 261	89 173	930 258	7 241 981	81 084 610	
（6）	81 049 706	7 540	83 492	−846 605	7 938 976	
（7）	9 504 852	39 160 872	1 785	50 319	−501 432	
（8）	859 450	6 809 251	76 819 527	9 426	71 625	
（9）	80 325	837 405	6 031 791	58 102 094	7 292	
（10）	6 814	19 254	769 014	9 085 172	92 713 168	
（11）	95 415 267	3 175	41 306	−297 840	9 046 853	
（12）	3 509 341	84 296 762	5 183	71 502	537 618	
（13）	196 024	7 309 218	92 384 726	8 973	81 964	
（14）	82 537	945 390	9 503 412	85 306 729	8 542	
（15）	8 946	36 082	659 810	6 859 432	85 130 129	
（16）	53 071 234	1 571	90 483	760 731	4 508 764	
（17）	7 942 356	98 065 432	8 736	52 043	937 026	
（18）	617 208	5 230 816	70 146 517	6 175	−46 584	
（19）	24 093	794 486	4 362 759	91 824 637	7 306	
（20）	5 718	17 625	358 402	8 231 054	70 192 453	
合计						

　　账表算，一般都从纵向 5 题做起。做完纵向 5 题，才做横向 20 题，最后把纵向 5 题的答数相加作为轧平数填写在表右下角最后一个空格里。这张表就算完毕。这里为了节省时间，20 个横向答数一般都不再加，接着再做第二张表，但做完的这张表是否真的轧平了呢？那就要看计算者每个加法是否都对。不管纵向、横向，只要有 1 题不对，这张表就算没有轧平。所以，必须练就扎实的基本功，使计算能盘盘准。

　　要检查计算好的表是否轧平，就得将 20 个横向的答数再加总，看是否与纵向加总的和相同。若不相同，就是没有轧平。初练时，对没有轧平的表应该查找出错的原因，以便吸取教训。

　　（三）账表算的查错

　　账表算和加减一样，出现差错的原因一般有以下几种：

（1）拨珠出现错误：如4+3，齐下时，拨去2颗下珠而误拨去了3颗；拨4+2齐下时，拨去3颗下珠而误拨去2颗，造成差1。还有由于拨珠不稳，出现漂珠，造成差错。

（2）看表出现差错：如漏看、重看、颠倒看、看错符号、看串行、看串档等。

（3）抄写答数出现差错：如将盘上数字5抄成1，或将1抄成5，或少抄、重抄、串行、串档和数位颠倒等。

查找差错的方法是：将纵、横向的合计数重算一遍，找出两个得数出现错误的原因。如只差尾数或末尾二三位数，可将尾数或末尾二三位数重算一次。如果还查不到原因，则从5个纵向题找。如果差数能用9整除，说明差错是错位和错档造成的，也可能是相邻两位数颠倒位置造成的。若用9不能整除，就用2除，若用2能除尽，说明可能将应减的数当成加了，或应加的数当成减了。若将减做成了加，不是纵行错，肯定是横行有减号的错了。可先查横行，再查纵行。

查错除了更正轧平数据外，更重要的是总结教训，以免再犯，所以初练时，没有轧平的就要找原因，以便提高账表算的准确性。

课后练习

一、基本方法
1.直加直减法

| ① 23 617 +65 271 | ② 60 185 +26 713 | ③ 20 135 +57 204 | ④ 10 068 +56 721 | ⑤ 601 405 +348 573 |
| ⑥ 98 643 −67 531 | ⑦ 43 891 −32 761 | ⑧ 75 396 −65 185 | ⑨ 65 938 −15 827 | ⑩ 967 453 −866 251 |

2.凑五加、破五减法

| ① 43 321 +13 234 | ② 34 423 +23 432 | ③ 34 243 +31 324 | ④ 42 434 +14 324 | ⑤ 344 243 +232 414 |
| ⑥ 65 565 −23 421 | ⑦ 56 575 −12 342 | ⑧ 76 566 −34 123 | ⑨ 85 675 −43 241 | ⑩ 565 765 −123 432 |

3.进位加、退位减法

| ① 43 967 +78 245 | ② 95 347 +15 874 | ③ 97 123 +25 987 | ④ 67 239 +53 981 | ⑤ 934 685 +187 425 |
| ⑥ 23 654 −9 875 | ⑦ 30 251 −7 563 | ⑧ 61 432 −2 549 | ⑨ 82 031 −4 193 | ⑩ 601 435 −34 598 |

4.破五进位、退位补五法

① 65 655	② 65 675	③ 56 556	④ 76 555	⑤ 655 755
+67 689	+68 769	+67 687	+67 869	+678 689

⑥ 23 344	⑦ 34 424	⑧ 43 434	⑨ 24 344	⑩ 342 434
−6 789	−7 868	−6 869	−7 689	−86 769

5.补数加减法（凑整加减法）

① 23 617	② 19 999	③ 19 679
9 997	32 528	9 996
19 988	29 998	43 729
−9 993	−42 779	−9 997
−3 989	−35 994	−6 999

6.综合加减法

① 23 617	② 60 185	③ 20 135	④ 32 657	⑤ 321 568
+64 576	+56 378	+63 459	+26 873	+259 378

⑥ 85 324	⑦ 67 851	⑧ 50 219	⑨ 61 304	⑩ 673 054
−64 378	−30 587	−45 185	−29 783	−135 248

二、变通加减法

④适用于借减法。

①60 185	②90 835	③32 657	④321 568
56 378	−63 459	26 873	−59 378
−13 609	261 927	−16 427	2 607 195
68 465	−15 072	−20 769	−376 109
−52 179	561 084	26 495	5 013 428

三、珠算结合心算加减法

直接法或弃九弃十法，亦可采用其他方法（见表3-12、表3-13）。

表 3-12　　　　　　　　　　加减综合练习题（六～四级题型）

（一）	（二）	（三）	（四）	（五）
708	1 164	4 079	706 981	63 584
6 352	81 209	47 528	−432	−927
417	7 345	316	7 596	3 041
538 029	896	1 092	−24 108	507 692
4 617	64 013	168 574	3 657	987
90 182	7 258	309	819	−8 103
435	309	1 235	246 503	564
706 189	764 152	796	−9 718	802 315
523	289	208 315	305	467
4 867	5 301	648	−4 268	−39 124
3 209	764	7 109	709	576
514	319 208	425	17 635	−9 081
6 078	896	6 783	482	7 234
913	5 074	91 203	−2 039	685
95 246	527	658	415	−9 012

表 3-13　　　　　　　　　　加减综合练习题（三～一级题型）

（一）	（二）	（三）	（四）	（五）
806 742.39	6 415.82	84.07	804 723.15	476 203.58
815.06	917 853.04	10 359.82	−26 831.79	−819.06
9 243.17	926.17	2 145.63	−409.26	60.92
51 087.96	3 054.28	739 612.04	51.78	−23 514.07
27.43	62 198.07	15 720.68	8 637.04	4 375.68
203 968.51	38.54	398.15	913 074.26	319 834.26
745.26	314 079.26	40.76	418.39	−73 942.08
26.85	856.37	7 526.39	−5 276.04	510.37
98 317.06	73.96	802 963.15	84 031.92	−62.89
9 032.14	90 248.17	307.28	50.67	9 748.15
517 490.28	1 034.52	4 165.93	365 129.74	402 185.73
39 506.48	628 501.39	37 209.18	−708.59	259.04
617.93	40 617.95	49.65	59.18	3 678.51
82.64	827.04	425 108.73	−21 460.93	−59 142.03
5 304.71	39.65	967.84	3 256.74	16.87

四、传票算法

准备传票一本、铁夹一个、传票算试题一张（见表3-14）。

表3-14　　　　　　　　　　　　　　　**传票算试题**

题序	起止页数	行次	答　案	题序	起止页数	行次	答　案
1	8 ~ 27	（四）		16	11 ~ 30	（三）	
2	29 ~ 48	（五）		17	33 ~ 52	（四）	
3	52 ~ 71	（一）		18	55 ~ 74	（二）	
4	68 ~ 87	（二）		19	72 ~ 91	（五）	
5	85 ~ 104	（三）		20	89 ~ 108	（一）	
6	14 ~ 33	（五）		21	9 ~ 28	（二）	
7	30 ~ 49	（三）		22	31 ~ 50	（一）	
8	51 ~ 70	（四）		23	45 ~ 64	（三）	
9	67 ~ 86	（一）		24	69 ~ 88	（四）	
10	89 ~ 108	（二）		25	86 ~ 105	（五）	
11	8 ~ 27	（一）		26	19 ~ 38	（四）	
12	29 ~ 48	（二）		27	40 ~ 59	（五）	
13	52 ~ 71	（五）		28	56 ~ 75	（三）	
14	68 ~ 87	（三）		29	79 ~ 98	（二）	
15	85 ~ 104	（四）		30	96 ~ 115	（一）	

五、账表算法

账表算法分为横向运算法和纵向运算法，横向运算法可采用一目一数计算法或一目两数计算法，纵向运算法可采用一目一行运算法或一目多行运算法（见表3-15）。

六、传统加减法练习

1.三盘成（三盘清）

先拨上123 456 789，然后从左到右各档照原数相加（即见几加几），加三次后，在最末档加上9，就得987 654 321。

2.七盘成（七盘清）

（1）先拨上123 456 789，连加七次123 456 789，然后在最后档上加9，就得987 654 321。

（2）先拨上987 654 321，再连减七次123 456 789，就可得123 456 789。

表3-15   账表算题

	（一）	（二）	（三）	（四）	（五）	合 计
（1）	17 049	2 603	28 439 516	705 128	6 598 473	
（2）	86 943 572	4 618 059	215 748	6 039	73 201	
（3）	7 106	31 759 428	8 437 905	32 461	−609 528	
（4）	8 309 265	489 071	17 026	56 832 974	3 154	
（5）	548 312	57 263	6 309	5 908 417	61 897 042	
（6）	71 824 035	8 702 315	90 876	6 194	359 264	
（7）	6 058	48 571 239	469 017	32 018	6 473 529	
（8）	209 364	96 504	17 248 635	9 583 217	7 018	
（9）	73 219	6 907	4 398 512	−605 748	56 128 403	
（10）	6 491 587	216 438	2 305	46 739 502	70 189	
（11）	7 803	63 014 528	2 094 586	92 317	695 417	
（12）	60 259	9 725	18 230 476	−534 168	1 094 873	
（13）	531 094	82 149	7 069	2 058 763	71 368 425	
（14）	47 138 562	3 179 605	314 528	9 074	69 208	
（15）	8 469 127	348 076	71 395	41 625 809	3 052	
（16）	9 701	50 392	6 487 153	248 396	70 846 215	
（17）	34 876 259	8 309	901 725	17 465	6 203 148	
（18）	38 402	816 547	30 641 298	3 129 507	6 597	
（19）	105 876	6 412 708	9 523	83 620 794	19 345	
（20）	2 643 519	32 417 659	40 867	8 105	−308 972	
合 计						

3.打百子

（1）从1起，依次加上2，3，4，5，6……一直加到100，总和是5 050。

（2）先拨上5 050，依次减去1，2，3，4，5，6……一直减到100，结果为0。

4.打16 835

连续加16 835，每加三遍，就可得一个整齐的数。如第一次连加三遍得50 505。

5.加625

连加十六次625，得10 000，然后连减625，一直减到0为止。

6.连加 112 211

连加十一次，得 1 234 321（形如红领巾）。

7.连加 6 577

连加十五次，得 98 655（形如小手枪）。

8.连加 141 093 827

连加七次，得 987 656 789（形如拱桥）。

9.连加 987 654 321

连加九十九次，得 97 777 777 779（形如铁索桥）。

10.直列式加减法练习

（1）
```
       819 417
    10 124 735
        23 758
         3 125
        14 136
        57 125
+)      68 815
```

（2）
```
    17 984 136
       107 343
       310 842
        61 879
       110 849
        68 247
+)   3 578 926
```

（3）
```
    18 627 354
     2 153 419
        69 345
       587 932
        84 135
     2 685 379
        23 758
+)   9 102 011
```

（4）
```
     9 843 768
    25 784 319
        58 147
     6 943 821
         2 476
       693 574
        45 317
+)   1 073 022
```

（5）
```
    29 849 787
+)   4 683 145
+)      69 742
-)     587 634
+)   9 813 548
+)     189 476
+)  11 234 858
-)     539 246
+)     841 879
```

（6）
```
       394 916
+)  39 847 519
+)      87 591
-)     546 732
+)  18 947 325
+)     735 829
+)   6 843 151
-)      39 478
+)     396 545
```

(7)
```
              9 465 584
    +)       38 928 367
    -)        1 839 647
    +)          486 734
    +)       29 354 831
    +)           58 247
    -)          263 968
    +)        1 587 629
```

(8)
```
             59 476 823
    +)          384 918
    -)        1 862 367
    +)           59 683
    +)        4 269 531
    -)           58 347
    +)       21 384 619
    +)        5 234 028
```

(9)
```
             23 471 859
    +)        6 784 396
    +)          518 439
    -)          847 315
    +)       69 384 137
    +)           65 914
    -)        8 137 529
    +)        8 760 098
```

(10)
```
              8 359 316
    -)          293 728
    +)       35 784 639
    -)           36 874
    +)        9 219 318
    +)       27 584 187
    -)            3 897
    +)       19 387 039
```

以上前 9 个直列式题的答数，即该题编号的八位数 11 111 111，22 222 222，…，99 999 999。第 10 题的答数为 100 000 000。

七、简答题

1. 什么叫"借减法"？举一例说明。

2. "弃九弃十法"是如何运算的？

文化广角

珠算之最

最早记载"珠算"一词的书《数术记遗》

《数术记遗》卷首题为："汉徐岳撰，北周汉中郡守、前司隶臣甄鸾注。"书中总结了从东汉到南北朝四百年间我国算具发展历史，介绍了我国古代十四种算具、算法，"珠算"之名，首见于此。该书是我国现存最早的著录"珠算"一词的古算书。

《数术记遗》中关于"珠算"的原文是："珠算，控带四时，经纬三才。"注文是："刻板为三分，其上下二分以停游珠，中间一分以定算位。位各五珠，上一珠与下四珠色别，其上别色之珠当五，其下四珠，珠各当一，至下四珠所领，故云控带四时。其珠游于三方之中，故云经纬三才也。"

由于《数术记遗》中对珠算算法介绍得极为简单，没有附图，注文也不够详备，珠算史研究者们对此提出了不同的说明和推想图。那么，《数述记遗》中的"珠算"究竟是什么形式？现代珠算家华印椿先生在《中国珠算史稿》中引用了余介石教授的话："只能就原文做合理的解释，很难做出确切不移的论断，这也是今后需要珠算史研究者继续深入探讨的问题。"

珠坛故事

赵朴初与算盘谜语

在一次会见美国基辛格博士的时候，赵朴初出了这么一则传统珠算盘谜语给基辛格猜："古人留下一座桥，一边多来一边少，少的要比多的多，多的反比少的少。打一物。"基辛格为了促成尼克松总统的访华，实现两位巨人的跨海握手，曾做了包括熟悉、研究中国文化在内的诸多准备，然而面对这则绕口令式的中国谜语，他有些束手无策，最后只得怀揣着对谜一样的中国和对中国的谜语的深思及兴趣回到了美国。

后来，赵朴初在会见时任日本首相田中角荣的时候，又一次将这则算盘谜语出给他猜，意想不到的是田中角荣居然猜了出来，除了准确地说出了"算盘"这个答案，还随手做出了拨打算盘的手势，因此喜笑颜开，皆大欢喜。然而，博士终归是博士，基辛格回到美国后，依然念念不忘赵朴初的这则谜语，又是翻查资料，又是咨询汉学家，终于知道了这则谜语的谜底，并像发现新大陆一般了解中国古老的计算机——算盘的诸多知识，于是兴趣更浓，据说后来美国把中国珠算当作新文化引进的决策就是由他提议进言而实现的。

小说中的珠算文化

文学作品中珠算文化的表现形式

1.用作灯谜。例如，曹雪芹著的《红楼梦》第二十二回"听曲文宝玉悟禅机，制灯谜贾政悲谶语"中的"算盘灯谜"："贾政又看迎春的，道：'天运人功理不穷，有功无运也难逢。因何镇日纷纷乱？只为阴阳数不通（打一用物）。'贾政道：'这是算盘。'迎春笑道：'是。'"

2.用作比喻。例如，茅盾著的《林家铺子》中："在他心里的算盘上就加添了五分洋钱的血本的亏折。""林先生昨夜想好的'如意算盘'立刻被斜对门那些红红绿绿的纸条冲一个摇摇不定。"

3.用作人物绰号强化。例如，施耐庵著的《水浒传》中蒋敬的绰号为神算子，对他的肖像描绘则让他托了一架十五档、上二下五珠大算盘。再如，赵树理著的《三里湾》中的"铁算盘"绰号。

4.用作表现人物特定动作和特定心情。例如，叶圣陶著的《多收了三五斗》中："'乡下曲辫子！'夹着一支水笔的手按在算盘珠子上，鄙夷不屑的眼光从眼镜上边射出来，'一块钱钞票就作一块钱用，谁好少作你们一个铜板。我们这里没有现洋钱，只有钞票。'"

5.用作显示人物身份。例如，周立波著的《暴风骤雨》中："屋里没有人吱声。栽花先生拨动着算盘珠子，这是中国老算盘，拨动起来，哗哗剥剥地响着。"这里"中国老算盘"的强调和"哗哗剥剥"的算珠响声，显示出栽花先生珠算生涯的悠久身份。而同著中的另一处："栽花先生把眼镜架在鼻梁上，把算盘伸到杜善人眼前，手拨拉着算盘子，拨得噼里啪啦响"，则显示栽花先生娴熟的珠算技艺。

第四单元

珠算乘法

课前思考

1.你知道珠算乘法的大九九口诀和小九九口诀吗？

2.珠算基本乘法各法各有何优缺点？

学习目标

知识目标：了解乘法的基本概念，熟练掌握乘法口诀、积的定位方法，了解珠算结合心算乘法的运算规律。

技能目标：熟练掌握空盘前乘法，了解其他乘算方法及变通乘法。

素养目标：培养学生计算能力、空间能力、归纳推理能力以及记忆力、注意力、自控力和意志力，体会"方圆相合，大道至简"的珠算文化。

第一节　珠算乘法简介

据史料记载，我们的祖先在公元前对乘法已有深刻研究。原始乘法据古书描述，可能是累加法。我国古代把乘法中的被乘数称作"实数"，乘数称作"法数"，被乘数的首位数字叫"实首"，乘数的首位数字叫"乘首"，也叫"法首"，并沿用至今。最早的乘法计算是用口诀进行的，乘法口诀从古至今不断演变，形成了今天的大九九口诀（81句）和小九九口诀（45句）两种。后来人在实际操算中多应用小九九口诀，认为简单、好记，但从实际计算和算理看，大九九口诀要优于小九九口诀。最早记载乘法的当推《孙子算经》。

珠算乘法可能取法于筹算，起初应用上乘法，即前乘法；元代之后，珠算乘法改为后乘法。珠算乘法常常分为倍数乘法和九九乘法两大类。

倍数乘法是我国古代民间采取的方法，是在"二字奇法"的基础上发展起来的。二字奇法最早见于明代徐心鲁的《盘珠算法》（1573年）。所谓二字，即指进退二字，除法为进1减除数，乘法为退1加乘数。此法的出现，大约要比珠算的留头乘、破头乘等早得多。凑倍乘法比较完整的早见于明代吴敬的《九章详注比类算法大全》(1450年)，原名为剥皮乘法，应该说此法为基本法之一，《九数略》记为累加法，目前已改为倍数乘法，即单倍、双倍、半倍（五倍）乘法。

九九乘法是以九九口诀指导运算的方法，主要有留头乘法、破头乘法、掉尾乘法、隔位乘法、空盘前乘法等。最早使用留头乘法的是元代的朱世杰，他在《算学启蒙》中写道："留头乘法别规模，起首先从次位呼，言十靠身如隔位，通临头位破身铺。"此法一直沿用到20世纪末。破头乘法的出现或略早于留头乘法，或与留头乘法同时出现。朱世杰留头乘法的出现，可能只是为了改变破头乘法，因乘法数头位时破了实数被乘的码，容易忘记出错，所以创造出留头乘法。掉尾乘法比破头乘法、留头乘法出现稍晚，最早著录于明代王文素的《新集通证古今算学宝鉴》(1524年)。可以认为，留头乘法、破头乘法和掉尾乘法的产生略有前后之分，但基本属于同一时代。隔位乘法最早见于明代程大位的《算法统宗》(1592年)，这种方法把上述三种方法的弱点都避开了，只是最后还要消去被乘的实数码，多了一层麻烦。近些年，日本多采用破头隔位乘法，此法在少儿启蒙教学中易于接受。20世纪50年代，施剑扬和翁长金二位珠算工作者不约而同破除旧框，创作新乘法，运算时实数、法数皆不入盘，使用前乘法在盘上直接加积，因此拨珠次数减少，速度提高，而后珠算研究者华印椿将其改进充实后定名为"空盘前乘法"。此法是现代对珠算乘法的一个突破，很快便普及开来。

珠算文化：清光绪八年算盘筐

第二节　珠算乘法定位

珠算乘法计算完毕后，在算盘上留下的数字是运算结果的积数，但没有经过定位。由于在算盘上是以空档表示"0"，对于数字前后的空档很难分清是"0"还是未使用的空档。如在算盘上，1 750、175、0.175是没有区别的，而且小数点在哪一位上无法辨清，如1.75和17.5在算盘上就很难一眼断定小数点的位置所在，所以要想正确地读出乘积的数字，就应对运算的数字进行定位。

珠算乘除定位法始见于南宋杨辉的《算法通变本末》一书，方法繁杂，后人不断改进又创新了多种方法。如元代安止斋和何平子所著《详明算法》中的"乘算见总法"是后来"悬空定位法"以至演变成今天的"公式定位法"的前身。

乘法定位是根据被乘数与乘数的位数来决定的，因为乘积的位数是由被乘数的位数和乘数的位数来决定的。学习定位法，必须先了解数的位数，而数的位数可归纳为下列三种情况：

第一，位数是整数和带小数的。小数点左边有几位数就是正几位，用符号"+"表示。如：875是+3位，87.5是+2位。

第二，位数是纯小数，而小数点右边带有"0"的，即小数点右边到最高位有效数字中间带有"0"的，有几个"0"就是负几位，用符号"-"表示。如：0.0875是-1

位，而 0.00875 是 −2 位。

第三，位数是纯小数，而小数点右边不带"0"（即小数点右边接着就是有效数字），就是"0"位。如：0.875、0.887755 是 0 位。

数的位数举例见表 4-1。

表 4-1　　　　　　　　　　　　　　　数的位数举例

位数	+3	+2	+1	0	−1	−2	−3
数	400	40	4	0.4	0.04	0.004	0.0004
	875	87.5	8.75	0.875	0.0875	0.00875	0.000875
	123.4	12.34	1.234	0.1234	0.01234	0.001234	0.0001234

了解了数的位数之后，便可进行定位了。乘法的定位方法有很多，现主要介绍几种较为常用的定位方法。

一、公式定位法

（一）基本方法

公式定位法适用于算盘、计算机和其他一切计算工具。公式定位法最早见于元代安止斋和何平子所著的《详明算法》，源于古代的"悬空定位法"，也叫"头定法""通用定位法"，后来加以改进。它是根据被乘数与乘数的位数来定位的。如积的位数等于两因数（被乘数、乘数）的位数之和，例如，20×60=1 200，即被乘数 +2 位、乘数 +2 位，两数相加得 +4 位，那么积的位数就是 +4 位，但乘积的头位数字必须比两个因数小（乘积头位 1 比被乘数头位 2 和乘数头位 6 都小）。若是乘积的头位数字比两因数的头位数字大，则积的位数比两因数位数的和就小一位，这时积的位数等于两因数位数之和再减一，例如，20×40=800。在具体计算积的位数时，若以 M 代表被乘数的位数，以 N 代表乘数的位数，则：

M+N（用于积的头一位数小于两因数中任一因数的头一位数时）　　　　　　　　　　（4-1）

M+N−1（用于积的头一位数或相应可比的后某一位数大于或等于两因数中相应位数时）　　（4-2）

在这里应该提及的是：在计算多位数乘法时，由于进位的关系，其积的头一位数或头两位数往往不是原来两因数头位数相乘的积数，所以在比较积与因数的大小时，如果头一位难以比较，可依次比较对应的第二位、第三位……例如，14×13=182，头一位相同，就比较第二位，积的第二位数 8 比两因数的第二位 3 和 4 都大，则用公式4-2。又如，980×950=931 000，头一位相同，就比较第二位，但积的第二位 3 比两因数的第二位 8 和 5 都小，则用公式 4-1。如果头两位都相同，则比较第三位，其余类推。

【例4-1】 409×26=10 634

被乘数是+3位，乘数是+2位，积的头位数是1，它小于4和2，用公式4-1定位，即+3位+（+2位）=+5位，积的位数应是+5位（注：两数都是正号，位数相加得正数）。

【例4-2】 23×43=989

被乘数是+2位，乘数是+2位，积的头位数9比两因数头位数2和4都大，用公式4-2定位，即+2位+（+2位）-（+1位）=+3位，积的位数是+3位。

【例4-3】 0.0409×0.0026=0.00010634

因为积的最高位数1比两因数最高位数4和2都小，故用公式4-1定位，即-1位+（-2位）=-3位（注：两数都是负号，位数相加得负数）。

【例4-4】 0.0032×20=0.064

因为积的最高位数6比两因数最高位数3和2都大，用公式4-2定位，即-2位+（+2位）-（+1位）=-1位。

上述数位相加或相减中所遇到的正负数的加减问题，按照数学中有理数加减法来决定，即"同号相加两数和，得数符号不变样"。

就是说，两因数的位数符号（正或负）都相同时，则两因数位数绝对值相加，等于积的位数的绝对值，其符号（正或负）和因数的位数符号相同。

"异号相加大减小，得数要取大号数。"

就是说，两因数的位数符号不同，则以绝对值大的位数减小的位数，得积的位数，其符号取绝对值大的位数的符号。

（二）盘上公式法

公式定位法可以直接运用到算盘上。拨珠时，从算盘左起第一档开始拨数计算，最后结果，如果第一档是空档，就在位数相加的基础上再减1位，不空档就不再减1，可概括为一句话："位数相加，前空减1。"

【例4-5】 23×24=552

算盘左起第一档拨上23，然后乘以24，终盘为552（如图4-1所示）。

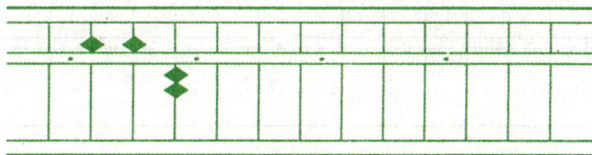

图4-1

因为第一档是空档，故再减1，即+2位+（+2位）-（+1位）=+3位。

如果做连乘计算，可采用"位数相加，前空几减几"定位。

【例4-6】 1 230×200×0.3×0.008=590.4

从算盘左起第一档拨第一个被乘数1 230，然后连续计算，终盘为590.4（如图4-2所示）。

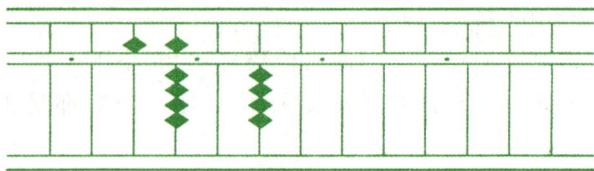

图 4-2

因算盘左起空两档，所以位数相加后再减 2，即 +4 位 +（+3 位）+0 位 +（-2 位）-2 位 = +3 位。

（三）公式定位法的证明

法则：设 A 是 M 位数，B 是 N 位数（M、N 可以是正整数、零、负整数），则 A×B 是 M+N 位数或 M+N-1 位数。

证：因 $10^M=10^{(M+1)-1}$ 是最小的 M+1 位数，故 $10^{M-1} \leq A \leq 10^M$，$10^{N-1} \leq B \leq 10^N$，依不等式的性质，有：$10^{(M+N-1)-1} \leq A \times B \leq 10^{(M+N+1)-1}$。

此式表明 A×B 既小于最小的 M+N+1 位数，又大于或等于 M+N-1 位数，故 A×B 或等于 M+N 位数，或等于 M+N-1 位数。证毕。

二、固定个位档定位法

固定个位档定位法是一种算前定位法，最早见于南宋杨辉的《乘除通变算宝》，又叫"固定个位点""角位定位法"，后人加以改进，具体方法是：（1）选算盘上适当的档位作为固定个位档，即为积的个位数。（2）改变实数的落盘位数，即以实数两位数相加（M+N），所得位数（如采用隔位乘法时，用 M+N-1）作为实数的新的位数，以个位为准拨入盘内。（3）运算完毕，其固定个位即为积的个位。

计算前先在算盘上编上档序号，选择一档为个位档（正 1 位档），向左依次是正 2 位档、正 3 位档……向右依次为 0 位档、负 1 位档、负 2 位档、负 3 位档……（如图 4-3 所示）。

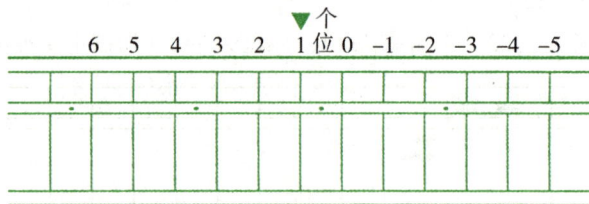

图 4-3

【例 4-7】2 462×36=88 632（以不隔位乘法为例）

①选算盘左起第六档为固定个位档（如图 4-4 所示）。

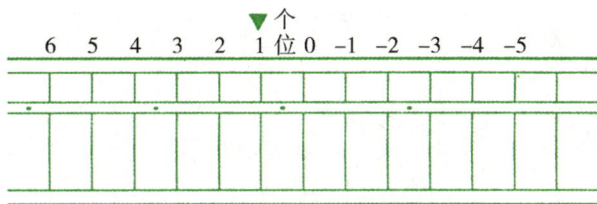

图 4-4

②M+N，即+4位+（+2位）=+6位，将实数 2 462 改变为 246 200 拨入盘内（从个位档左边拨入，个位落在个位档上）（如图 4-5 所示）。

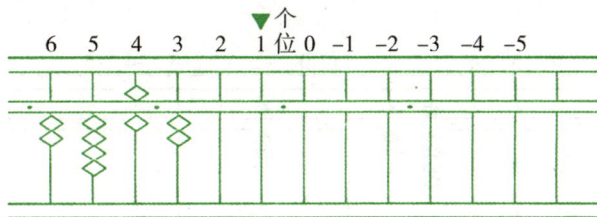

图 4-5

③运算完毕，盘面数为 88 632，原定个位即为积的个位，故数值为 88 632（如图 4-6 所示）。

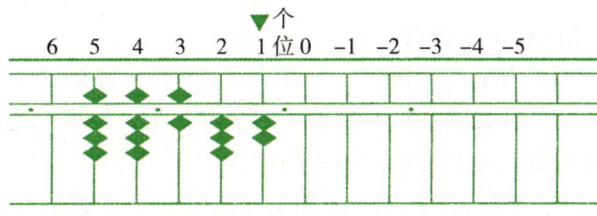

图 4-6

【例 4-8】37 600×0.0258=970.08（以不隔位乘法为例）

①选算盘左起第六档为固定个位档（如图 4-7 所示）。

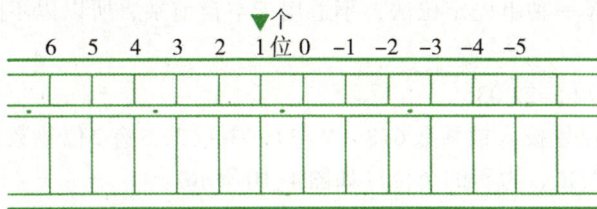

图 4-7

②M+N，即+5位+（-1位）=+4位，将实数 37 600 改变为 3 760 后照个位档拨入盘内（如图 4-8 所示）。

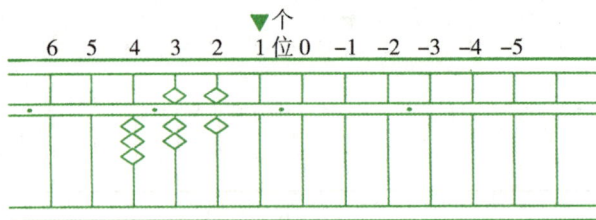

图 4-8

③运算完毕，盘面数为 97 008，按原定个位为准，则积数是 970.08（如图 4-9所示）。

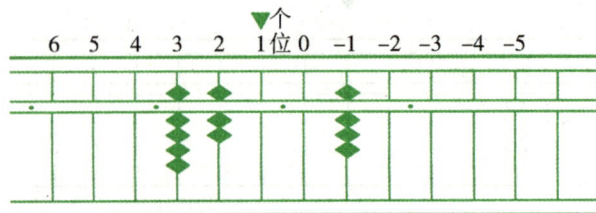

图 4-9

三、移档定位法

（一）移档定位法的由来及特点

移档定位法最早见于南宋，是杨辉在《乘除通变算宝》中叙述"损乘"时首次说明的一种乘法定位法。它是根据乘数的位数定积的个位，是一种事先定位法。这种方法适用于破头乘法、掉尾乘法、剥皮乘法和补数乘法等。

移档定位法的定位法则及特点是：乘数是正几位，则从被乘数的个位起向右移几档，就是积的个位；乘数是 0 位，则个位不变；若乘数是负几位，就应向反方向（即向左）移几档。这种方法适用于不隔位乘法，可概括为："等档反向，零位不变。"

（二）移档定位法的具体运用方法

因移档定位法是一种事先定位法，不适用于空盘前乘，所以以不隔位破头乘法为例介绍其运用方法。

【例 4-9】678×32.5=22 035

①从算盘适当位置拨入被乘数 678（M=3），乘数 32.5 有 2 位整数，即 +2 位（N=2），被乘数个位向右移两档，为积的个位（如图 4-10 所示）。

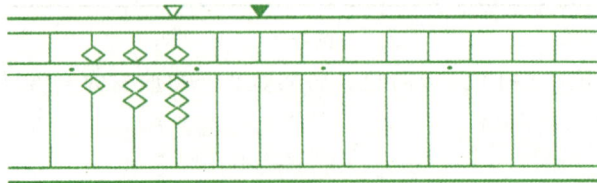

图 4-10

注：在乘法中，"▽"表示被乘数的个位档，"▼"表示积的个位档。

②用不隔位破头乘法运算，得出盘上数字（如图4-11所示），根据积的个位档，结果为22 035。

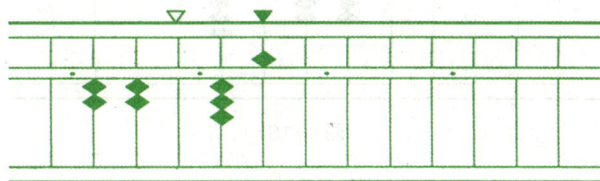

图4-11

【例4-10】 678×0.325=220.35

①从算盘适当位置拨入被乘数678（M=3），乘数0.325是0位（N=0），被乘数个位档即为积的个位（如图4-12所示）。

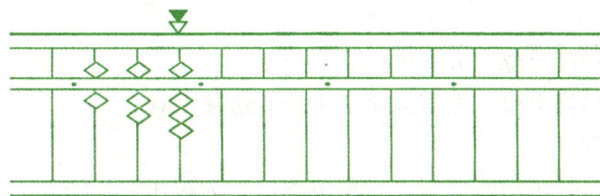

图4-12

②用不隔位破头乘法运算，得出盘上数字（如图4-13所示），根据积的个位档，结果为220.35。

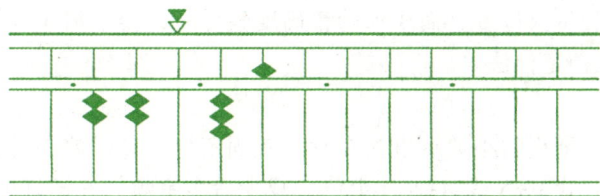

图4-13

【例4-11】 67.8×0.000325=0.022035

①从算盘适当位置拨入被乘数67.8（M=2），乘数0.000325是-3位（N=-3），被乘数个位向左移三档，为积的个位（如图4-14所示）。

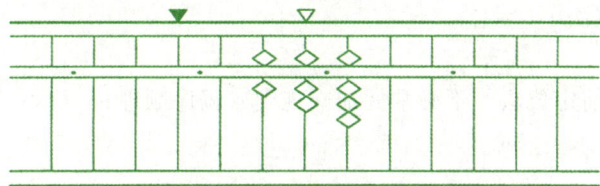

图4-14

②用不隔位破头乘法运算，得出盘上数字（如图4-15所示），根据积的个位档，结果为0.022035。

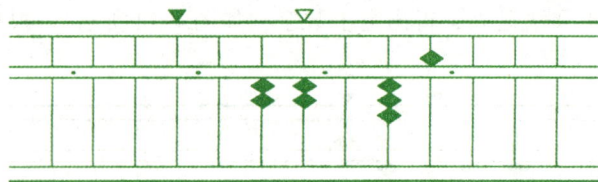

图 4-15

四、几种乘法定位方法的对比与评价

上述几种乘法定位方法应从准确度、速度、易学易用性和科学性等方面进行综合评价。

（一）公式定位法

其优点是：

（1）算前算后均可定位，方便可行；

（2）盘上盘下均可定位，尤其运用盘上公式法速度快；

（3）定位方便准确；

（4）各种算具、算法均能应用，适用范围广，为通用定位法。

其缺点是：

（1）因要掌握加减规则，对文化水平较低者有一定难度；

（2）需要比较积大积小，影响速度；

（3）如小数点后位数过多，而要求的精确度较低时，会增加无效劳动。

（二）固定个位档定位法

其优点是：

（1）算前定位，乘积的小数点事先在盘上有固定位置，得数一目了然，不易出错；

（2）只有一个公式 M+N 或 M+N-1 定位，减少诸多麻烦，好学好记；

（3）对小数后数位特多的算题，可结合省乘法处理，提高计算速度。

其缺点是：

（1）每次运算的 M+N 或 M+N-1 大小不同，布实数、积数档位也不同，容易错位；

（2）如遇到简单的计算，此法反而烦冗。

（三）移档定位法

其优点是：

（1）传统的算前定位法，不必掌握加减规则，程序顺理；

（2）易学易用。

其缺点是：

（1）遇到隔位乘法时，因移档位置与不隔位乘法不同，常易出错；

（2）易忘掉个位档位置，准确度较差。

综上分析，盘上公式定位法是较为理想的方法，应用面广泛，尤其对整数乘法为优；固定个位档定位法对带小数（特别是多位小数）的计算较优；移档定位法是传统方法，也较为实用，但档位易错，当前应用面不广。

第三节 基本乘法

乘法是同一个数连加若干次的简便算法。

例如，7×8=56也等于把7连加8次，算式是：

被乘数×乘数=积数

被乘数和乘数可以互换位置。在珠算术语上，称被乘数为"实数"，称乘数为"法数"。

我国乘法最早用何法计算，始见于明代徐心鲁订正的《盘珠算法》和17世纪崔锡鼎所著的《九数略》。据书中记载，推定其原始方法为累加法，后来发展为应用九九口诀乘法，并沿用至今。

一、乘法口诀（九九口诀）

珠算乘法是在加法的基础上，根据乘法口诀进行运算的，所以先要熟练九九口诀。

九九口诀有"大九九口诀"（见表4-2）和"小九九口诀"（见表4-3）两种。

表4-2 　　　　　　　　　　　　　　　　大九九口诀

被乘数是1的	一一01	一二02	一三03	一四04	一五05	一六06	一七07	一八08	一九09
被乘数是2的	二一02	二二04	二三06	二四08	二五10	二六12	二七14	二八16	二九18
被乘数是3的	三一03	三二06	三三09	三四12	三五15	三六18	三七21	三八24	三九27
被乘数是4的	四一04	四二08	四三12	四四16	四五20	四六24	四七28	四八32	四九36
被乘数是5的	五一05	五二10	五三15	五四20	五五25	五六30	五七35	五八40	五九45
被乘数是6的	六一06	六二12	六三18	六四24	六五30	六六36	六七42	六八48	六九54
被乘数是7的	七一07	七二14	七三21	七四28	七五35	七六42	七七49	七八56	七九63
被乘数是8的	八一08	八二16	八三24	八四32	八五40	八六48	八七56	八八64	八九72
被乘数是9的	九一09	九二18	九三27	九四36	九五45	九六54	九七63	九八72	九九81

表4-3 　　　　　　　　　　　　　　　　小九九口诀

一一01								
一二02	二二04							
一三03	二三06	三三09						
一四04	二四08	三四12	四四16					
一五05	二五10	三五15	四五20	五五25				
一六06	二六12	三六18	四六24	五六30	六六36			
一七07	二七14	三七21	四七28	五七35	六七42	七七49		
一八08	二八16	三八24	四八32	五八40	六八48	七八56	八八64	
一九09	二九18	三九27	四九36	五九45	六九54	七九63	八九72	九九81

口诀中每句第一个数码指被乘数，第二个数码指乘数，第三个、第四个数码指乘积。小九九口诀只有45句，两个因数互换只用一句口诀，如有三六18，没有六三18，这在运算中往往因须互换而影响速度或错位。大九九口诀共81句，两个因数互换各有一句口诀，如既有三六18，又有六三18。大九九口诀是乘法的一套完整口诀，运算中不用颠倒乘数和被乘数的顺序，故不易错档，计算效率高。因此，在乘法运算中常采用此口诀。不过，乘法口诀并不表示拨珠动作，运算时必须和加法结合进行运算。

在乘法运算中，被乘数和乘数不仅可以互换，而且不论是整数还是小数，一律当作整数来运算，整数末尾有0的当作无0看待，例如，75、750、7.5、0.75。位数虽然不同，但计算时，都当75来计算，待运算以后或运算前确定小数点的位置。

二、计算方法

（一）后乘法

珠算乘法按乘算顺序分为前乘法和后乘法。后乘法按积的位置分为隔位乘法和不隔位乘法，后乘法中主要有破头乘法、留头乘法、掉尾乘法。筹算留头乘法首见于元代朱世杰的《算学启蒙》，元末贾亨的《算法全能集》等书也记录了留头乘法，珠算代替筹算，首见于《九章详注比类算法大全》，后来的《新集通证古今算学宝鉴》著有留头、破头、掉尾三种乘法。

1.破头乘法

破头乘法是将被乘数、乘数分别置于算盘左、右两段，然后从被乘数的末位数码起，同乘数首位至末位依次相乘，乘得的第一位积（首码积）可以将被乘数中实施乘的那个数破去变为积，也可以将首码积置于被乘数乘的那个数后，乘完本轮积后再将实施乘的那个数破去。因此，破头乘法又分为隔位破头乘法和不隔位破头乘法。

（1）隔位破头乘法。

此法又称隔位后乘法、隔位头乘法，当前应用不广，在启蒙教学时可使用。隔位破头乘法的运算方法为：

①置数与定位。将被乘数置于算盘左端（一般从左起第一档拨入），默记乘数（或置入算盘右端）。运算完后，运用盘上公式法定位。积的首位如落在左第二档上，用公式M+N定位；如落在左第三档上，用公式M+N-1定位。

②运算顺序。第一，用乘数的首位至末位依次与被乘数的末位相乘；第二，用乘数按同样的顺序分别去乘被乘数的倒数第二位、第三位……直到乘完为止（如图4-16所示）。

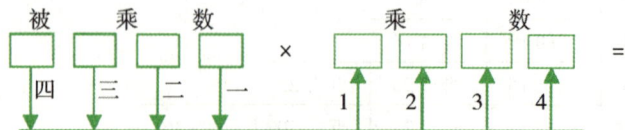

图4-16

③乘积的记法。乘数是第几位，乘积的十位数就放在被乘数本位右边第几档上，其个位数就在十位的右一档加上。

隔位破头乘法在开始时不需要破去被乘数本位，直到全部乘完乘数时，才将其拨去成空档，此空档把被乘数与乘积隔开，界限分明，故称隔位破头乘法。

【例4-12】26.7×35.8=955.86

①将被乘数置入算盘左端，默记乘数（如图4-17所示）。

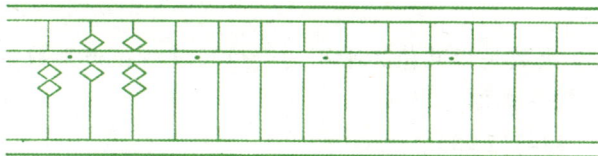

图4-17

②用乘数358依次与被乘数末位7相乘，从7后的第一档起拨入积数2 506，然后拨去7（如图4-18所示）。

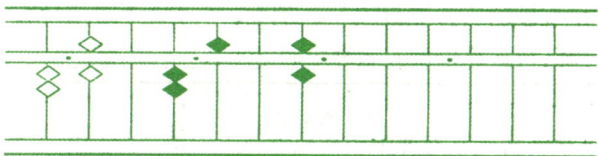

图4-18

③用乘数358依次与被乘数倒数第二位6相乘，从6后的第一档起拨入积数2 148，其累计积数为23 986，然后拨去6（如图4-19所示）。

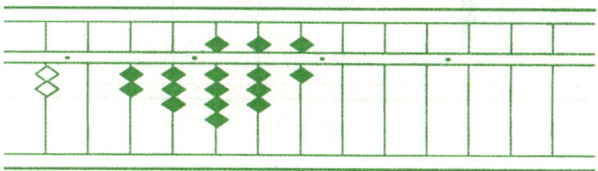

图4-19

④用乘数358依次与被乘数首位2相乘，从2后的第一档起拨入积数0 716，其累计积数为95 586，然后拨去2（如图4-20所示）。

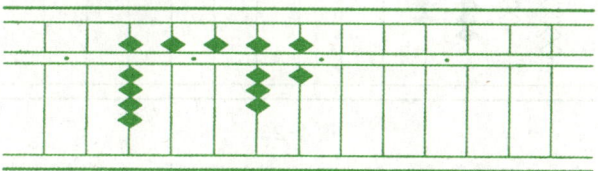

图4-20

因积落在左第三档上，用公式M+N-1定位，最后得数955.86。

（2）不隔位破头乘法。

一般称此法为破头乘法。在被乘数与乘数各位数码相乘时，因为一开始就要把被乘数的实施乘的那个数码变为首码积的起位（破本位），故称不隔位破头乘法，也称头乘法、变头乘法、当头乘法、仙人脱衣法等。具体运算方法为：

①置数与定位。将被乘数置于算盘左端（一般从左起第一档拨入），默记乘数（或

置于算盘右端）。运算完后，运用盘上公式法定位。积的首位如落在左第一档上，用公式 M+N 定位；如落在左第二档上，用公式 M+N-1 定位。

② 运算顺序。第一，用乘数的首位至末位依次与被乘数的末位相乘；第二，用乘数按同样的顺序分别去乘被乘数的倒数第二位、第三位……直到首位，乘完为止（如图 4-16 所示）。

③ 乘积的记法。乘数是第几位，乘积的个位数就放在被乘数本位右边第几档上，其十位数就在个位的左一档加上。

【例 4-13】 425×748=317 900

①先在算盘左边第一档起拨被乘数 425 入盘，默记乘数 748（如图 4-21 所示）。

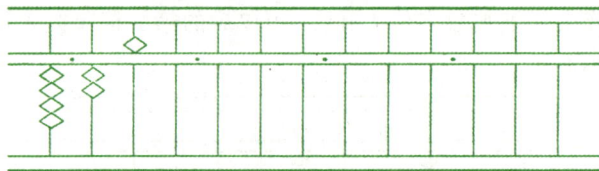

图 4-21

②用乘数头位 7 去乘被乘数末位 5（一开始就要破本位），口诀"七五 35"，把被乘数末位 5 改成乘积的十位数 3，在右档加上个位数 5（如图 4-22 所示）。

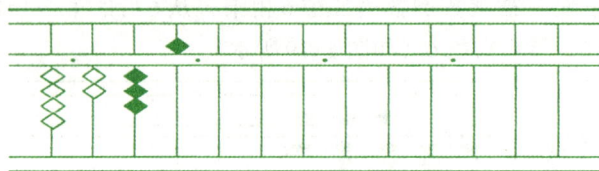

图 4-22

③用乘数第二位 4 去乘被乘数末位 5，口诀"四五 20"，在被乘数末位右一档起加上乘积 20（如图 4-23 所示）。

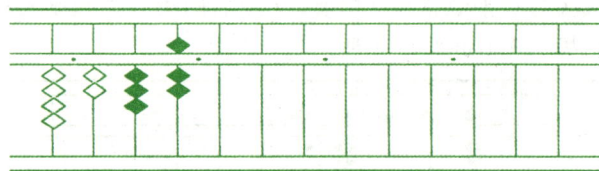

图 4-23

④用乘数末位 8 去乘被乘数末位 5，口诀"八五 40"，在被乘数末位右二档起加上乘积 40（如图 4-24 所示）。

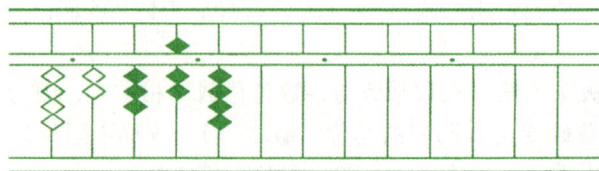

图 4-24

⑤用乘数头位7去乘被乘数第二位2（从一开始就破本位），口诀"七二14"，把被乘数第二位2改成乘积的十位数1，在被乘数第二位右一档加上个位数4（如图4-25所示）。

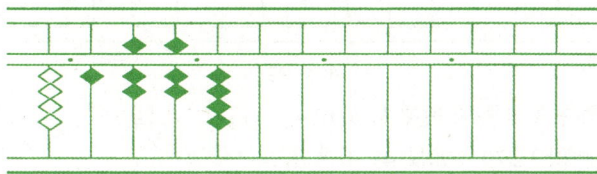

图 4-25

⑥用乘数第二位4去乘被乘数第二位2，口诀"四二08"，在被乘数第二位右二档加上乘积8（如图4-26所示）。

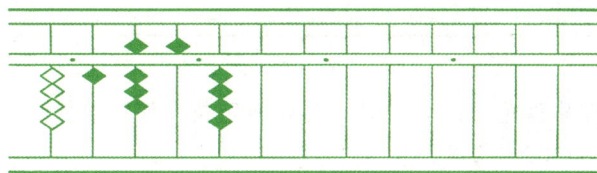

图 4-26

⑦用乘数末位8去乘被乘数第二位2，口诀"八二16"，从被乘数第二位右二档起加上乘积16（如图4-27所示）。

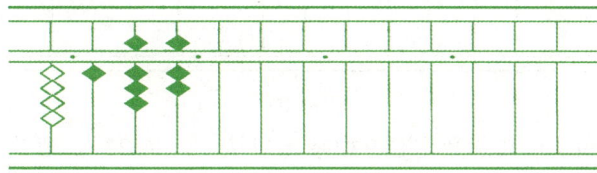

图 4-27

⑧用乘数头位7去乘被乘数头位4（一开始就破本位），口诀"七四28"，把被乘数头位数4改成乘积的十位数2，在被乘数头位右一档上加个位数8（如图4-28所示）。

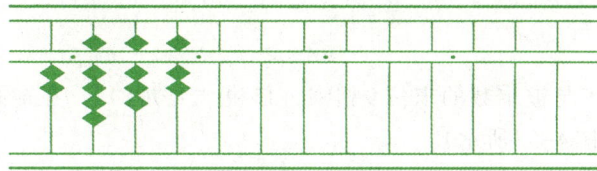

图 4-28

⑨用乘数第二位4去乘被乘数头位4，口诀"四四16"，从被乘数头位右一档起加上乘积16（如图4-29所示）。

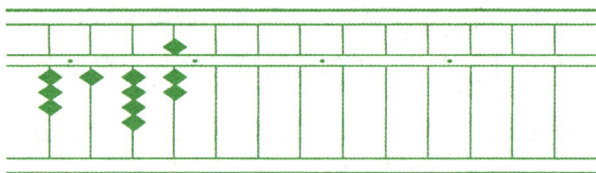

图 4-29

⑩最后，用乘数末位8去乘被乘数头位4，口诀"八四32"，从被乘数头位右二档起加上乘积32，便得乘积3 179（如图4-30所示）。

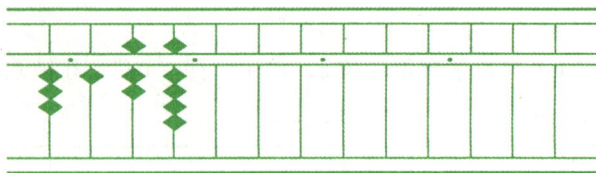

图 4-30

因积的首位落在算盘左一档上，用公式 M+N 定位，最后得数为317 900。

【例4-14】 4 009×309=1 238 781

①自算盘左起第一档拨入被乘数4 009，默记乘数309（如图4-31所示）。

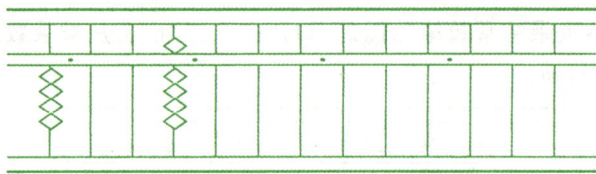

图 4-31

②用乘数最高位3与被乘数末位9相乘，口诀"三九27"，把被乘数末位9改成2，在被乘数末位右一档加上7（如图4-32所示）。

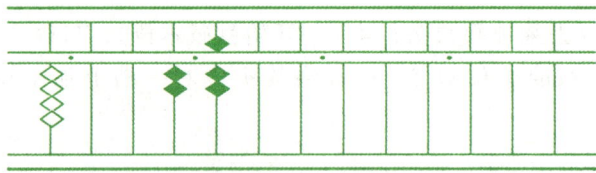

图 4-32

③用乘数末位9与被乘数的末位9相乘，口诀"九九81"，在被乘数末位的右二档起加上乘积81（如图4-33所示）。

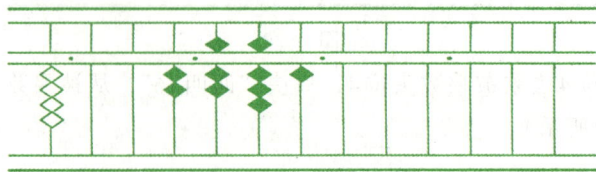

图 4-33

④用乘数的首位3与被乘数的首位4相乘，口诀"三四12"，把被乘数首位4改成1，在被乘数首位右一档上加2（如图4-34所示）。

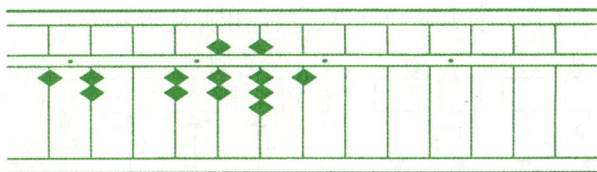

图4-34

⑤用乘数末位9与被乘数首位4相乘，口诀"九四36"，在被乘数首位右二档起加上乘积36，得积为1 238 781（如图4-35所示）。

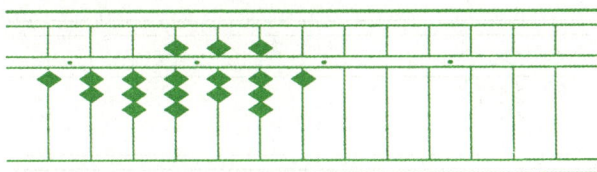

图4-35

因积的首位落在算盘左一档上，用公式M+N定位，最后得数为1 238 781。

【例4-15】376×258=97 008（本例用数字排列表盘式说明，见表4-4）

表4-4　　　　　　　　　　　　　盘　式（一）

从第一档起拨被乘数，默记乘数		三	七	六			
第一盘	二六12	三	七	1	2		
	五六30	三	七	1	5	0	
	八六48	三	七	1	5	4	8
第二盘	二七14	三	1	5	5	4	8
	五七35	三	1	9	0	4	8
	八七56	三	1	9	6	4	8
第三盘	二三06	7	9	6	0	4	8
	五三15	9	4	6	0	0	8
	八三24	9	7	0	0	0	8

2.留头乘法和掉尾乘法

（1）留头乘法。

留头乘法是后乘法的一种传统算法，也叫抽身乘、挑心乘、穿心乘。留头乘法的顺序是先留着乘数的首位不乘，而从乘数的第二位数字开始与被乘数的末位数字相乘，再顺次用乘数的第三位、第四位与被乘数末位相乘，最后，用乘数的首位与被乘数末位数相乘（破去被乘数相乘之数）（如图4-36所示）。然后，按同样的顺序用乘数各位数字与被乘数倒数第二位、第三位直至最高位数相乘，最后得出积数。留头乘法的运算方法与不隔位破头乘法相似，只是留着被乘数不必去记它，待其全部乘完后再破它。由于当前使用的五珠（上一下四）算盘不便计算，故应用此法者甚少。

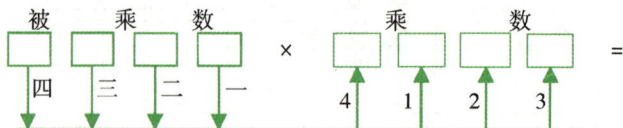

图 4-36

【例 4-16】68.7×93.5=6 423.45（以公式定位法为例）

①将被乘数布入算盘左端，默记乘数（如图 4-37 所示）。

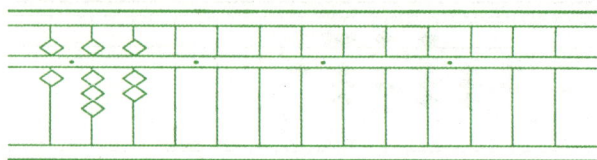

图 4-37

②用乘数第二位 3 先与被乘数末位 7 相乘，在 7 的右一档拨入积数；然后用乘数第三位 5 与 7 相乘，在 7 的右二档拨入积数；最后用乘数首位 9 与 7 相乘，将 7 改为 6，在其右一档加 3（如图 4-38 所示）。

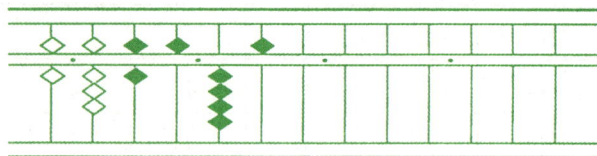

图 4-38

③用乘数 3、5 与被乘数第二位 8 相乘，最后用 9 与 8 相乘，其累计积数为 81 345（如图 4-39 所示）。

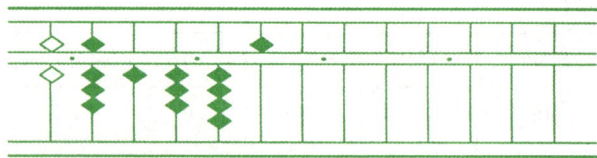

图 4-39

④用乘数 3、5 与被乘数首位 6 相乘，最后用 9 与 6 相乘，其累计积数为 642 345（如图 4-40 所示）。

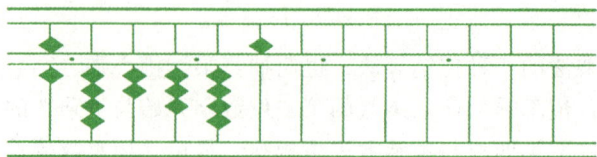

图 4-40

⑤经定位，最后得积为 6 423.45。

（2）掉尾乘法。

掉尾乘法又称尾乘法，是后乘法中的一种。掉尾乘法的计算顺序是用乘数的末位至首位分别与被乘数的末位至首位相乘，因为被乘数每一位数字一开始就和乘数的末位相乘，故称"掉尾乘法"。乘的顺序如图 4-41 所示。乘积入盘的确定：乘数是第几位，乘积的个位数就放在该被乘数本位右面的第几档上（乘积的十位数放在个位的左一档上）。

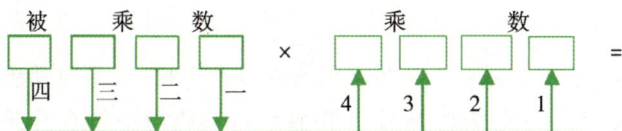

图 4-41

由于这种方法的运算顺序与乘数读法相逆，运算不便，效率低，且这种方法不易定位，易出错，而当今使用的五珠算盘一般无法应用，因此这种方法极少使用。

【例 4-17】62.9×73.5＝4 623.15

①将被乘数 629 布入算盘左端，默记乘数（如图 4-42 所示）。

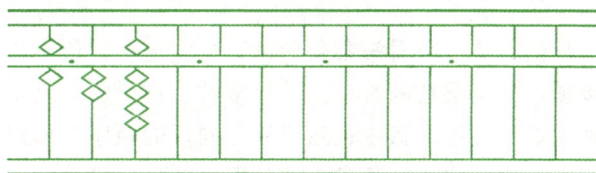

图 4-42

②用乘数末位 5 与被乘数末位 9 相乘，然后用乘数 3、7 分别与 9 相乘，乘积为 6 615（如图 4-43 所示）。

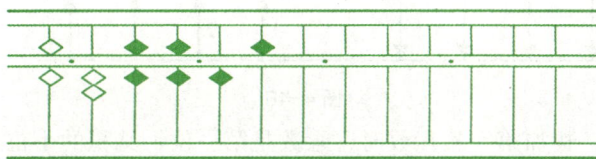

图 4-43

③用乘数的末位至首位与被乘数倒数第二位 2 相乘，乘积按要求拨入相应档位，其累计积数为 21 315（如图 4-44 所示）。

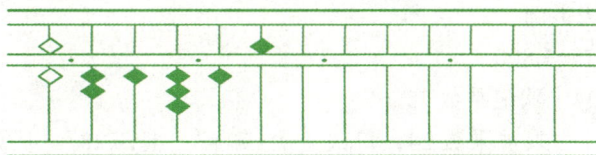

图 4-44

④用乘数的末位至首位与被乘数首位 6 相乘，乘积按要求拨入相应档位，其累计积数为 462 315（如图 4-45 所示）。

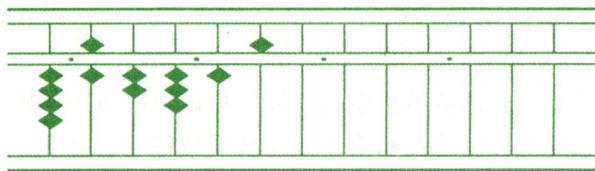

图 4-45

⑤经定位，最后得积为 4 623.15。

（二）前乘法

1.空盘前乘法

空盘前乘法亦称空盘头乘法、不置数前乘法（两不摆），是前乘法中的一种。

空盘前乘法是指进行乘法运算时，被乘数和乘数均不拨在算盘上，使各档空置为零，既有空盘的特点，两因数相乘时，均从被乘数、乘数首位起乘，也有前乘的特点，故称空盘前乘法。由于该法直接将乘积按位拨加入算盘，拨珠次数减少，提高了运算速度，因此它是目前广泛应用的一种方法。本法初见于 20 世纪 50 年代，由施剑扬和翁长金两人提倡，后在华印椿先生编著的《珠算教程》（1955 年）中总结定名。

（1）运算步骤。

根据计算资料，默记乘数，眼看被乘数各位，从左至右，依次相乘，将九九乘积退位叠加而成。具体步骤：先用乘数的首位去乘被乘数的首位数、次位数、第三位……直至末位，边乘边将乘积退位叠加在盘中；然后按照同样的顺序、加积方法用乘数的次高位与被乘数的各位相乘，乘完为止，算盘上的数即为结果，最后定位得出乘积。具体乘算顺序如图 4-46 所示。

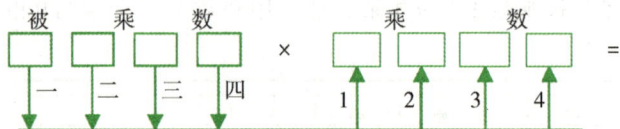

图 4-46

其乘积的拨法：拨加第一轮积数时，乘数是第一位，其积的十位就从算盘左一档起叠加入盘，个位在十位右一档；拨加第二轮积数时（用乘数的次高位依次与被乘数的各位相乘），乘数是第二位，其积的十位数就从算盘左起第二档起拨，叠加入盘，个位在十位右一档；其余类推。

（2）空盘前乘法举例。

【例 4-18】 24×75=1 800

①眼看被乘数 24，默记乘数 75。

②用乘数首位 7 去乘被乘数 24，口诀"七二 14""七四 28"，从算盘左起第一档起错位加上乘积 14 和 28，得积数 168（如图 4-47 所示）。

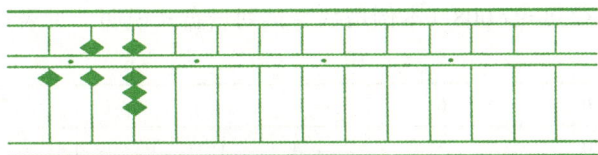

图 4-47

③再用乘数末位 5 去乘被乘数 24，口诀"五二 10""五四 20"，从算盘左起第二档起错位加上乘积 10 和 20，得积数 18（如图 4-48 所示）。

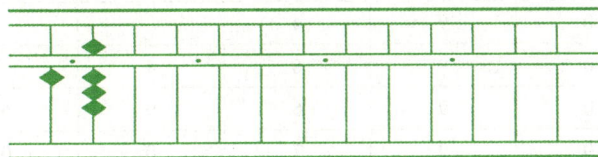

图 4-48

④经定位（运用盘上公式法：满档相加），得积数为 1 800。

【例 4-19】998×989=987 022（本例用数字排列表盘式说明）

①眼看所计算的被乘数 998，默记正在乘的乘数 989。

②先用乘数头位 9 去乘被乘数 998，口诀"九九 81""九九 81""九八 72"，从算盘左起第一档依次加上乘积 81、81、72。

③用乘数的第二位 8 去乘被乘数 998，口诀"八九 72""八九 72""八八 64"，从算盘左起第二档依次加上乘积 72、72、64。

④用乘数末位 9 去乘被乘数 998，口诀"九九 81""九九 81""九八 72"，从算盘左起第三档起依次加上乘积 81、81、72。

最后终盘为 987 022，盘式见表 4-5。

表 4-5　　　　　　　　盘　式　（二）

九九81	8	1				
九九81	8	9	1			
九八72	8	9	8	2		
八九72	9	7	0	2		
八九72	9	7	7	4		
八八64	9	7	8	0	4	
九九81	9	8	6	1	4	
九九81	9	8	6	9	5	
九八72	9	8	7	0	2	2

【例4-20】376×258＝97 008（本例用数字排列表盘式说明，见表4-6）

表4-6　　　　　　　　　　　　　　盘　式（三）

二三06	0	6				
二七14	0	7	4			
二六12	0	7	5	2		
五三15	0	9	0	2		
五七35	0	9	3	7		
五六30	0	9	4			
八三24	0	9	6	4		
八七56	0	9	6	9	6	
八六48	0	9	7	0	0	8

【例4-21】41×238＝9 758

先眼看被乘数41，默记乘数238。

解一：①先以被乘数的首位4×238，从算盘左边第一档起拨入相乘的积："四二08、四三12、四八32。"逐次加入算盘后，得出952（如图4-49所示）。

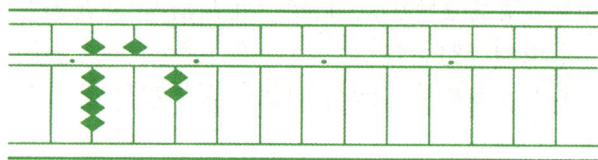

图4-49

②再以被乘数的末位1×238，从左二档起直接加0 238，得出9 758（如图4-50所示）。

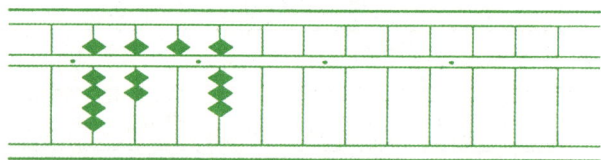

图4-50

③定位（运用盘上公式法：前空减1），积为9 758。

空盘前乘法也可以变为空盘前后乘，如：

解二（空盘乘）：把题目纸放在算盘左边，以备看题运算（如图4-51所示）。

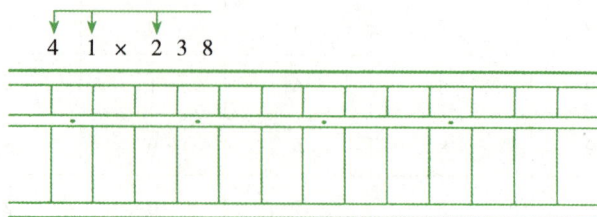

4 1 × 2 3 8

图4-51

①先用被乘数41乘以乘数首位2，即41×2，从算盘左边一档拨入相乘的积："四二08、一二02"，逐次加入算盘后，得出082（如图4-52所示）。

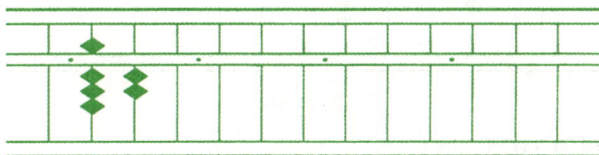

图4-52

②用被乘数41乘以乘数末两位38，把38看成40-2，直接用前面的结果，从左二档起加082的2倍，再从左三档起减082一次，得出09 758（如图4-53所示）。

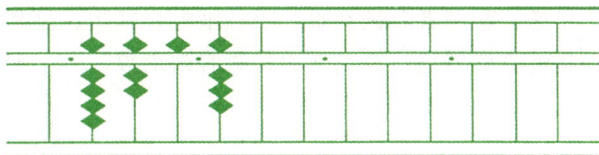

图4-53

③经定位，积为9 758。

【例4-22】7 303×695=5 075 585

把算题纸放在算盘左边，以备看题运算（如图4-54所示）。眼看被乘数7 303，默记乘数695。

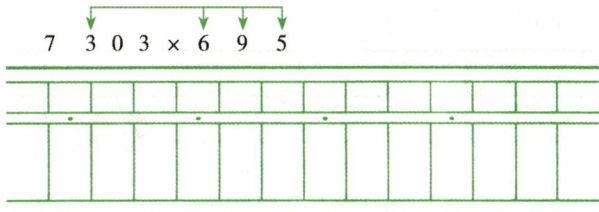

图4-54

①先用被乘数的次位3×695，从左二档起拨入相乘的积，口诀"三六18、三九27、三五15"，逐次加入算盘后，得出2 085（如图4-55所示）。

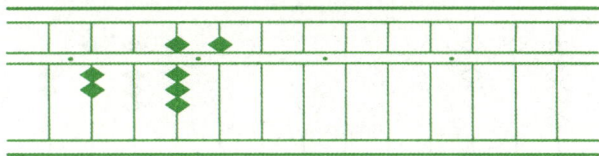

图4-55

②再以被乘数个位3×695，从左四档起，直接用①的结果2 085加入盘内。最后，以被乘数首位7×695，把7看成10-3，从左一档起，加6 950一次，即695×10，并减2 085一次，即695×3，得出5 075 585（如图4-56所示）。

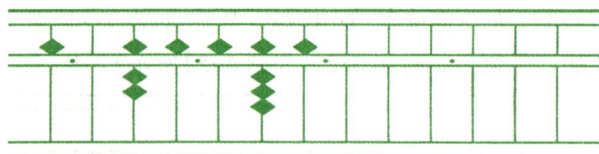

图 4-56

③经定位，得积为 5 075 585。

从以上的例题可以看出，空盘前乘法是一种常见的、有一定次序的前乘法，能起到速算的作用，而空盘前后乘法由于它并不一定取前乘的顺序，仅仅因为它也在空盘上拨乘积，所以才和空盘前乘法归在一起叙述。

为了运算准确、迅速，学习者要做到眼、手、脑配合默契，反复练习各种类型的乘法题。练习要点是：将计算资料置于算盘下边，眼看被乘数，默记乘数，脑现口诀，手拨积数。

2.减一前乘法

减一前乘法是前乘法的一种，就是将被乘数置于算盘上，再将乘数的末尾数字减"1"，布于算盘的另一端与被乘数作前乘，并把积加在原拨入盘的被乘数相应档位上。这样被乘数就成了被乘数与乘数 1 相乘的部分积，自然加入累积中。

【例 4-23】836×457=382 052

①将被乘数 836 拨在算盘最右端，乘数 457 减 1 后为 456，拨在算盘左端。盘面右端 836 即为乘以 1 的积（如图 4-57 所示）。

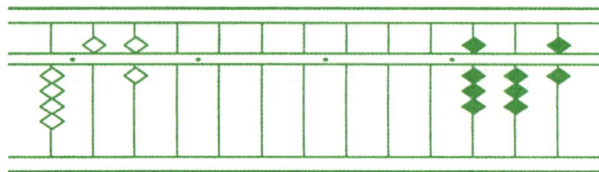

图 4-57

②将乘数 6 乘以被乘数 836 的积，加在原积 836 上，得积数 5 852（如图 4-58 所示）。

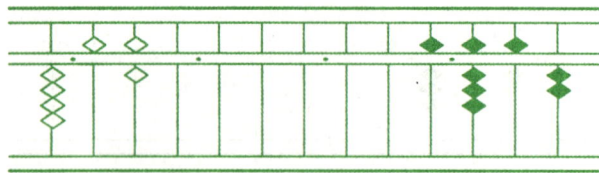

图 4-58

③将乘数 5 乘以被乘数 836 的积，随乘加入原积 5 852 中，得积数 47 652（如图 4-59 所示）。

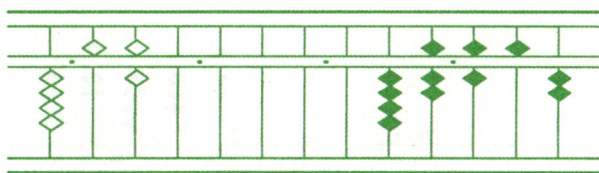

图 4-59

④最后将乘数 4 乘以被乘数 836 的积，随乘加入原积 47 652 中，得积数 382 052（如图 4-60 所示）。

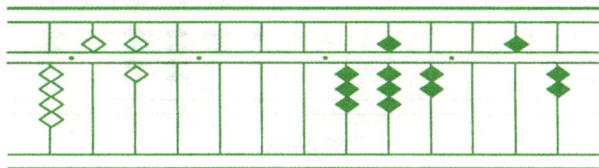

图 4-60

⑤经定位，得积为 382 052。

（三）剥皮乘法（凑倍乘法）①

剥皮乘法也叫凑倍乘法，是以加减代替乘法的一种简捷法。它是我国古代"金蝉脱壳法"的发展，最早较完整记录此法的是明代吴敬的《九章详注比类算法大全》。此法也可以和乘法运算的基本方法结合起来运用，方法也不少，我们经过总结，归结为三句口诀：

一、二、三，加几遍；

四、五、六，改作半；

七、八、九，当十算。

1."一、二、三，加几遍"的用法

如遇到某档被乘数是 1、2、3 时，在运算中拨去被乘数，从其右一档起加一遍、二遍或三遍乘数（因为乘数乘几，等于加上几个乘数）。

【例 4-24】1.23×782.4=962.352

①算盘右边空四档（把乘数 782.4 当作四位整数看），再拨上乘数 123（或用公式定位法）（如图 4-61 所示）。

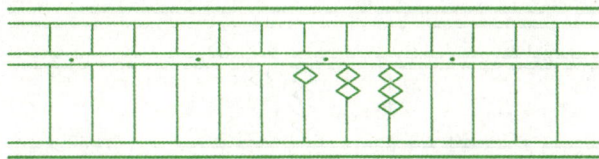

图 4-61

②将被乘数末位 3 拨去，在右一档起加三次乘数 7 824（如图 4-62 所示）。

①为基本乘法之一。

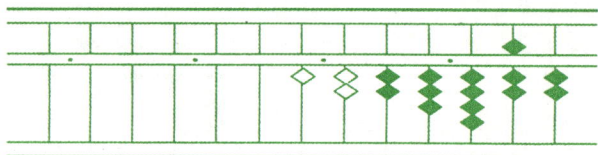

图 4-62

③将被乘数第二位 2 拨去，在右一档起加二次乘数 7 824（如图 4-63 所示）。

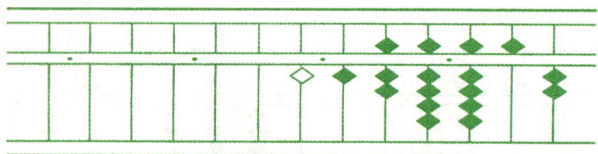

图 4-63

④将被乘数第一位 1 拨去，在右一档起加一次乘数 7 824（如图 4-64 所示）。

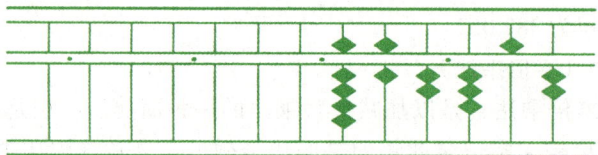

图 4-64

⑤终盘为 962 352，经定位，乘积是 962.352。

2. "四、五、六，改作半" 的用法

如遇到某一档被乘数是 5，则拨去 5，在本档起加上乘数 "一半"（注意：如乘数首位是 1，半个乘数的首位应记为 0，以免错档，如 168 的一半就记为 084）；如果被乘数是 6，先按 5 算，再在被乘数右一档加上一个乘数（因为实际是 6，所以再补上一个乘数）；如果被乘数是 4，先按 5 算，再在被乘数的右一档起减一个乘数（因为实际是 4，所以多算一个，必须减去）。

【例 4-25】0.465×782.4=363.816

①算盘右边空出四档（把乘数当作四位整数），再拨上被乘数 465（或用公式定位法）（如图 4-65 所示）。

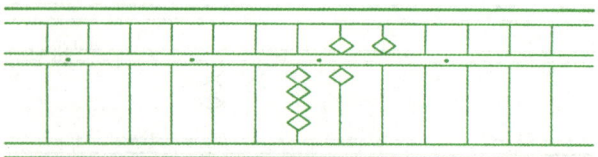

图 4-65

②把被乘数末位 5 拨去，在本档起加半个乘数 3 912（如图 4-66 所示）。

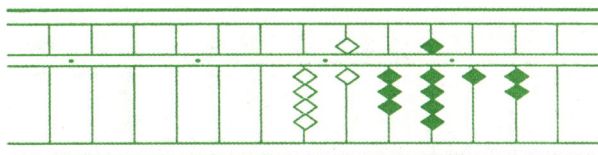

图 4-66

③把被乘数 6 拨去，在本档起加半个乘数 3 912，再从右一档起加一个乘数 7 824（如图 4-67 所示）。

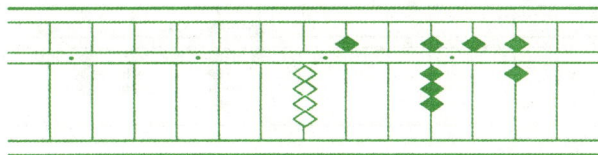

图 4-67

④把被乘数 4 拨去，在本档起加半个乘数 3 912，再从右一档起减去一个乘数 7 824（如图 4-68 所示）。

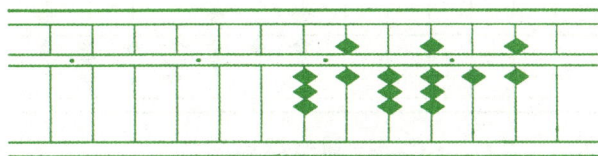

图 4-68

⑤最终盘为 3 638 160，经定位，乘积为 363.816。

3. "七、八、九，当十算"的用法

如果遇到某一档被乘数是 7、8、9，拨去被乘数，从本档起加上乘数，再减去三次、两次或一次乘数（就是把多算的部分减去）。

【例 4-26】7.89×7 824=61 731.36

①算盘右边空出四档，然后在空档左边拨上被乘数 789（或用公式定位法）（如图 4-69 所示）。

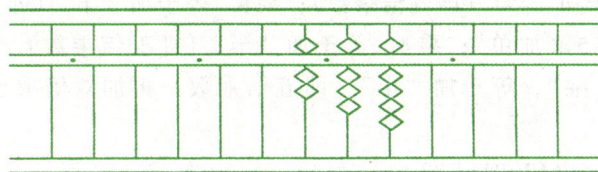

图 4-69

②把被乘数末位 9 拨去，在本档上加乘数 7 824，再在右一档减去一次 7 824（因乘 10，故减去 1）（如图 4-70 所示）。

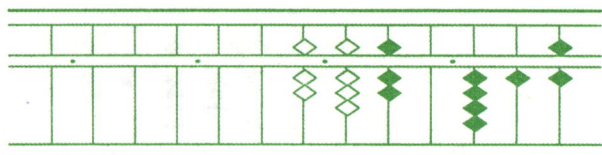

图 4-70

③把被乘数第二位 8 拨去，在本档上加乘数 7 824，再从右一档上减去两次 7 824（因乘 10，故减去 2）（如图 4-71 所示）。

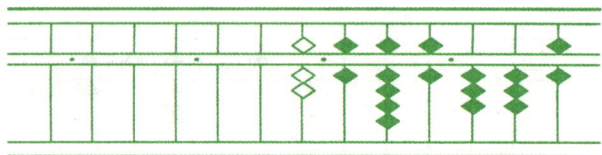

图 4-71

④把被乘数第一位 7 拨去，在本档上加乘数 7 824，再从右一档上减去三次 7 824（因乘 10，故减去 3）（如图 4-72 所示）。

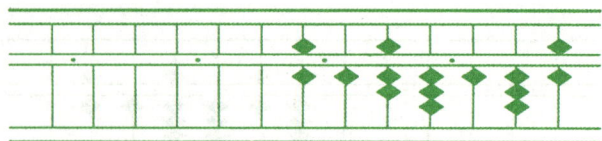

图 4-72

⑤终盘为 6 173 136，经定位，积为 61 731.36。

上述方法也可概括为"单、双、半"倍数法，则：

（1）乘 1，等于加单倍乘数，即"乘 1，加单"；乘 2，等于加双倍乘数，即"乘 2，加双"；乘 3，等于加双倍乘数，再加单倍乘数，即"乘 3，加双又加单"。

【例 4-27】321×4 662=1 496 502

①被乘数末位 1×4 662，则本位退 1，下位起加乘数的单倍数 4 662。

②被乘数第二位 2×4 662，则本位退 2，下位起加双倍 4 662（9 324）。

③被乘数首位 3×4 662，则本位退 3，下位起加双倍 4 662（9 324），再加一倍 4 662。

（2）乘 5，等于加"半"（即五倍乘数）；乘 6，等于加"半"（即五倍乘数）再加单倍乘数，即"改作 5 又加单"；乘 4，等于加"半"（即五倍乘数）再减单倍乘数，即"改作半又减单"；乘 7，等于加"半"（即五倍乘数）再加双倍乘数，即"改作半又加双"。

【例 4-28】465×4 662=216 783

①乘数末位 5×4 662，则本位改成"半"个乘数（即五倍乘数）23 310。

②被乘数第二位 6×4 662，则本位改成"半"个乘数（即五倍乘数）23 310，在 6 的右一档上加单倍乘数 4 662。

③被乘数首位 4×4 662，则本位改成"半"个乘数（即五倍乘数）23 310，在 4 的右一档上减单倍乘数 4 662。

（3）乘8，等于加10倍乘数，再减双倍乘数，即"乘8，加10又减双"；乘9，等于加10倍乘数，再减单倍乘数，即"乘9，加10又减单"。

【例4-29】89×4 662=414 918

①被乘数末位9×4 662，则从本位起改成10倍乘数"46 620"，从9的右一档起减单倍乘数4 662。

②被乘数首位8×4 662，则从本位起改成10倍乘数"46 620"，从8的右一档起减双倍乘数4 662（9 324）。

这里介绍关于心算二、五倍的简易方法：

（1）心算二倍法。

算盘上的多位数，用"五升制"表示，大于4的数，均用到上珠，如6 539=（5+1）（5）3（5+4）（括号内的数，表示在同一档上）。求其二倍，则"上珠进十，下珠加倍"即得。

所以，盘上的多位数心算二倍时，一眼要看两档，把本档的上珠看成进1于前档，下珠看作加倍，一起读出就是2倍（如图4-73所示）。

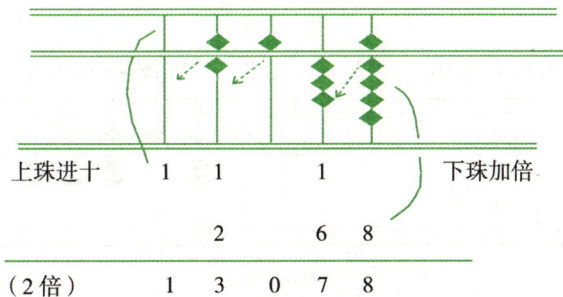

图4-73

也可以用"本档加倍，后满10进1"方法处理，如：

```
   15 788
+  26 423
   42 211
```

万位1+2后满10进1为4，千位5+6后满10进1为2，百位7+4后满10进1为2，十位8+2后满10进1为1，最后个位8+3后为1。

（2）心算五倍法。

求一数的5倍，用折半扩大10倍即得，即 $A×5=A×10/2=A/2×10$。因扩大10倍，有效数字不变，故只折半即可。多位数折半，从头折起。双数折半，一眼就看出。单数折半，单数留1成双数折半，留下的1作10并入下位同折。例如，求7 495的5倍，7留1折半为3，留1作10并入下位为14，折半为7；9留1折半为4，留下的1作10并入下位为15，折半为7.5；合并在一起为3 747.5，扩大10倍是37 475，就是7 495的5倍。练习折半，从两三位数练起，逐渐增位数，练到一看就能得出5倍数。

（四）补数乘法（凑整乘法）

两数相乘，有一个接近整数时，可以利用这个关系，用加减法代替乘法，可简化运算过程。

【例4-30】 576×997=576×1 000-576×3=576 000-1 728=574 272

①算盘右边空三档，拨入被乘数576（看成576 000）（如图4-74所示）。

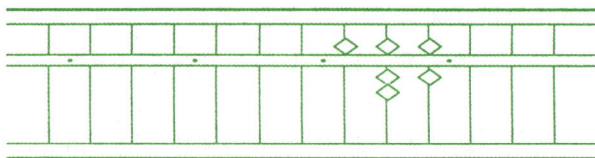

图4-74

②以576 000减去576×3的积。先减去补数3乘被乘数末位6，"三六18"（如图4-75所示）。

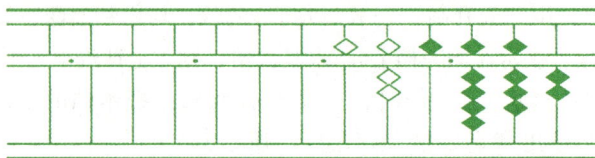

图4-75

③再减去补数3乘被乘数第二位7，"三七21"（如图4-76所示）。

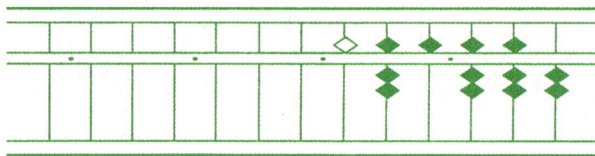

图4-76

④最后减去补数3乘被乘数头位数5，"三五15"（如图4-77所示）。

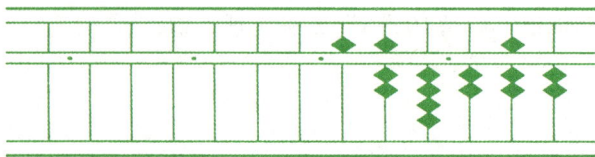

图4-77

⑤终盘为574 272。

或者先减补数3乘被乘数首位5，一直乘减到末位。上例被乘数百位为5，头位相乘已进位，则在被乘数千位数上起减（即顺序减5×3、7×3、6×3）。

【例4-31】 376×988=371 488（本例用数字排列表盘式说明，见表4-7）

表4-7　　　　　　　　　　　　　　　　盘　式（三）

	3	7	6			
算盘右边空三档拨被乘数376	3	7	6			
应减376×12（乘数的补数）。先减376×10，即3 760	3	7	2	2	4	
再减376（376×1）	3	7	1	8	6	4
再减376（376×1）	3	7	1	4	8	8

乘积经定位确定为371 488。

三、几种主要乘法的对比与评价

评价各种乘法的优劣，应当观察其准确度、速度、易学易用性和科学性等，综合各种因素而定。

（一）九九口诀中的乘法

1.破头乘法

其优点是：

（1）由于计算时先破本位，以下顺序计算，方便理顺；

（2）适合改良的五珠（上一下四）算盘运算，无须动用顶珠、底珠；

（3）易学易用，计算准确度较高，速度也不慢。

其缺点是：

（1）由于先破头本位，往往不易记住头位数，故易于拨错数；

（2）由于算前须拨置被乘数，相对多了一个拨珠层次；

（3）如不能熟练大九九口诀，则运算的准确性、速度将受影响。

2.空盘前乘法

其优点是：

（1）因为空盘计算，边算边拨数，无须预先拨置实数、法数；

（2）可以和盘上公式定位法结合起来，比较顺手；

（3）易学易用。

其缺点是：

（1）由于算前不拨实数和法数，运算时边看边拨加乘积，易于错档；

（2）如不能熟练掌握大九九口诀，则易于拨错数字。

（二）剥皮乘法（凑倍乘法）

其优点是：

（1）易学易用；

（2）准确度高；

（3）可以不背记口诀，顺手方便。

其缺点是：

（1）如不能熟练掌握倍数（2、5倍）法则，一层层地加积，速度慢；

（2）剥皮乘法因实数与法数均要排在算盘上，比起空盘乘法速度较慢。

综上，三种方法相互比较各有特点，相对来说空盘前乘法速度快；而破头乘法只要记住头本位，则速度与准确度均可；凑倍乘法如能掌握加倍、减倍，结合心算，则速度也很快。

（三）补数乘法（凑整乘法）

其优点是：在相补的情况下，计算方便、简捷。

其缺点是：两数相乘，有一个需要接近整数。

第四节　变通乘法

变通乘法是在基本乘法的基础上，根据计算数字特点、运算规律和计算任务要求而简化一些运算过程的算法。变通乘法有很多种，如省乘法、滚乘法、定身法等。

一、省乘法

省乘法亦称省略乘法、截尾乘法。它是根据计算结果要求的合理精确度，用四舍五入法删掉乘数与被乘数中某些位数上的数字，运用近似计算的方法，省略一些计算过程，并对积数的尾数加以适当处理，用以提高计算效率的一种计算方法。

其计算方法和步骤如下：

先用截取公式求所需要的位数码。

截取公式=M+N+精确度+保险系数1位　　　　　　　　　　　　　　　　　(4-3)

运用截取公式4-3一般结合固定个位档定位法进行。

第一步：先在盘上固定个位档。

第二步：被乘数按M+N定出的位数，按固定个位档法拨入盘中。在个位后面留出小数点数码，再加上1位保险系数，截留位码后，其末位定为压尾档（又称截止档）。

第三步：用基本乘法运算，计算时一律算到压尾档为止，以下四舍五入。

【例4-32】8.326725×3.62851=30.21（准确到0.01）

①先用截取公式求出位数码：M+N+精确度+保险系数1位=5位，按固定个位档法拨被乘数入盘，记住小数点保留两位，再加保险系数1位，末位看作压尾档，计算时算到压尾档为止（如图4-78所示）。

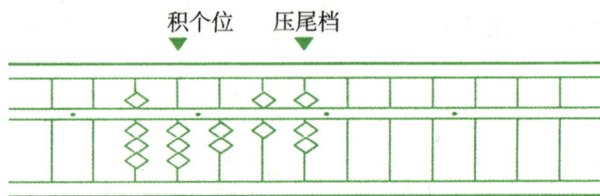

图4-78

②被乘数末位7乘以乘数首位3，"七三21"，压尾档下一位1舍去，乘数3以下可不再乘了，盘面数为83 262（如图4-79所示）。

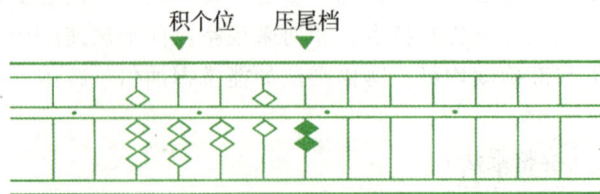

图4-79

③被乘数的第二位6乘以乘数36即可，"六三18""六六36"，压尾档下一位6进上

来，盘面数为 83 224（如图 4-80 所示）。

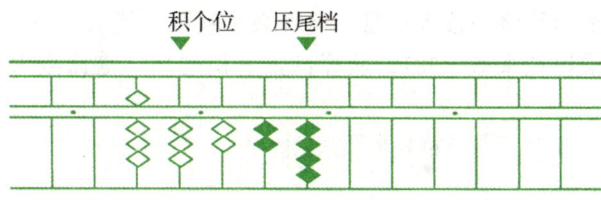

积个位　　压尾档

图 4-80

④被乘数倒数第三位 2 乘以乘数 362 即可，"二三 06""二六 12""二二 04"，压尾档下一位 4 舍去，盘面数为 83 096（如图 4-81 所示）。

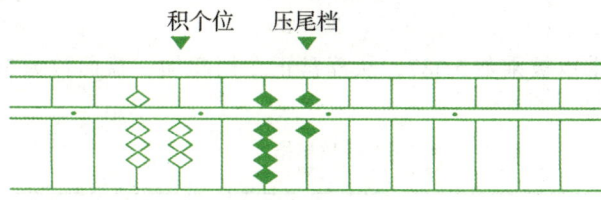

积个位　　压尾档

图 4-81

⑤被乘数倒数第四位 3 乘以乘数 3 628 即可，"三三 09""三六 18""三二 06""三八 24"，压尾档下一位 4 舍去，盘面数为 81 184（如图 4-82 所示）。

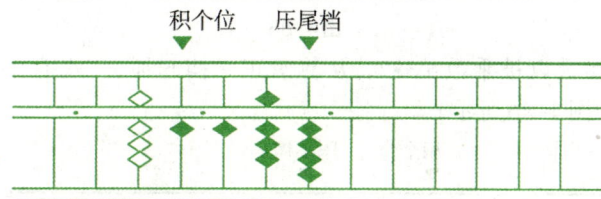

积个位　　压尾档

图 4-82

⑥被乘数首位 8 乘以乘数 36 285 即可，"八三 24""八六 48""八二 16""八八 64""八五 40"，得积数为 30 212（如图 4-83 所示）。

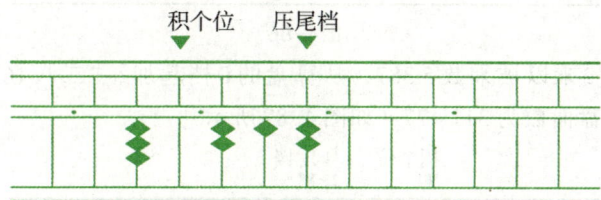

积个位　　压尾档

图 4-83

⑦最后得数为 30.21。

【例 4-33】53.87×5.782=311.48（准确到 0.01）

省乘法也可以用空盘前乘法进行运算。

①用固定个位档法确定小数点，方法同上。

②确定被乘数与乘数首位乘积的十位数的入盘档次。用大九九乘法口诀，被乘数与

105

乘数首位乘积的十位数入盘档次=被乘数的位数+乘数的位数=M+N，本题为2+1=3。

③用空盘前乘法运算将积拨入算盘，运算截止到截止档的下一位，该位做四舍五入处理。乘数首位5乘以被乘数5 387，从算盘正三档起加，盘面数为26 935（如图4-84所示）。

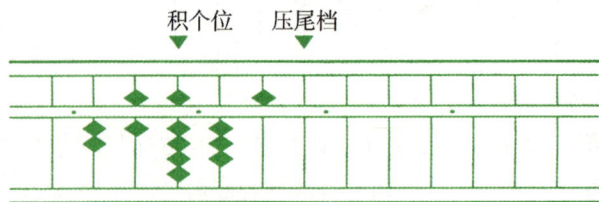

积个位　压尾档

图4-84

④乘数次位7乘以被乘数5 387，从算盘正二档起加，盘面数为307 059（如图4-85所示）。

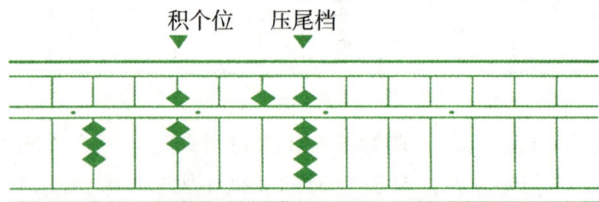

积个位　压尾档

图4-85

⑤乘数第三位8乘以被乘数5 387，从算盘正一档起加，"八七56"的6进上来，盘面数为311 369（如图4-86所示）。

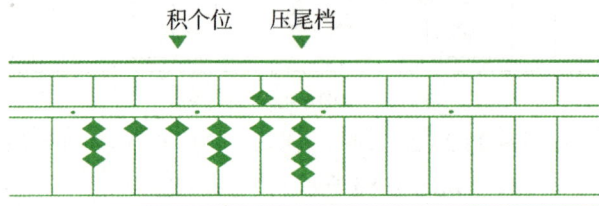

积个位　压尾档

图4-86

⑥乘数第四位2乘以被乘数5 387，从算盘的0档起加，"二八16"的6进上来，后面就不用再乘了，盘面数为311 477（如图4-87所示）。

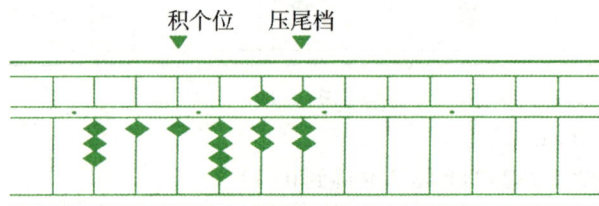

积个位　压尾档

图4-87

⑦截止档上的数四舍五入后，得积311.48。

二、滚乘法

在发票、报表、账册、发货单等的实务计算中，往往遇到形如 $\sum\limits_{i=1}^{n} a_i b_i = a_1 b_1 + a_2 b_2 + \cdots + a_n b_n$ 的求和问题，通常是把各个乘积求出，然后相加，求出总和，这样计算比较麻烦。若利用空盘前乘法，就可大大简化。计算方法是先用空盘前乘法求出 $a_1 b_1$，在此积上再计算 $a_2 b_2$，边乘边加，计算出 $a_1 b_1 + a_2 b_2$；这样继续下去，直到算完 $a_n b_n$ 为止。乘积形如滚雪球，越滚越大，因此这种方法叫滚乘法。这实际上是空盘前乘法的运用。

在进行滚乘法的计算时，首先要确定好个位档，估计 $\sum\limits_{i=1}^{n} a_i b_i$ 有多少位整数，然后多留几位，定出个位档。盘式和档位编序如图4-88所示。

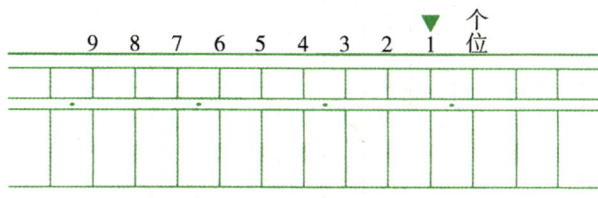

图4-88

然后确定各个积的首位数字置于哪一档。置数方法是：每个积计算出 $P_i = M_i + N_i$（$i = 1, 2, 3, \cdots, n$），第 i 积的首位数字就置在第 i 档上（注意：档次如图4-88所示，不是从算盘左端算起），如327×5.7是从第四档加起，又如2.05×0.13是从第一档加起，不过第一档起加了"0"。

【例4-34】用滚乘法计算表4-8的总金额。

表4-8　　　　　　　　　　　　　　　有关资料　　　　　　　　　　　　单位：元

材料名称	数量（件）	单价	金额
A	32	0.53	16.96
B	7.5	0.46	20.41
C	12	3.58	63.37
D	23	11.56	329.25
E	67	32.5	2 506.75
F	2.8	5.35	2 521.73
G	16	13.2	2 732.93

盘式如图4-89所示。

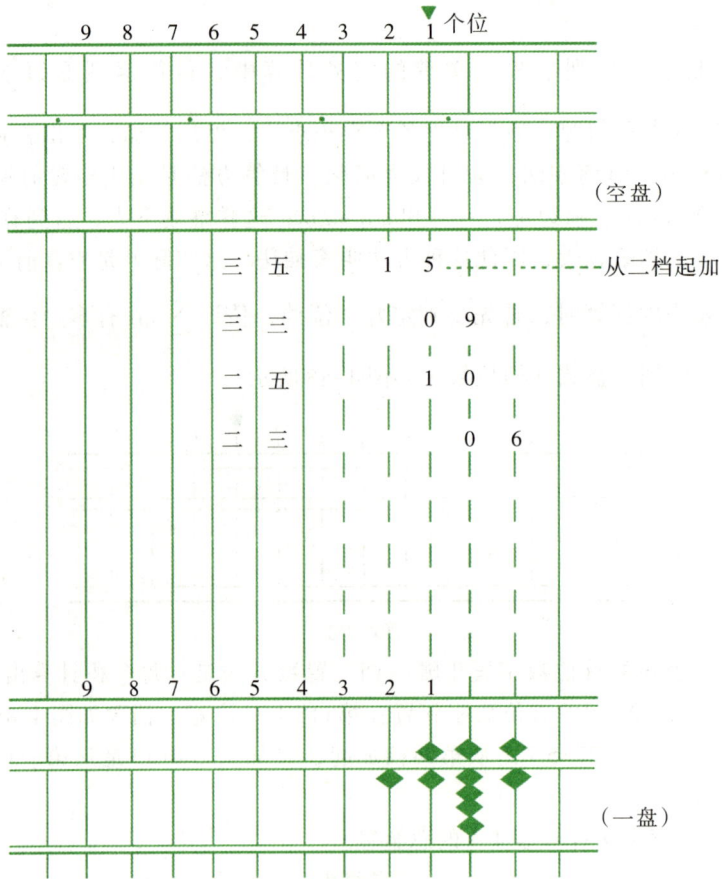

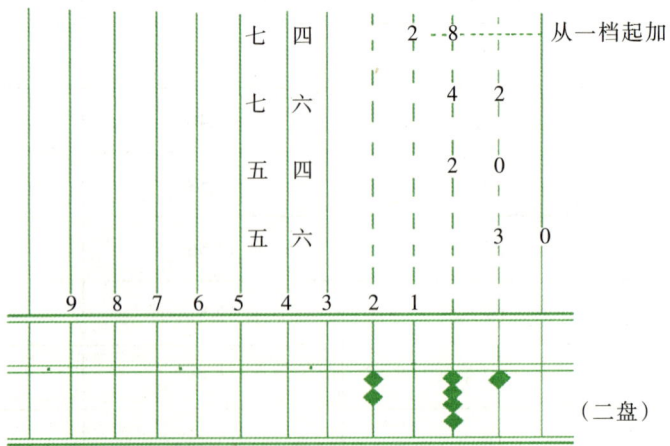

续图

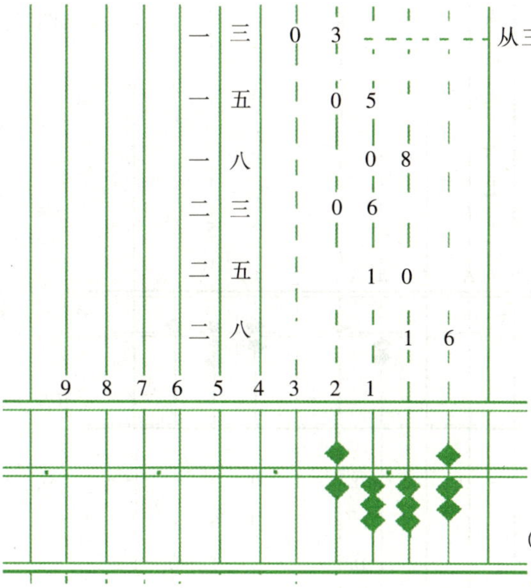

		0	3	从三档起加
一	三		
一	五	0	5
一	八		0	8
二	三	0	6
二	五		1	0
二	八	1	6

9 8 7 6 5 4 3 2 1

（三盘）

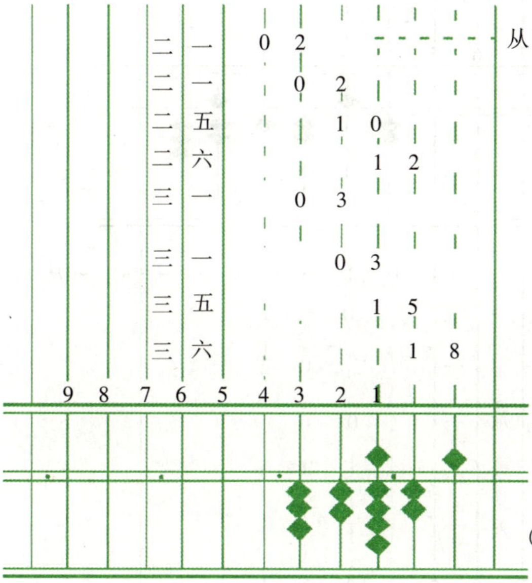

0	2	从四档起加
二	一		
二	二	0	2
二	五	1	0
二|六|	1	2
三	一	0	3
三	一	0	3
三	五	1	5
三	六	1	8

9 8 7 6 5 4 3 2 1

（四盘）

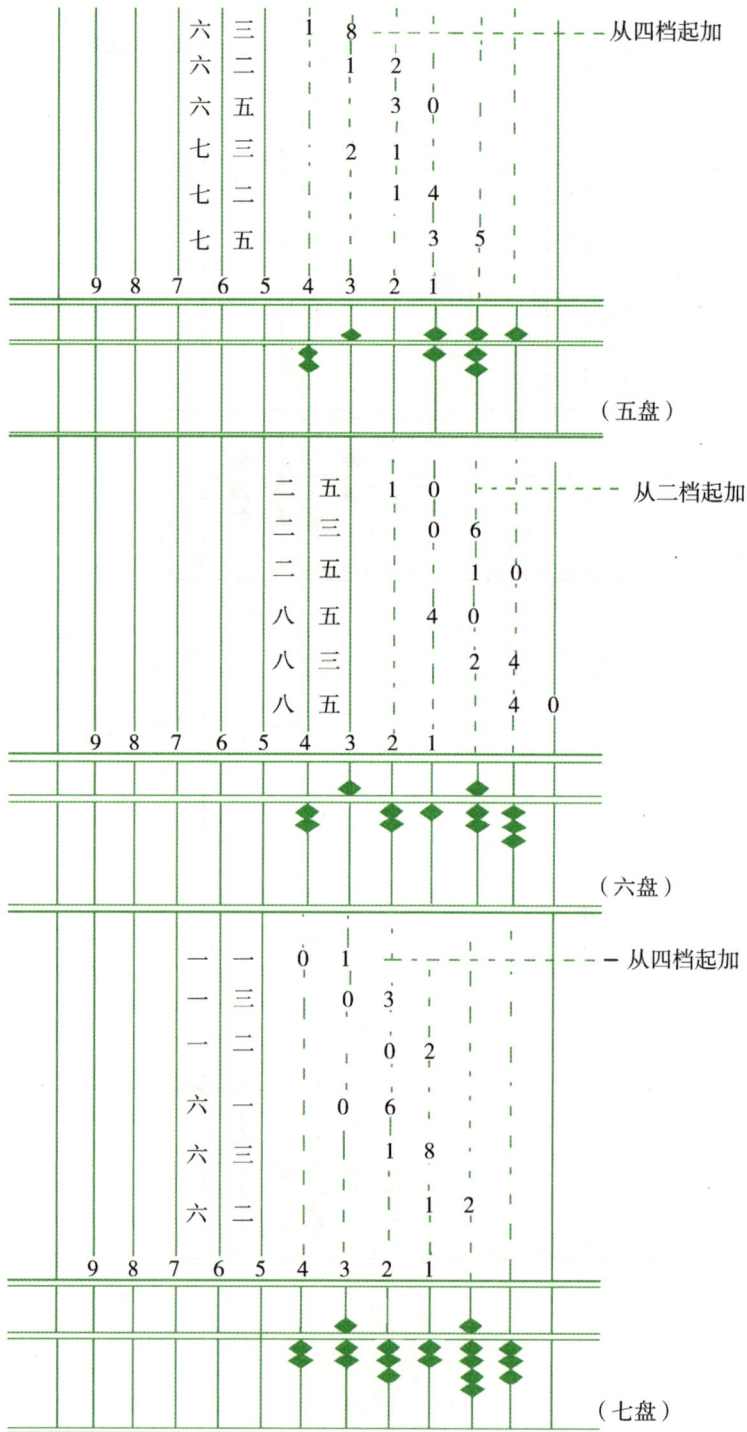

续图

从四档起加

从二档起加

从四档起加

（五盘）

（六盘）

（七盘）

图4-89

第五节　珠算结合心算乘法

人的手指拨珠速度是有限的，为了突破这个极限，近年来，我国提出了珠算和心算相结合的一些先进的算法，通过减少拨珠动作来提高运算速度。

一、一口清算法

（一）本个加后进法

当代有人总结了乘法中的"本个规律"和"进位规律"，从而改变了传统的从低位到高位的计算方法，而采取了从高位算起，逐位进行计算，一次得出结果的速算方法，这就是"一口清"。

1.2～9的本个加后进规律

（1）本个规律（见表4-9）。

表4-9　　　　　　　　　　　　　　**本个规律表**

被乘数 本个数 乘数	01 23 45 67 89	本个规律
2	02 46 80 24 68	自倍取个
3	03 69 25 81 47	偶补倍，奇补倍±5
4	04 82 60 48 26	1，3，5找凑，偶数找补；遇到7和9，减5再找补
5	05 05 05 05 05	偶0奇5
6	06 28 40 62 84	偶自身，奇自身±5
7	07 41 85 29 63	偶自倍，奇自倍±5
8	08 64 20 86 42	补自倍取个
9	09 87 65 43 21	自身补数

在表4-9中，自倍，指自身加倍；取个，指取个位数；补倍，指补数加倍；±5，指经过心算，被乘数变化后要加5或减5，小于5时加5，大于5时减5。

（2）进位规律（见表4-10）。

在表4-10中，满，指"大于"或"等于"；超，指大于；n，指循环n，循环数无论有几位（包括只有一位的），均以循环数后边的异数大小来判断超或不超，超则按进位数进，不超则用进位数减去1再进。

根据乘法规律，多位数乘以一位数时，积的个位数字都是由本位乘积的个位数和后位乘积的进位数组成的，这就是"本个"（即本位的个位数）加"后进"（即后位乘积的进位数），满10只取和的个位数，就是积的个位数。

表 4-10　　　　　　　　　　　　进位规律表

乘数	进位规律
2	满 5 进 1
3	超 3 进 1，超 6 进 2
4	满 25 进 1，满 5 进 2，满 75 进 3
5	满 2 进 1，满 4 进 2 满 6 进 3，满 8 进 4 ｝偶数进半，奇数减 1 进半
6	超 16 进 1，超 3 进 2 满 5 进 3，超 6 进 4，超 83 进 5
7	超 142857 进 1，超 285714 进 2 超 428571 进 3，超 571428 进 4 超 714285 进 5，超 857142 进 6
8	满 125 进 1，满 25 进 2，满 375 进 3 满 5 进 4，满 625 进 5，满 75 进 6，满 875 进 7
9	超循环几则进几，即超 n 进 n，1≤n≤8

如例 4-35，根据本个加后进乘法要求，从高位算起，提前进位，千位的 2 是百位的进位数；百位的 5 是本个的 4 加十位的进位数 1；十位的 3 是本个 2 加个位的进位数 1；个位的 8 是 6×3 的本个数。

【例 4-35】846×3=2 538

```
      8 4 6
  ×       3
  ─────────
    2 1 1
     \ \ \
      4 2 8
  ─────────
    2 5 3 8
```

2.2～9 的乘法举例

（1）2 的本个加后进乘法。1～9 分别乘以 2，乘积见表 4-11。

表 4-11　　　　　　　　　　　1～9 分别乘以 2 的乘积表

被乘数	1	2	3	4	5	6	7	8	9
积　数	2	4	6	8	10	12	14	16	18

一个数乘以 2，本个数就是每个数自身相加的个位数。当 5～9 乘以 2 时，都进"1"。进位规律是："满 5 进 1。"

【例4-36】2 683×2=5 366

```
  0 2 6 8 3
×         2
  0 5 3 6 6
```

———— 看0的后位2，无进位数，不写。

———— 算2，加自身得4，看后位6进1，写5。

———— 算6，加自身"取个"得2，看后位8进1，2+1写3。

———— 算8，加自身"取个"得6，看后位3，无进位，写6。

———— 算3，加自身得6，写6。

【例4-37】7 548×2=15 096

```
  0 7 5 4 8
×         2
1 5 0 9 6
```

———— 看7进1，写1。

———— 算7，取个4，看后位5进1，4+1写5。

———— 算5，取个0，后位4不进，写0。

———— 算4，取个8，看后位8进1，8+1写9。

———— 算8，取个6，写6。

（2）3的本个加后进乘法。1～9分别乘以3，乘积见表4-12。

表4-12　　　　　　　　　　　1～9分别乘以3的乘积表

被乘数	1	2	3	4	5	6	7	8	9
积　数	3	6	9	12	15	18	21	24	27

3的个位规律可利用乘法口诀直接求得。

3的进位规律是："超3进1，超6进2"（3表示333…，6表示666…）。计算时，如果在被乘数的某位后面出现连续几个3，再看它的后一位，若大于3，就叫"超3"，应向前进1；若小于3，不进。同样，如果在被乘数的某位后面出现几个6，再看后一位，若超过3（但小于6），照超3进1算；若超过6，应向前进2。

【例4-38】132×3=396

```
  0 1 3 2
×       3
  0 3 9 6
```

———— 看0的后位1，不进，写0。

———— 算1，取3，看后位不进，写3。

———— 算3，取9，看后位不进，写9。

———— 算2，取6，写6。

【例4-39】3 467×3=10 401

```
  0 3 4 6 7
×         3
  1 0 4 0 1
```

看0的后位超3进1，写1。
算3取9，看后位超3进1，9+1取个0，写0。
算4取2，看后位超6进2，2+2写4。
算6取8，看后位超6进2，8+2取个0，写0。
算7取1，写1。

（3）4的本个加后进乘法。1～9分别乘以4，乘积见表4-13。

表4-13　　　　　　　1～9分别乘以4的乘积表

被乘数	1	2	3	4	5	6	7	8	9
积　数	4	8	12	16	20	24	28	32	36

从表4-13中的个位数发现：1、3、5乘以4的积，积的个位数正是被乘数的"凑数"；2、4、6、8乘以4的积，积的个位数正是被乘数的"补数"；7、9乘以4，积的个位数正是被乘数减5的"补数"。所以4的个位规律是："1、3、5找凑，偶数找补；遇到7和9，减5再找补。"

4的进位规律（有的要看后两位）是："满25进1，满5进2，满75进3。"

【例4-40】3 478×4=13 912

```
  0 3 4 7 8
×         4
  1 3 9 1 2
```

看0的后位3，满25进1，写1。
算3，奇找凑2，看后位满25进1，2+1写3。
算4，偶找补6，看后位满75进3，6+3写9。
算7，减5补8，看后位满75进3，8+3取个1，写1。
算8，偶找补2，写2。

【例4-41】4 279×4=17 116

```
  0 4 2 7 9
×         4
  1 7 1 1 6
```

看0的后位4，满25进1，写1。
算4，偶找补6，看后位满25进1，6+1写7。
算2，偶找补8，看后位满75进3，8+3取个1，写1。
算7，减5补8，看后位满75进3，8+3取个1，写1。
算9，减5找补6，写6。

（4）5的本个加后进乘法。1～9分别乘以5，乘积见表4-14。

表4-14　　　　　　　　　　　　　　1～9分别乘以5的乘积表

被乘数	1	2	3	4	5	6	7	8	9
积 数	5	10	15	20	25	30	35	40	45

　　奇数乘以5，"本个"都是5；偶数乘以5，"本个"都是0。所以5的个位规律是："偶0奇5。"

　　5的进位规律是：2、3乘以5进1，"满2进1"；4、5乘以5进2，"满4进2"；6、7乘以5进3，"满6进3"；8、9乘以5进4，"满8进4"；也可归纳为"偶数进半，奇数减1进半"。

　　【例4-42】2 469×5＝12 345

```
  0 2 4 6 9
×         5
1 2 3 4 5
```

　　　　　　　　　　看后位2，满2进1，写1。
　　　　　　　　　　算2，偶0，看后位4，满4进2，写2。
　　　　　　　　　　算4，偶0，看后位6，满6进3，写3。
　　　　　　　　　　算6，偶0，看后位9，减1进半4，写4。
　　　　　　　　　　算9，奇5，写5。

　　【例4-43】43 791×5＝218 955

```
  0 4 3 7 9 1
×           5
2 1 8 9 5 5
```

　　　　　　　　　　看后位4，满4进2，写2。
　　　　　　　　　　算4，偶0，看后位3，减1进半1，0+1写1。
　　　　　　　　　　算3，奇5，看后位7，减1进半3，5+3写8。
　　　　　　　　　　算7，奇5，看后位9，减1进半4，5+4写9。
　　　　　　　　　　算9，奇5，看后位1，无进位，写5。
　　　　　　　　　　算1，奇5，写5。

　　（5）6的本个加后进乘法。1～9分别乘以6时，被乘数与积的"本个数"对应关系如下：

　　被乘数：　　　　　1 2 3 4 5 6 7 8 9
　　　　　　　　　　　┆┆┆┆┆┆┆┆┆
　　积的"本个数"：　　6 2 8 4 0 6 2 8 4

　　可见，偶数的"本个数"还是被乘数自身，奇数的"本个数"等于被乘数自身再±5。所以6的个位规律是："偶自身，奇自身±5。"

　　6的进位规律是："超16进1，超3进2，满5进3，超6进4，超83进5。"

【例4-44】4 697×6=28 182

```
  0 4 6 9 7
×         6
─────────────
  2 8 1 8 2
```

　　　　　　　　看后位进2，写2。

　　　　　　　算4，取4，看后位进4，4+4写8。

　　　　　算6，取6，看后位进5，6+5取个1，写1。

　　　算9，取4，看后位进4，4+4写8。

　算7，取2，写2。

【例4-45】37 824×6=226 944

```
  0 3 7 8 2 4
×           6
───────────────
  2 2 6 9 4 4
```

　　　　　　　　　　看后位进2，写2。

　　　　　　　　　算3，取8，看后位进4，8+4取个2，写2。

　　　　　　　算7，取2，看后位进4，2+4写6。

　　　　　算8，取8，看后位进1，8+1写9。

　　　算2，取2，看后位进2，2+2写4。

　算4，取4，写4。

（6）7的本个加后进乘法。1~9分别乘以7时，被乘数与积的"本个数"对应关系如下：

被乘数：　　　　1 2 3 4 5 6 7 8 9

　　　　　　　　︙ ︙ ︙ ︙ ︙ ︙ ︙ ︙ ︙

积的"本个数"：　7 4 1 8 5 2 9 6 3

可见，偶数乘以7，其积的个位数正好是被乘数自身相加之和的个位数；奇数乘以7，其积的个位数正好是被乘数相加后再±5的个位数。所以7的个位规律是："偶自倍，奇自倍±5。"7的个位规律与3的个位规律之间有互逆和互补的关系（即7是741 852 963，3是369 258 147）。

7的进位规律是："超142857进1，超285714进2，超428571进3，超571428进4，超714285进5，超857142进6。"

【例4-46】9 385×7=65 695

```
  0 9 3 8 5
×         7
─────────────
  6 5 6 9 5
```

　　　　　　　　看后位进6，写6。

　　　　　　　算9，取3，看后位进2，3+2写5。

　　　　　算3，取1，看后位进5，1+5写6。

　　　算8，取6，看后位进3，6+3写9。

　算5，取5，写5。

【例 4-47】3 987×7=27 909

```
  0 3 9 8 7
×         7
─────────────
  2 7 9 0 9
```

看后位进 2，写 2。

算 3，取 1，看后位进 6，1+6 写 7。

算 9，取 3，看后位进 6，3+6 写 9。

算 8，取 6，看后位进 4，6+4 取个 0，写 0。

算 7，取 9，写 9。

（7）8 的本个加后进乘法。1~9 分别乘以 8 时，被乘数与积的"本个数"对应关系如下：

被乘数：　　　　　1 2 3 4 5 6 7 8 9
　　　　　　　　　┊ ┊ ┊ ┊ ┊ ┊ ┊ ┊ ┊
积的"本个数"：　　8 6 4 2 0 8 6 4 2

可见，积的"本个数"是被乘数自身"补数"的 2 倍的个位数，所以 8 的个位规律是："补自倍取个"，并与 2 倍的个位规律互逆（8 的顺序是 8、6、4、2，而 2 的顺序是 2、4、6、8）。

8 的进位规律是："满 125 进 1，满 25 进 2，满 375 进 3，满 5 进 4，满 625 进 5，满 75 进 6，满 875 进 7。"

凡是不满大数的，就按满小数的进位规律计算。如 49 就不能按满 5 进 4，只能进 3；374 不能进 3，只能进 2；其余类推。

【例 4-48】8 246×8=65 968

```
  0 8 2 4 6
×         8
─────────────
  6 5 9 6 8
```

看后位进 6，写 6。

算 8，取 4，看后位进 1，4+1 写 5。

算 2，取 6，看后位进 3，6+3 写 9。

算 4，取 2，看后位进 4，2+4 写 6。

算 6，取 8，写 8。

【例 4-49】7 419×8=59 352

```
  0 7 4 1 9
×         8
─────────────
  5 9 3 5 2
```

看后位进 5，写 5。

算 7，取 6，看后位进 3，6+3 写 9。

算 4，取 2，看后位进 1，2+1 写 3。

算 1，取 8，看后位进 7，8+7 取个 5，写 5。

算 9，取 2，写 2。

（8）9的本个加后进乘法。1~9分别乘以9时，被乘数与积的"本个数"对应关系如下：

被乘数：　　　　　　1 2 3 4 5 6 7 8 9

　　　　　　　　　　: : : : : : : : :

积的"本个数"：　　　9 8 7 6 5 4 3 2 1

可见，积的"本个数"正好是被乘数的"补数"。所以9的个位规律是"自身补数"。

9的进位规律是："超 $\dot{n}$ 进 n，$1 \leq n \leq 8$。"

【例4-50】3 457×9=31 113

```
  0 3 4 5 7
×         9
─────────────
  3 1 1 1 3
```
—— 看后位，超3进3，写3。
—— 算3，取补7，看后位超4进4，7+4取个1，写1。
—— 算4，取补6，看后位超5进5，6+5取个1，写1。
—— 算5，取补5，看后位不超7进6，5+6取个1，写1。
—— 算7，取补3，写3。

【例4-51】7 658×9=68 922

```
  0 7 6 5 8
×         9
─────────────
  6 8 9 2 2
```
—— 看后位，不超7，进6，写6。
—— 算7，取3，看后位不超6进5，3+5写8。
—— 算6，取4，看后位超5进5，4+5写9。
—— 算5，取5，看后位不超8进7，5+7取个2，写2。
—— 算8，取2，写2。

3.本个加后进多位数乘法

多位数乘法是一位数乘法的具体应用，掌握了一位数乘法的运算规律并达到一定的熟练程度，就可以把多位数的乘法转变为若干个一位数的乘法，将乘积在算盘上错档相加，便可得出结果。这样，进行多位数乘算时，一方面，充分发挥一位数乘多位数的速算方法的优势；另一方面，利用珠算进行加减运算优于其他计算工具的长处，使速算与珠算有机地结合起来。

本个加后进多位数乘法一般采用空盘前乘法计算更为有利。积的定位一般采用公式定位法。

【例4-52】728×653=475 384

```
  4 3 6 8        （0 728×6）
    3 6 4 0      （0 728×5）
      2 1 8 4    （0 728×3）
  ───────────
  4 7 5 3 8 4
```

心算逐位拨入算盘，公式定位：3+3=6，则积为475 384。

【例4-53】6 059×2 168=13 135 912

```
  1 2 1 1 8
      6 0 5 9
      3 6 3 5 4
          4 8 4 7 2
  1 3 1 3 5 9 1 2
```

心算逐位拨入算盘，公式定位：4+4=8，则积为13 135 912。

（二）单积九九一口清

珠算乘法的基本做法是将相乘两因数分解为单个数，每两个数相乘，按乘法大九九口诀得出积数，将积数错位相加。单积九九一口清就是按这种模型脑算的，然后把积数拨到盘面上，提高运算速度。

【例4-54】8×268=2 144

$$\text{脑中按珠相加}\begin{cases} 1\ 6 \\ 4\ 8 \\ \ \ 6\ 4 \\ \hline 2\ 1\ 4\ 4 \end{cases}$$

初学时用口诀，熟练后抛弃口诀，脑中自然形成单积，而后一气呵成全积。如此，把多位数乘各码（2、3、4、5、6、7、8、9）练熟达到"一口清"的程度，就形成了单积九九一口清的打法。

二、双九九口诀法

大九九口诀只是两个一位数相乘的乘积编成的口诀，在进行乘算时，其运算速度将受到一定限制。若把11～99两位数和2～9倍的乘积编成口诀、结合心算进行，运算速度就能成倍提高。这种口诀就叫双九九口诀。采用双九九口诀进行乘法运算，就叫双九九乘法。双九九口诀的具体内容见表4-15。

表4-15　　　　　　　　　　双九九口诀表

被乘数＼乘数	二	三	四	五	六	七	八	九
11	11二022	11三033	11四044	11五055	11六066	11七077	11八088	11九099
12	12二024	12三036	12四048	12五060	12六072	12七084	12八096	12九108
13	13二026	13三039	13四052	13五065	13六078	13七091	13八104	13九117
14	14二028	14三042	14四056	14五070	14六084	14七098	14八112	14九126
15	15二030	15三045	15四060	15五075	15六090	15七105	15八120	15九135
16	16二032	16三048	16四064	16五080	16六096	16七112	16八128	16九144

被乘数＼乘数	二	三	四	五	六	七	八	九
17	17 二 034	17 三 051	17 四 068	17 五 085	17 六 102	17 七 119	17 八 136	17 九 153
18	18 二 036	18 三 054	18 四 072	18 五 090	18 六 108	18 七 126	18 八 144	18 九 162
19	19 二 038	19 三 057	19 四 076	19 五 095	19 六 114	19 七 133	19 八 152	19 九 171
21	21 二 042	21 三 063	21 四 084	21 五 105	21 六 126	21 七 147	21 八 168	21 九 189
22	22 二 044	22 三 066	22 四 088	22 五 110	22 六 132	22 七 154	22 八 176	22 九 198
23	23 二 046	23 三 069	23 四 092	23 五 115	23 六 138	23 七 161	23 八 184	23 九 207
24	24 二 048	24 三 072	24 四 096	24 五 120	24 六 144	24 七 168	24 八 192	24 九 216
25	25 二 050	25 三 075	25 四 100	25 五 125	25 六 150	25 七 175	25 八 200	25 九 225
26	26 二 052	26 三 078	26 四 104	26 五 130	26 六 156	26 七 182	26 八 208	26 九 234
27	27 二 054	27 三 081	27 四 108	27 五 135	27 六 162	27 七 189	27 八 216	27 九 243
28	28 二 056	28 三 084	28 四 112	28 五 140	28 六 168	28 七 196	28 八 224	28 九 252
29	29 二 058	29 三 087	29 四 116	29 五 145	29 六 174	29 七 203	29 八 232	29 九 261
31	31 二 062	31 三 093	31 四 124	31 五 155	31 六 186	31 七 217	31 八 248	31 九 279
32	32 二 064	32 三 096	32 四 128	32 五 160	32 六 192	32 七 224	32 八 256	32 九 288
33	33 二 066	33 三 099	33 四 132	33 五 165	33 六 198	33 七 231	33 八 264	33 九 297
34	34 二 068	34 三 102	34 四 136	34 五 170	34 六 204	34 七 238	34 八 272	34 九 306
35	35 二 070	35 三 105	35 四 140	35 五 175	35 六 210	35 七 245	35 八 280	35 九 315
36	36 二 072	36 三 108	36 四 144	36 五 180	36 六 216	36 七 252	36 八 288	36 九 324
37	37 二 074	37 三 111	37 四 148	37 五 185	37 六 222	37 七 259	37 八 296	37 九 333
38	38 二 076	38 三 114	38 四 152	38 五 190	38 六 228	38 七 266	38 八 304	38 九 342
39	39 二 078	39 三 117	39 四 156	39 五 195	39 六 234	39 七 273	39 八 312	39 九 351
41	41 二 082	41 三 123	41 四 164	41 五 205	41 六 246	41 七 287	41 八 328	41 九 369
42	42 二 084	42 三 126	42 四 168	42 五 210	42 六 252	42 七 294	42 八 336	42 九 378
43	43 二 086	43 三 129	43 四 172	43 五 215	43 六 258	43 七 301	43 八 344	43 九 387
44	44 二 088	44 三 132	44 四 176	44 五 220	44 六 264	44 七 308	44 八 352	44 九 396
45	45 二 090	45 三 135	45 四 180	45 五 225	45 六 270	45 七 315	45 八 360	45 九 405
46	46 二 092	46 三 138	46 四 184	46 五 230	46 六 276	46 七 322	46 八 368	46 九 414

续表

被乘数＼乘数	二	三	四	五	六	七	八	九
47	47 二 094	47 三 141	47 四 188	47 五 235	47 六 282	47 七 329	47 八 376	47 九 423
48	48 二 096	48 三 144	48 四 192	48 五 240	48 六 288	48 七 336	48 八 384	48 九 432
49	49 二 098	49 三 147	49 四 196	49 五 245	49 六 294	49 七 343	49 八 392	49 九 441
51	51 二 102	51 三 153	51 四 204	51 五 255	51 六 306	51 七 357	51 八 408	51 九 459
52	52 二 104	52 三 156	52 四 208	52 五 260	52 六 312	52 七 364	52 八 416	52 九 468
53	53 二 106	53 三 159	53 四 212	53 五 265	53 六 318	53 七 371	53 八 424	53 九 477
54	54 二 108	54 三 162	54 四 216	54 五 270	54 六 324	54 七 378	54 八 432	54 九 486
55	55 二 110	55 三 165	55 四 220	55 五 275	55 六 330	55 七 385	55 八 440	55 九 495
56	56 二 112	56 三 168	56 四 224	56 五 280	56 六 336	56 七 392	56 八 448	56 九 504
57	57 二 114	57 三 171	57 四 228	57 五 285	57 六 342	57 七 399	57 八 456	57 九 513
58	58 二 116	58 三 174	58 四 232	58 五 290	58 六 348	58 七 406	58 八 464	58 九 522
59	59 二 118	59 三 177	59 四 236	59 五 295	59 六 354	59 七 413	59 八 472	59 九 531
61	61 二 122	61 三 183	61 四 244	61 五 305	61 六 366	61 七 427	61 八 488	61 九 549
62	62 二 124	62 三 186	62 四 248	62 五 310	62 六 372	62 七 434	62 八 496	62 九 558
63	63 二 126	63 三 189	63 四 252	63 五 315	63 六 378	63 七 441	63 八 504	63 九 567
64	64 二 128	64 三 192	64 四 256	64 五 320	64 六 384	64 七 448	64 八 512	64 九 576
65	65 二 130	65 三 195	65 四 260	65 五 325	65 六 390	65 七 455	65 八 520	65 九 585
66	66 二 132	66 三 198	66 四 264	66 五 330	66 六 396	66 七 462	66 八 528	66 九 594
67	67 二 134	67 三 201	67 四 268	67 五 335	67 六 402	67 七 469	67 八 536	67 九 603
68	68 二 136	68 三 204	68 四 272	68 五 340	68 六 408	68 七 476	68 八 544	68 九 612
69	69 二 138	69 三 207	69 四 276	69 五 345	69 六 414	69 七 483	69 八 552	69 九 621
71	71 二 142	71 三 213	71 四 284	71 五 355	71 六 426	71 七 497	71 八 568	71 九 639
72	72 二 144	72 三 216	72 四 288	72 五 360	72 六 432	72 七 504	72 八 576	72 九 648
73	73 二 146	73 三 219	73 四 292	73 五 365	73 六 438	73 七 511	73 八 584	73 九 657
74	74 二 148	74 三 222	74 四 296	74 五 370	74 六 444	74 七 518	74 八 592	74 九 666
75	75 二 150	75 三 225	75 四 300	75 五 375	75 六 450	75 七 525	75 八 600	75 九 675
76	76 二 152	76 三 228	76 四 304	76 五 380	76 六 456	76 七 532	76 八 608	76 九 684

被乘数＼乘数	二	三	四	五	六	七	八	九
77	77 二 154	77 三 231	77 四 308	77 五 385	77 六 462	77 七 539	77 八 616	77 九 693
78	78 二 156	78 三 234	78 四 312	78 五 390	78 六 468	78 七 546	78 八 624	78 九 702
79	79 二 158	79 三 237	79 四 316	79 五 395	79 六 474	79 七 553	79 八 632	79 九 711
81	81 二 162	81 三 243	81 四 324	81 五 405	81 六 486	81 七 567	81 八 648	81 九 729
82	82 二 164	82 三 246	82 四 328	82 五 410	82 六 492	82 七 574	82 八 656	82 九 738
83	83 二 166	83 三 249	83 四 332	83 五 415	83 六 498	83 七 581	83 八 664	83 九 747
84	84 二 168	84 三 252	84 四 336	84 五 420	84 六 504	84 七 588	84 八 672	84 九 756
85	85 二 170	85 三 255	85 四 340	85 五 425	85 六 510	85 七 595	85 八 680	85 九 765
86	86 二 172	86 三 258	86 四 344	86 五 430	86 六 516	86 七 602	86 八 688	86 九 774
87	87 二 174	87 三 261	87 四 348	87 五 435	87 六 522	87 七 609	87 八 696	87 九 783
88	88 二 176	88 三 264	88 四 352	88 五 440	88 六 528	88 七 616	88 八 704	88 九 792
89	89 二 178	89 三 267	89 四 356	89 五 445	89 六 534	89 七 623	89 八 712	89 九 801
91	91 二 182	91 三 273	91 四 364	91 五 455	91 六 546	91 七 637	91 八 728	91 九 819
92	92 二 184	92 三 276	92 四 368	92 五 460	92 六 552	92 七 644	92 八 736	92 九 828
93	93 二 186	93 三 279	93 四 372	93 五 465	93 六 558	93 七 651	93 八 744	93 九 837
94	94 二 188	94 三 282	94 四 376	94 五 470	94 六 564	94 七 658	94 八 752	94 九 846
95	95 二 190	95 三 285	95 四 380	95 五 475	95 六 570	95 七 665	95 八 760	95 九 855
96	96 二 192	96 三 288	96 四 384	96 五 480	96 六 576	96 七 672	96 八 768	96 九 864
97	97 二 194	97 三 291	97 四 388	97 五 485	97 六 582	97 七 679	97 八 776	97 九 873
98	98 二 196	98 三 294	98 四 392	98 五 490	98 六 598	98 七 686	98 八 784	98 九 892
99	99 二 198	99 三 297	99 四 396	99 五 495	99 六 594	99 七 693	99 八 792	99 九 891

　　口诀栏中的第一、二字是被乘数，用阿拉伯数码表示；第三字是乘数，用中文小写数码表示；第四、五、六字是乘积，也用阿拉伯数码表示。积不足三位数的加0补成三位数，以防止加错档位。应用时，也可颠倒被乘数和乘数的位置，改成一位数乘两位数的口诀。例如：28×9，读作28九252；9×28，也可为9二八252等。

　　双九九口诀虽然有648句之多，但从口诀中一位数分析，二是二加倍，五是五折半，而三和四乘11～99两位数的口诀也不难掌握。至于较小的两位数与二～九相乘的口诀，也是较容易记住的。另外，有些口诀很有规律性。例如：37×9是333，74×3是

222，74×6是444，74×9是666；34×3是102，67×3是201，78×3是234，78×6是468等。又如，任何一位数乘11，22，33，…，99和15，25，35，…，95的乘积也极有规律。因此，只要下苦功，掌握其中不同的规律，双九九口诀还是能牢记的。熟记后可抛掉口诀，形成条件反射，脱口而出，达到珠算结合心算的目的。

（一）两位合并乘法

以空盘前乘法用双九九口诀运算，举例说明如下。

【例4-55】67×58=3 886

从最左档开始拨上67五335，左二档拨上67八536，用公式定位，积是3 886（如图4-90所示）。

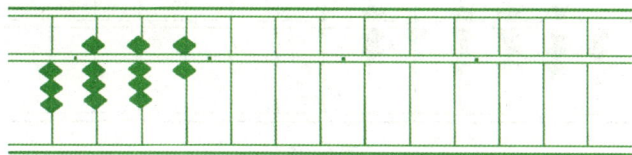

图4-90

【例4-56】7 621×379=2 888 359

此例可以把76和21分为两段，分别去与379相乘，逐位在算盘上顺序叠加，并注意叠加起拨时不可错位。

第一段76×379。

①从左一档起拨76三228（如图4-91所示）。

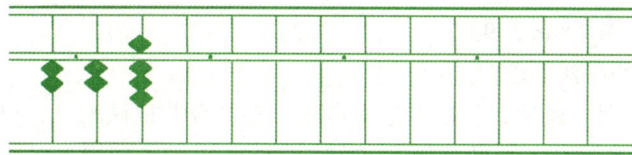

图4-91

②从左二档起拨76七532（如图4-92所示）。

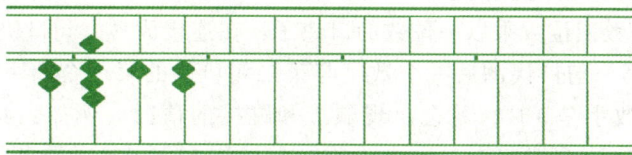

图4-92

③从左三档起拨76九684（如图4-93所示）。

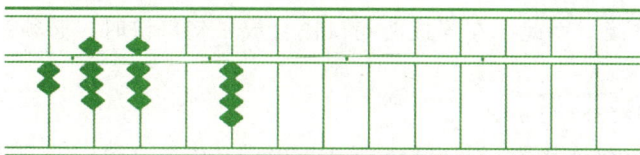

图4-93

第二段21×379。

④从左三档起拨21三063（如图4-94所示）。

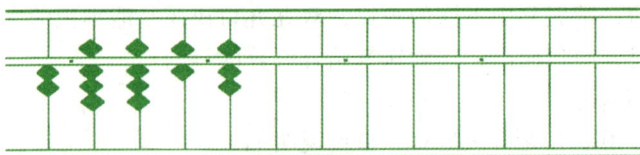

图4-94

⑤从左四档起拨21七147（如图4-95所示）。

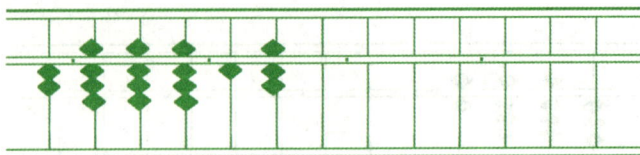

图4-95

⑥从左五档起拨21九189（如图4-96所示）。

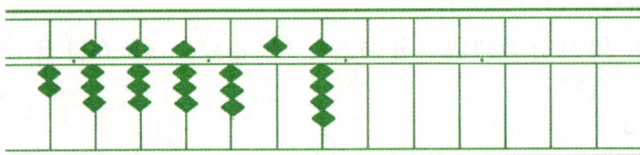

图4-96

⑦公式定位积为2 888 359。

（二）多位合并乘法

熟练掌握双九九口诀后，就可以进一步练习多位合并乘法运算，以便更进一步提高乘算速度。例如：378×6，原可以分成37和8乘以六两段，应用37六222和8六48两句口诀；如把这两句口诀连起来，合成378六2 268，就成为被乘数三位数乘一位数的口诀了。又如：4 629×8，就可把46八368和29八232两句口诀连起来合成4 629八37 032，成为被乘数四位数乘以一位数的口诀了。在连接成另一句口诀时，一般采用叠加的方法，即将第一句口诀的后一个数字与第二句口诀的第一个数字叠加。但当第二句口诀的第一个数字是0时，就会出现顺接和跳接的情况。例如：4 617×3，把46和17乘以三这两句口诀连接起来时，由于第二句口诀17三051的乘积第一个数字是0，因此要将两句口诀顺接起来，合成4 617三13 851。再如：3 618×5，由于36五180的最后一个数字是0，而18五090的第一个数字是0，两句口诀连接起来，合成3 618五18 090，就出现跳接。因此，在连接两句口诀合成一句口诀时，必须注意上述的规律，以免出现差错。

【例4-57】84×538=45 192

①把8×5和8×38连接为一句"8五三八4 304"，从算盘第一档起拨入4 304（如图4-97所示）。

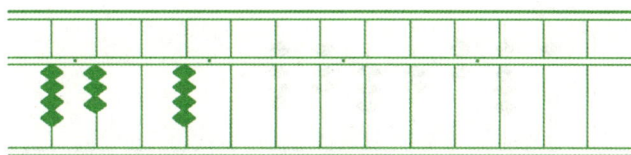

图4-97

②把4五三八2 152从左第二档起拨入（如图4-98所示）。

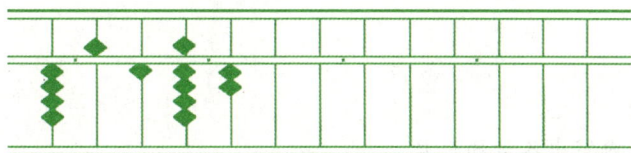

图4-98

③最后得积数为45 192。

【例4-58】1 587×3 694=5 862 378

1 587分成15和87两段，分别合成四位数的口诀进行运算。

①从左一档起拨入1 587三04 761（如图4-99所示）。

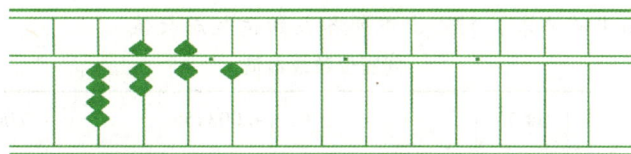

图4-99

②从左二档起拨1 587六09 522（如图4-100所示）。

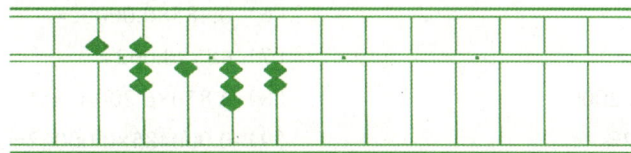

图4-100

③从左三档起拨1 587九14 283（如图4-101所示）。

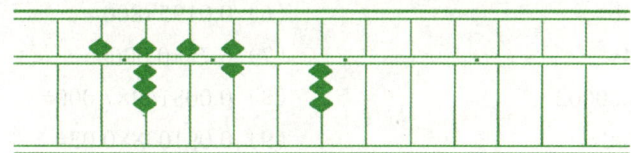

图4-101

④从左四档起拨1 587四06 348（如图4-102所示）。

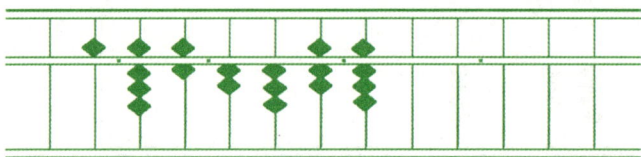

图4-102

⑤最后得积数为5 862 378。

课后练习

一、基本练习

1.在下列括号内写出各数的位数

（1）386　　　　　　（　　）　　（6）0.0000619　　（　　）

（2）3.86　　　　　　（　　）　　（7）0.01225　　　（　　）

（3）38 600　　　　　（　　）　　（8）0.69　　　　　（　　）

（4）0.386　　　　　（　　）　　（9）0.0896　　　　（　　）

（5）0.0386　　　　　（　　）　　（10）63 000　　　（　　）

2.根据表4-16中的要求，判定出下列各数的位数或数值

表4-16　　　　　　　　　　　　　判断位数或数值

数值	34 560		34.56			0.003456		0.0003456	
位数		三位		零位	负一位		负二位		正四位

3.下列各题相乘的结果，算盘上出现的都是3 007，试用乘法定位公式进行定位

（1）485×62=　　　　　　　　　　　（6）0.485×0.00062=

（2）0.485×62=　　　　　　　　　　（7）485×0.062=

（3）0.0485×6 200=　　　　　　　　（8）4 850×6 200=

（4）4.85×0.62=　　　　　　　　　　（9）0.000485×0.00062=

（5）48 500×0.0062　　　　　　　　　（10）4 850×0.062=

4.一位数乘法练习（用公式定位法、固定个位档定位法进行定位）

（1）372.5×0.06=　　　　　　　　　　（6）0.0195×800=

（2）628.6×0.4=　　　　　　　　　　（7）6.75×0.006=

（3）32 980×0.00002=　　　　　　　（8）0.008149×7 000=

（4）125.05×800=　　　　　　　　　　（9）0.091038×0.03=

（5）0.0006135×9 000=　　　　　　　（10）2.068479×0.05=

5.二位数乘法练习（基本乘法，计算完毕可调换两因数，以验证计算结果）

（1）6 385×470=　　　　　　　　　　（6）36.25×0.096=

（2）0.9214×19=　　　　　　　　　　（7）41 087×0.0051=

（3）7 089×0.85=　　　　　　　　　　（8）690.52×0.0074=

（4）32.51×620=　　　　　　　　　　（9）38 174×0.038=

（5）604.5×3.8=

（10）6.0821×9.1=

6.三位数乘法练习（基本乘法）

（1）835×691=

（6）624×0.573=

（2）1.49×8 460=

（7）0.00751×694=

（3）7.39×0.652=

（8）0.00753×149=

（4）12 000×0.00836=

（9）0.514×7 900=

（5）6 720×0.834=

（10）608×745=

7.多位数乘法练习（基本乘法）

（1）6.39×4.52=

（6）29.08×20.76=

（2）5 080×0.673=

（7）320.1×75.64=

（3）41.7×90 800=

（8）69 034×0.01409=

（4）625.8×0.00526=

（9）4.6098×0.1352=

（5）90.16×7 015=

（10）208.39×400.98=

8.凑整乘法（补数乘法）练习（用基本乘法验证计算结果）

（1）691.4×998=

（6）60.98×9 850=

（2）70.82×997=

（7）4.386×8.95=

（3）9 635×895=

（8）67.19×998.6=

（4）354.6×996=

（9）0.57243×97.93=

（5）46.81×984=

（10）610.98×898.5=

9.省乘法练习（精确到0.01）

（1）56.32987×0.7546=

（6）9.6138254×61.302857=

（2）73.61582×43.726=

（7）39.460512×1.6852479=

（3）0.684137×49.2645=

（8）615.327084×0.7361594=

（4）60.81674×8.01674=

（9）10.6293872×86.249175=

（5）0.910638×53.1674=

（10）0.56183749×658.91207=

10.试运用"一口清"运算法计算下列各题（用基本乘法验证计算结果）

（1）42 836×523=

（6）76 029×396=

（2）12 754×617=

（7）26 625×658=

（3）91 563×408=

（8）29 784×275=

（4）20 981×856=

（9）21 376×418=

（5）57 614×946=

（10）74 609×638=

11.试运用双九九口诀法计算下列各题（用基本乘法验证计算结果）

（1）6 075×2 164=

（6）6 859×7 134=

（2）4 609×3 917=

（7）5 192×8 643=

（3）7 082×1 548=

（8）3 684×2 456=

（4）6 103×9 275=

（9）7 213×3 197=

（5）7 413×3 162=

（10）9 548×6 819=

12.乘法综合练习（小数题要求保留两位小数，四舍五入）

第一组（限时5分钟）第二组（限时5分钟）

（1）17×5 206=

（1）3 562×1 974=

（2）5 381×93=

（2）7 189×3 025=

（3）28×7 054=

（3）4 617×8 903=

（4）2 408×31=

（4）1 268×5 734=

（5）75×4 978=

（5）830.9×15.72=

（6）3 216×82=

（6）57.14×302.6=

（7）56.1×4.92=

（7）708.5×162.39=

（8）6.89×20.5=

（8）286.01×675.3=

（9）30.51×9.4=

（9）390.8×146.57=

（10）5.3×29.06=

（10）805.91×632.4=

二、乘算趣味题练习

1.一条龙

可先在算盘上拨123 456 789作为被乘数，然后分别用18、27、36、45、54、63、72、81去乘，乘积依次是2 222 222 202到9 999 999 909。

2.金香炉

555 555×957=531 666 135（盘面形状，下同）

3.空香炉

555×957=531 135

4.狮子滚绣球

以1 953 125为被乘数，分别用512和它的倍数（即1 024、1 536、2 048、2 560、3 072、3 584、4 096、4 608）去乘，乘积的有效数字依次是1、2、3、4、5、6、7、8、9。

5.万众一条心

781 250×128=100 000 000

991 299 129 912×125=123 912 391 239 000

6.隔帘相见

72 355 272×125=9 044 409 000

7.二郎担山

444 494 448 125×16=7 111 911 170 000

8.凤凰左展翅

7 715 625×16=123 450 000

9.凤凰双展翅

493 817 284×25=12 345 432 100

10.双蝴蝶

102 568 102 568×125=12 821 012 821 000

11.三星共照

242 424×25=6 060 600

三、简答题

1.举例说明什么叫正位数、负位数、零位数。

2.何谓珠算结合心算乘法？当前有几种方法？

3.举例说明"一口清"中的"本个规律"和"进位规律"是什么。

文化广角

珠算之最

最早绘有算盘图的名画——《清明上河图》

《清明上河图》是北宋大画家张择端的著名作品。这幅画是以中国传统习俗节日集会为题材，生动地再现了当时北宋都城东京（又称汴京）城内人民的生活、生产、商业贸易以及集镇、农村的真实面貌，由此反映了当时的经济状况和政治背景等，故而被视为中外驰名的文化考古珍品。在画卷上有一家称作"赵太丞家"的药铺，药铺柜台上放着一把算盘，算盘右边堆着账簿，也许是积存的药方。

一般中药汤剂的配方药味，多达八味甚至二十几味不等，药店计价的店员在计价时，先将每味药的重量与单价用乘法心算算出，然后迅速地随手加在算盘上，而累计成总价。算盘之所以自古以来便是中药店里不可缺少的营业工具，其道理就在这里。

《清明上河图》虽出于宋代，但这幅画中的算盘，并不一定就是宋代的产物。因为在绘画中，尤其是像《清明上河图》这样如实反映人民生活的图画中，所描绘出的一种工具，必然是在这张画完成相当长的年代以前，就出现了的。北宋之前五十三年是战乱频繁的五代十国，在社会动荡、民不聊生的情况下，还谈得上什么科学技术的发展呢？因此可以推断《清明上河图》中的算盘显然是在唐末以前便已经出现了。

珠坛故事

算盘攻下核潜艇研制数据

1959年，赫鲁晓夫访华，中国提出希望苏联帮助我国发展核潜艇。赫鲁晓夫的态度非常傲慢，说核潜艇在技术上非常困难。永不言败的中国人走上了独立自主地研制核潜艇的道路。中国要搞核潜艇，当时是白纸一张，对核潜艇的具体数据和内部结构，更是一无所知。中国第一代核潜艇研制的主持人、总设计师黄旭华，今天回忆起那段搞核潜艇研制的艰辛岁月，仍然感叹不已。那时还没有计算机，成千上万个数据就是用算盘、计算尺一个个算出来的，为了一个数据，经常会工作到深夜。1970年，中国第一艘核潜艇成功下水试航，1974年8月1日，第一艘核动力潜艇编入海军战斗序列。

歇后语中的珠算文化

算盘上珠——一个顶五　　　　　　算盘珠子——拨一下动一下

算盘珠子——任人拨打　　　　　　算盘珠子——在上为五，在下为一

算盘珠子——不拨不动

没框的算盘珠——全散了

算盘珠子响——有声有色

会计的算盘——天天打

会计的算盘——无空闲

瞎子打算盘——瞎打

念口诀打算盘——又唱又打

潜水艇里打算盘——（老谋）深算

飞机里打算盘——空算

要饭的借算盘——穷有穷打算

穷人的算盘——打出不打进

算盘的命——不怕打

和尚庙里打算盘——（庙）妙算

算盘上的数字——明摆着

二一添作五——平分

九九归一——都有一个源

一下五去四——以少胜多

腰里别着把算盘——处处算小账

第五单元

珠算除法

课前思考

1.珠算除法基本法有几种方法?
2.珠算除法基本方法各有何优缺点?

学习目标

知识目标:了解除法的基本概念,理解商的定位意义,理解珠心算除法的含义。

技能目标:掌握商除法的运算方法,掌握商的定位方法,掌握珠心算除法的运算过程。

素养目标:培训学生计算能力、空间能力、归纳推理能力以及记忆力、注意力、自控力和意志力,体会"方圆相合,大道至简"的珠算文化。

第一节　珠算除法简介

古书《孙子算经》曾记述,以实数放在第二行,法数放在第三行,商数放在第一行是三重张算(筹算)。我国古代把除数称为法数,把被除数称为实数,由被除数(实数)与除数(法数)估计出某位一个商数的过程叫作估商。估商后,要从被除数里减去除数与估商的乘积,此计算称为减积。

珠算除法源于古代筹算除法。我国古代筹算除法一直使用商除法,没有专门的名称,"商除"一词始见于南宋杨辉的《算法通变本末》。宋代开始流行"九归歌诀",以后逐步补充,用九归诀运算的归除法取代了商除法。到了元代,归除法已占优势,商除法退居陪客地位。明清两代盛行珠算,归除法继续占优势,一般计算工作者不知商除法。入民国后,经教育工作者倡导,在小学尝试用商除法,取得了较好的效果。特别是中华人民共和国成立以后,珠算工作者对商除法加以改进,某些特殊除法也不断发展和完善,如剥皮(倍数)法,也是古代珠算的一种简易算法,与商除法、归除法等交替应用。

商除法：我国古代筹算应用商除法，著录此法的代表作有古代的《孙子算经》、明代吴敬的《九章详注比类算法大全》以及程大位的《算法统宗》等。明清两代重归除法而轻商除法，中华人民共和国成立后，又启用商除法，且有所改进。例如，隔位商除改为不隔位商除；当估商偏大、偏小时，用退商法和补商法解决；估商够除时以法数两位或一位去除实数两位或一位，不够除时以法数一位去除实数两位（如1 914÷871，即以19被8除）来估商。

珠算文化：新中国5档微型紫檀算盘

归除法：古代筹算初用商除法，以后逐渐使用归除法（即以口诀试商）。明清两代以归除法为主。

剥皮（倍数）法：这是以加减法代替除法的一种方法，古时和商除法、归除法交替使用。

第二节 珠算除法定位

珠算除法计算结果，如不进行定位是无法确定商的数值的。乘除定位始见于南宋杨辉的《算法通变本末》，方法较复杂。元明以后，人们不断借鉴创新，形成今天的一些定位方法。除法定位方法包括很多，现着重介绍几种。

一、公式定位法

公式定位法是用公式来确定商的位数的定位方法，此法最早见于元代安止斋和何平子所著的《详明算法》，是一种广泛应用于各种计算方法的定位方法，因而又被称为统一定位法或通用定位法。

（一）基本方法

除法定位和乘法定位的基本原理是一致的。乘法定位是以乘数和被乘数的位数为依据，除法定位则以除数和被除数的位数为依据，只是加减号不同而已。除法可以在计算前定位。

第一，当被除数小于相同位数的除数时（即不够除），商的位数=被除数位数-除数位数；

第二，当被除数大于或等于相同位数的除数时（即够除），商的位数=被除数位数-除数位数+1。

以上两条可概括为："位数相减，够除加1。"用M表示被除数位数，N表示除数位数，则：

M-N（用于不够除时） (5-1)

M-N+1（用于够除时） (5-2)

【例5-1】 $240÷38.4=6.25$

　　　　　 +3位-（+2位）=+1位

注：按前述有理数加减规则，两数相减，可改变减数符号，用加法计算，下同。

【例5-2】 38.4÷240=0.16

　　　　　2位−3位＋1位=0位

【例5-3】 0.0057÷30=0.00019

　　　　　−2位−2位＋1位=−3位

【例5-4】 0.108÷0.024=4.5

　　　　　0位−（−1位）=＋1位

【例5-5】 0.0000294÷0.0028=0.0105

　　　　　−4位−（−2位）＋（＋1位）=−1位

定位中应用数学有理数加减规则，可以概括为：

1."同号相减大减小，前小后大变反号"

就是说，同符号（正或负）的两数（被除数、除数的位数）相减时，以绝对值大的位数减绝对值小的位数，得商数的位数，符号根据前一个位数的绝对值大小来定。如果前一个位数的绝对值小于后一个位数的绝对值，则商数的符号变为前一个位数符号的反号（正变负、负变正）；反之，符号不变。

2."异号相减两数和，得数要取前数号"

就是说，不同符号的两数相减时，把两位数的绝对值加起来，就等于商的位数，而商的位数的符号要和第一个位数的符号相同。

（二）盘上公式法

除法公式定位法也可以直接应用于算盘上。如用隔位除法时，在算盘左起第三档起拨，用"位数相减，进二档加1（进一档不加1）"（或"位数相减，满档加1"）的口诀来确定，即在算盘左起第三档被除数的首位档往左边进了两档，即左起第一档有数时，用"位数相减，进二档加1"的口诀定位，如果左起第一档没数（即被除数首位档只进了一档），则位数相减后不用加1。若用不隔位除法，进一档就加1，不进档不加1。因为不隔位除法在左二档起拨被除数。

【例5-6】 0.0057÷30=0.00019

①算盘左起第三档起拨被除数57，默记除数3，进行除算（如图5-1所示）。

左1 左2 左3

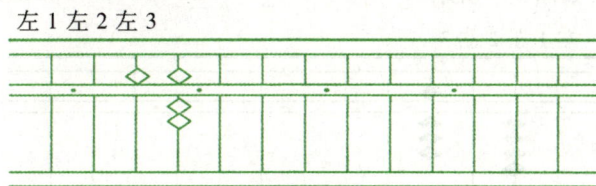

图5-1

②除完后，算盘左起第三档往左数两档上（即左起第一档）有数，用"位数相减，进二档加1"的口诀定位（如图5-2所示）。

左1 左2 左3

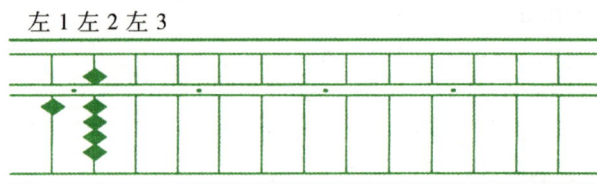

图5-2

−2位−（+2位）+（+1位）=−3位

【例5-7】5.7÷300=0.019

除算过程与上同，算盘上也和上例一样，在左起第一档上（即被除数首位进了两档）有数（如图5-3所示），则定位公式为：

左1 左2 左3

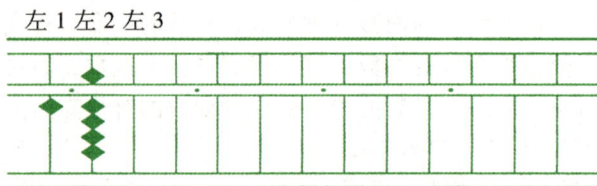

图5-3

+1位−（+3位）+（+1位）=−1位

【例5-8】12.24÷0.0003=40 800

①算盘左起第三档起拨被除数1 224，默记除数进行运算（如图5-4所示）。

左1 左2 左3

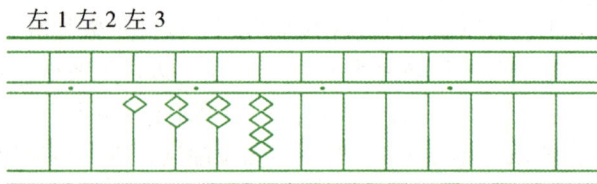

图5-4

②除毕后，算盘左起第二档上（即被除数首位前进一档）有数，但并不进二档，所以位数相减不加1（如图5-5所示）。

左1 左2 左3

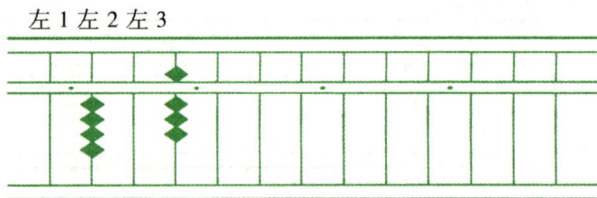

图5-5

+2位−（−3位）=+5位

为什么进二档才加，而进一档不加1呢？这是因为隔位除法是"够除隔位上商数，不够除挨位上商数"。

二、固定个位档定位法

它是一种算前定位法，又叫"固定点定位法"。此法最早见于南宋杨辉著的《乘除通变算宝》。

该法的具体方法为：

第一，选算盘上适当的档位作为固定档位，既是商数的个位，又是拨置被除数的个位档；

第二，改变被除数的落盘位数，即被除数位数与除数位数相减（M-N）所得的位数（如果用隔位除法，M-N-1作为被除数的新位数拨入盘内）；

第三，运算完毕，固定个位即为商的个位。

【例5-9】4 515÷21.5=210（本例用不隔位商除法）

①选算盘左起第六档为固定个位档（如图5-6所示）。

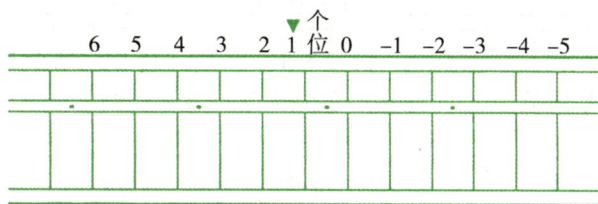

图5-6

②M-N，即+4位-（+2位）=+2位，将被除数4 515改变为45.15拨入盘内（从正二档起拨首位数，个位落在固定点上）（如图5-7所示）。

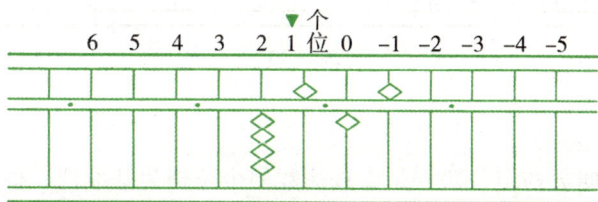

图5-7

③运算结果，盘面数为21，原定个位是0，故数值为210（如图5-8所示）。

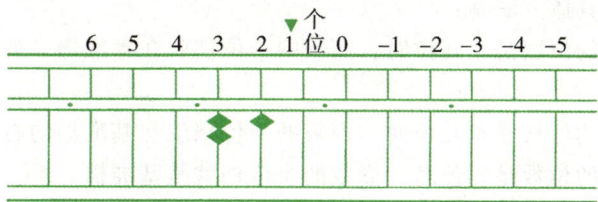

图5-8

【例5-10】1 914÷0.87=2 200（本例用隔位商除法）

①选算盘左起第六档为固定个位档（如图5-9所示）。

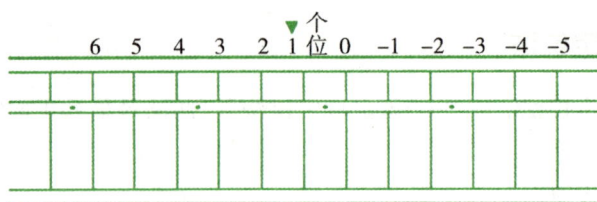

图5-9

②M−N−1，即+4位−0位−（+1位）=+3位，将被除数1 914改变为191.4拨入（从正三档起拨入首位数，个位落在固定点上）（如图5-10所示）。

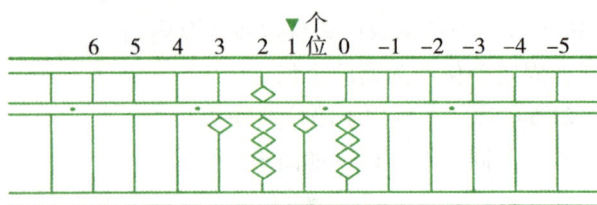

图5-10

③运算结果，盘面数为22，首位数在个位点左边第三档上，故数值应为2 200（如图5-11所示）。

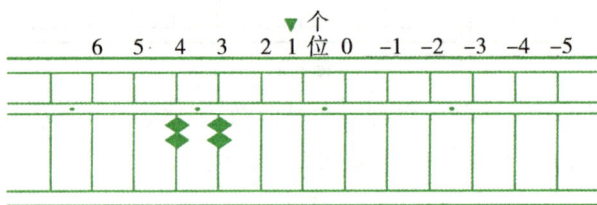

图5-11

三、移档定位法

移档定位法又叫数档定位法，是以被除数的个位档为基准档，根据除数的位数向左或向右数来确定商数个位档的定位方法，可概括为"等档同向，零位不变"。此法最早见于南宋杨辉著的《乘除通变算宝》。

移档定位法的具体方法是：

第一，当除数的位数是正几位时，商数的个位档就在基准档（被除数的个位档）的左第几档上；

第二，当除数的位数是负几位时，商数的个位档就在基准档的右第几档上；

第三，当除数的位数是零位时，商数的个位档就是基准档。

以上方法适用于不隔位商除法。若用隔位商除法，由于商的位置比不隔位商除法的位置向左移了一档，因此运算结束后要先从基准档左移一档后，再根据上述方法确定商数的个位档。

【例5-11】22 035÷32.5=678（用不隔位商除法）

①从盘左第二档拨入被除数22 035，因除数是正二位，则从被除数个位档起向左移二档即是商数的个位档（如图5-12所示）。

被除数个位

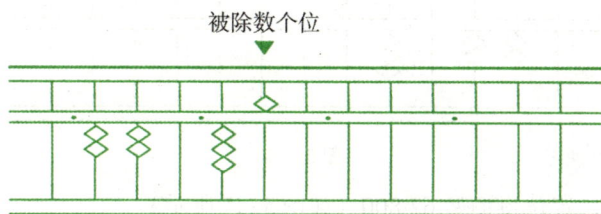

图5-12

②运算结束后，定位得商数678（如图5-13所示）。

商的个位　　被除数个位

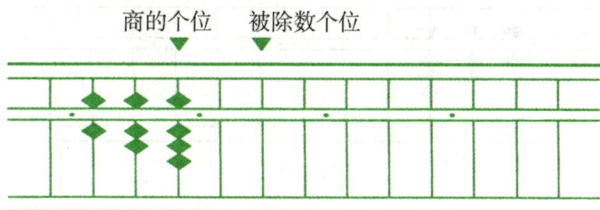

图5-13

【例5-12】220.35÷0.0325=6 780（用不隔位商除法）

①从盘左第二档拨入被除数22 035，因除数是负一位，则被除数个位档起向右移一档即是商数的个位档（如图5-14所示）。

被除数个位

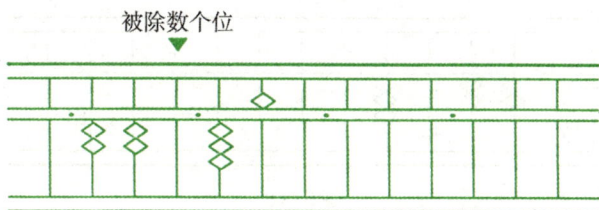

图5-14

②运算结束后，定位得商数6 780（如图5-15所示），但要注意本题中被除数的个位是220.35的"0"。

被除数个位　商的个位

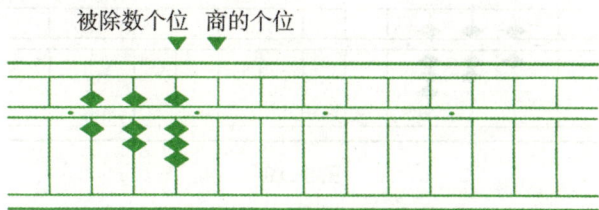

图5-15

【例5-13】22 035÷0.325=67 800（用不隔位商除法）

①从盘左第二档拨入被除数22 035，因除数是零位，则被除数个位档即是商数的个位档（如图5-16所示）。

被除数个位
▽

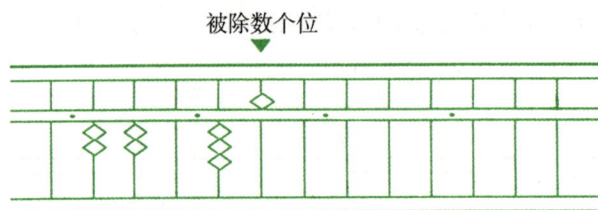

图 5-16

②运算结束后，定位得商数 67 800（如图 5-17 所示）。

被除数个位（商的个位）
▽

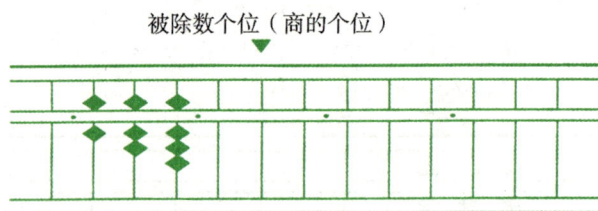

图 5-17

【例 5-14】22 035÷32.5=678（用隔位商除法）

①从盘左第三档拨入被除数 22 035，因除数是正二位，用隔位商除法，故从被除数个位先向左移一档，然后向左移二档即是商数的个位档（如图 5-18 所示）。

被除数个位
▽

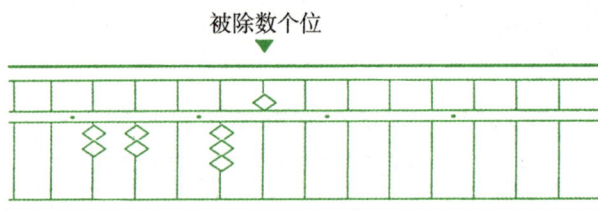

图 5-18

②运算结束后，定位得商数 678（如图 5-19 所示）。

商的个位   被除数个位
▽   ▽

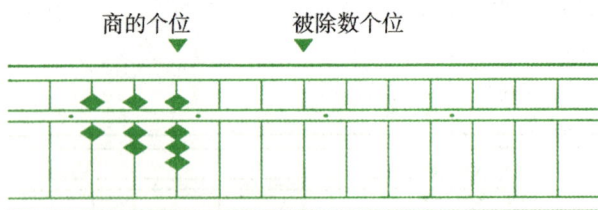

图 5-19

四、几种除法定位法的对比及评价

评价的标准仍应根据其准确度、速度、易学易用性、科学性等方面综合确定。

（一）公式定位法

其优点是：

（1）算前算后均可定位，方便易行；

（2）盘上盘下都能定位，尤其盘上公式法，速度快；

（3）定位方便准确；

（4）适用于各种算具、算法，适用范围广，为通用定位法。

其缺点是：

（1）因要掌握加减规则，对文化水平较低者有一定难度；

（2）容易忘记够除加1；

（3）比较实数、法数两数头位数时，若相同，再比较第二位、第三位……以此类推，延缓了定位速度。

（二）固定个位档定位法

其优点是：

（1）算前定位，商的个位可以预先确定，得数一目了然，不易出错；

（2）只有一个公式M-N或M-N-1定位，减少麻烦，好学好记；

（3）对带小数较多的算题，可结合省除法处理，减少拨珠次数，提高计算速度。

其缺点是：

（1）每次运算的M-N或M-N-1大小不同，布实数、商数档位也不同，容易错位；

（2）如遇到简单的计算，此法反而烦冗。

（三）移档定位法

其优点是：

（1）传统的算前定位法，不必掌握加减规则，程序顺理；

（2）易学易用。

其缺点是：

（1）遇到隔位除法时，因移档位置与不隔位除法不同，常易出错；

（2）易于忘掉个位档位置，准确度较差。

综上分析，盘上公式定位法是较为理想的方法，应用面广泛，尤其整数除法运用此法效果更好；固定个位档定位法对带小数（特别是多位小数）的计算较优；移档定位法是传统方法，也较为实际，但易错位，当前应用面不广。

第三节　基本除法

一、商除法

商除法是我国传统的除法。筹算除法最早在古书《孙子算经》中有著录，珠算继承筹算商除法的代表作有明代吴敬《九章详注比类算法大全》和程大位的《算法统宗》等书，方法基本一致。珠算商除法计算原理和方法与笔算基本一致，都是用大九九口诀进行求商，是我国古老的基本除法之一。古人运算，总是要经过一番"商量"，才能求得商数，故称商除法。由于置商位置不同，又分为隔位商除法和不隔位商除法两种。

（一）隔位商除法

1.置商原则

"够除隔位上商数，不够除挨位上商数。"所谓够除和不够除，是以被除数和除数头位起相等数码比较。在相比时，不论是整数还是小数、正数还是负数，只以同等有效数码相比（首先不是0的那个数码），一般只各取首位数码相比就可以了。如果头一位相同，就比较第二位，以此类推。假如两数都相同，则视为够除。如 $0.0059 \div 15\,430$，只经59同15相比即可。因为5大于1，所以叫够除；反之，如 $15\,430 \div 0.0059$，因为1小于5，则视为不够除。又如 $60 \div 60 = 1$，也叫够除。够除时即在被除数首位前隔一位上商数；不够除时，则在被除数首位前上商数。

2.上商与减积

要求按大九九口诀试商，然后以试商与除数最高位的乘积确定减积的档次。若乘积为两位数，则在商的右一档减去乘积的十位数，在商的右二档减去乘积的个位数。按此方法依次减去商与除数二位、三位……的乘积。也就是说，商与除数的乘积为两位数时，则在商后挨位减积，乘积为一位数时，则在商后隔一位减各积。减积方法可归纳为：除数是第几位，则除数与商数之积的十位数就从商数右边第几档减去，其个位数从十位数右一档减去（如图5-20所示）。（注意：初学时，为避免运算中错档，可用中指点档，手不离档。减积时要特别留心十位、个位的档次）

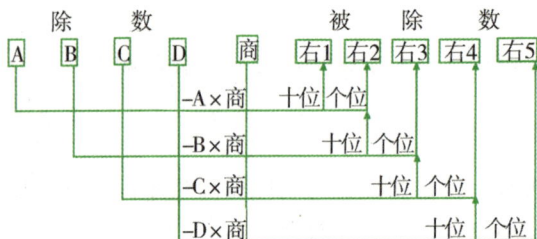

图5-20

3.估商、补商与退商

估商是商除法的重点，也是难点。一般用除数的头位数（也考虑到第二位）与被除数头位（或头二位）比较估商，尤其是不够除时更为突出。在观察除数第二位数时，如除数第二位是0、1、2、3时，用除首试商；当除数第二位是6、7、8、9时，用除首加1试商；当除数第二位是4、5时，可以灵活掌握。在估商时，往往出现估商不准。如果估商偏小，应当补商，即商数加1，隔位减一次除数；如果估商偏大，则应当退商，即商数退1，隔位还上多减那部分除数。例如，$31\,075 \div 565$，第一次估商为4，则减积后余数偏大，则补商1，隔位减一次除数；若第一次估商为6，减积后，再后面则不够减积了，则应退商1，隔位还上多减那部分除数。

4.一位数隔位商除法

除数只有一个非0数字的除法叫一位数除法。一位数商除法的运算步骤举例如下：

【例5-15】 246÷6=41（以公式定位法为例）

①从算盘左第三档起拨被除数，要求默记除数6（如图5-21所示）。

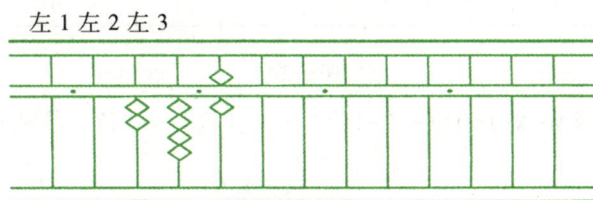

左1　左2　左3

图5-21

② "2" 与 "6" 相比，不够除，以24与6相比较，估商为4，挨位上商数4，然后在商后挨位减去除数与商的乘积 "六四24"（如图5-22所示）。

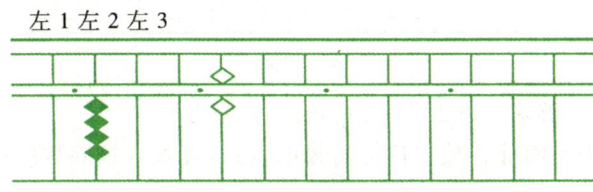

左1　左2　左3

图5-22

③余数 "6" 与 "6" 相比，正好够除，则隔一位上商数1，然后在商数后面隔一位减去除数与商的乘积 "六一06" 恰好除尽，得商数41（如图5-23所示）。

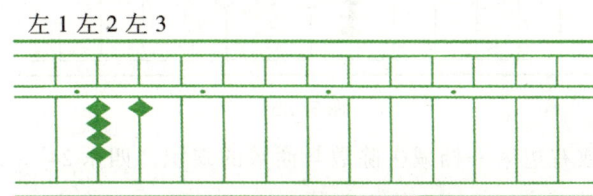

左1　左2　左3

图5-23

④定位：根据公式定位法——盘上公式法定位，此题为 "空档相减"，用公式M-N定位，则M-N=+3位-（+1位）=+2位。

⑤写答数：看盘面数结合定位写答数，此题答案为41（如图5-23所示）。

【例5-16】 0.2922÷0.006=48.7（以固定个位档定位法为例）

①定位：运算前确定盘右第二个计位点为商数小数点，则商的个位档固定在正一档，用 "▼" 表示（如图5-24所示）。

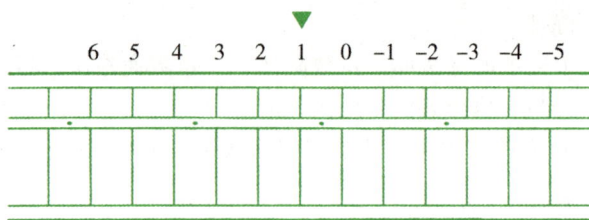

图 5-24

②置被除数：因 M−N−1=0 位−（−2 位）−（+1 位）=+1 位，故从正一档拨入被除数（如图 5-25 所示）。

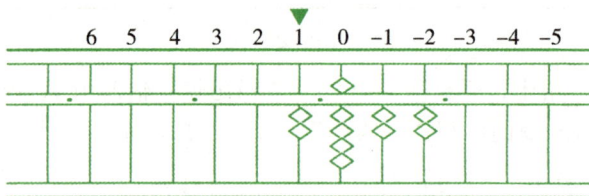

图 5-25

③试商：2<6，不够除，以 29 与 6 相比较，估商为 4。

④立商：本例为不够除，故挨位上商数 6，将首商拨入被除数的前一档，即正二档（如图 5-26 所示）。

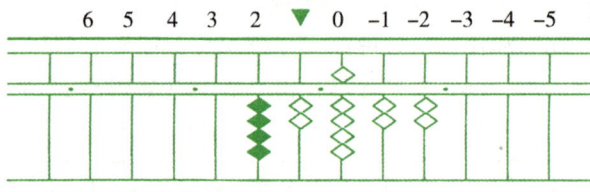

图 5-26

⑤减积：从商数右边第一档减去除数与商数的乘积"四六 24"，余数为 522（如图 5-27 所示）。

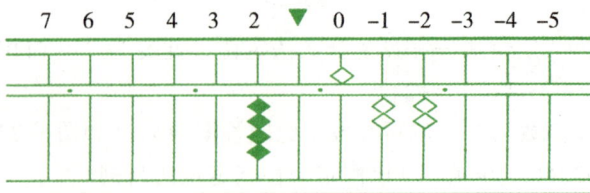

图 5-27

⑥求次商：5<6 不够除，以 52 与 6 相比较，估商为 8，在正一档立商 8，商右一档减去除数与商数之积"八六 48"，余数为 42（如图 5-28 所示）。

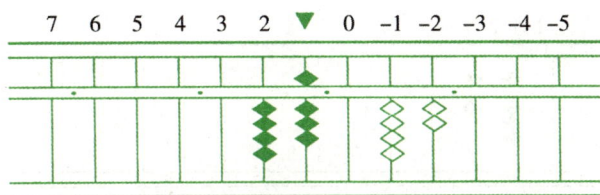

图5-28

⑦求三商：4<6不够除，以42与6相比较，估商为7，在0位档上立商数7，从商数右一档减去除数与商数之积"七六42"，正好除尽（如图5-29所示）。

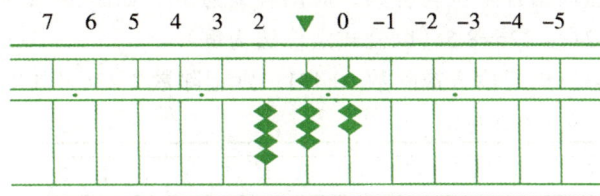

图5-29

⑧写答数：看盘写答数，商数为48.7（如图5-29所示）。

5.多位数隔位商除法

【例5-17】8.084÷0.094=86（以公式定位法为例）

①从算盘左起第三档起拨被除数8 084，默记除数94（如图5-30所示）。

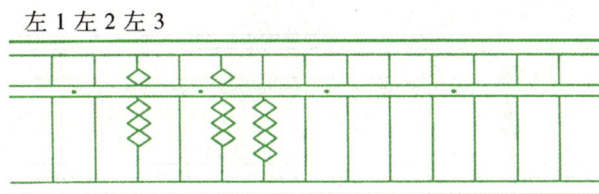

左1左2左3

图5-30

②以"8"与"9"比不够除，以80与9相比较，估商为8，挨位上商数8，则商后挨位减除数与商的乘积，"九八72""四八32"，余数为564（如图5-31所示）。

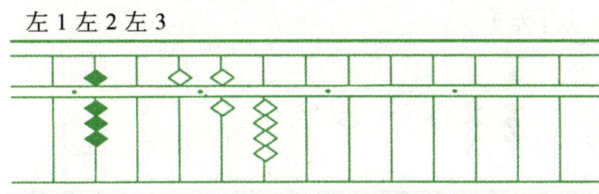

左1左2左3

图5-31

③以"5"与"9"比不够除，以56与9相比较，估商为6，挨位上商数6，并在商6右一、二档减去乘积"九六54""四六24"，恰好除尽（如图5-32所示）。

左 1 左 2 左 3

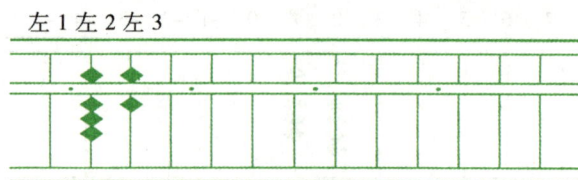

图5-32

④定位：根据公式定位法——盘上公式法，此题为"空档相减"，用公式 M−N 定位，则 M−N=+1 位−（−1 位）=+2 位。

⑤写答数：看盘面结合定位写答数，此例答案为 86（如图 5-32 所示）。

【例5-18】 10 421÷1 226=8.5（以公式定位法为例）

①从算盘左边第三档起拨入被除数 10 421，默记除数 1 226（如图 5-33 所示）。

左 1 左 2 左 3

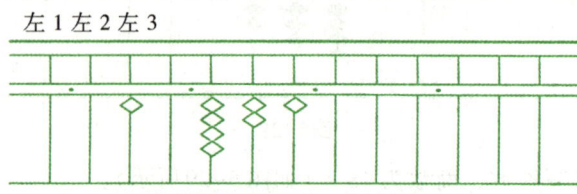

图5-33

②以"10"与"12"比不够除，则挨位上商 8，在商数右边第一、二、三、四档分别减去乘积"一八 08""二八 16""二八 16""六八 48"，余数 613（如图 5-34 所示）。

左 1 左 2 左 3

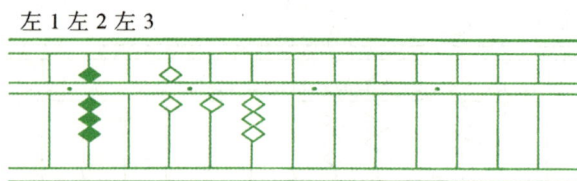

图5-34

③余数 613 大于 122，则隔位上商数 4，商数右边第一、二、三、四档分别减去乘积"一四 04""二四 08""二四 08""六四 24"，余数为 1 226，说明估商偏小，应补商 1，隔位减 1 226，恰好除尽，商数为 85（如图 5-35 所示）。

左 1 左 2 左 3

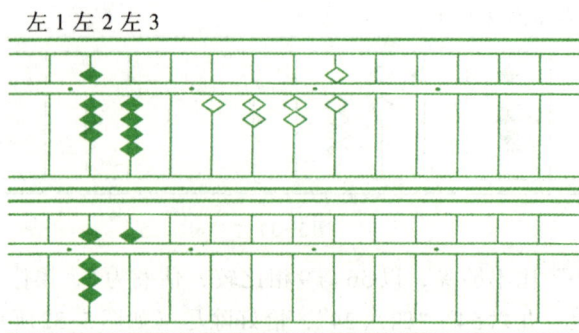

图5-35

④定位：根据公式定位法——盘上公式法，此题为"空档相减"，用公式 M−N 定位，则 M−N=+5 位−（+4 位）=+1 位。

⑤写答数：看盘面结合定位写答数，此例答案为 8.5（如图 5-35 所示）。

【例 5-19】21 756÷588=37（以公式定位法为例）

①从算盘左起第三档拨入被除数 21 756，默记除数 588（如图 5-36 所示）。

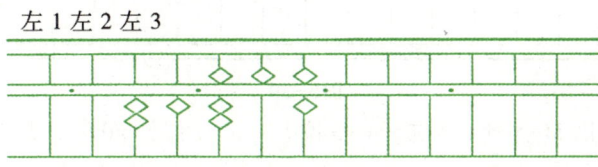

左 1 左 2 左 3

图 5-36

②2 小于 5，以 21 与 5 相比较估商为 4，挨位上商 4，在商数右边第一档减积"五四 20"、第二档减积"八四 32"，而被除数"17"不够减"32"，估商偏大，这时应退商，退商 1，隔位还上多减的除数"5"，余数为 6 756，再继续从商数右边第二、三档乘减"八三 24""八三 24"，余数 4 116（如图 5-37 所示）。

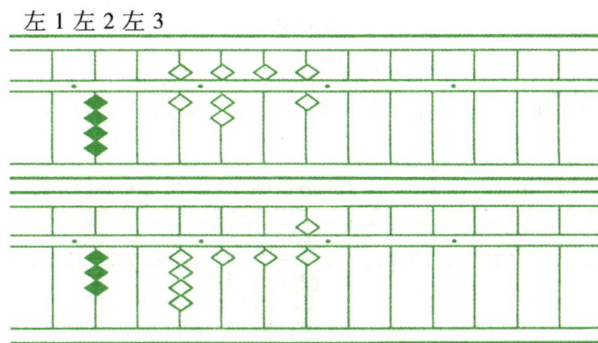

左 1 左 2 左 3

图 5-37

③余数首位 4 小于 5，以 41 与 5 相比较估商为 8，一般以"宁小勿大"为估商原则，挨位上商 7，商数右边第一、二、三档分别减去乘积"五七 35""八七 56""八七 56"，恰好除尽，商数为 37（如图 5-38 所示）。

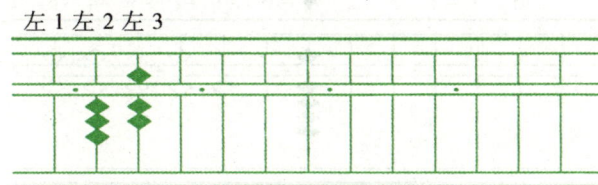

左 1 左 2 左 3

图 5-38

④定位：根据公式定位法——盘上公式法，此题为"空档相减"，用公式 M−N 定位，则 M−N=+5 位−（+3 位）=+2 位。

⑤写答数：看盘面结合定位写答数，此例答案为 37（如图 5-38 所示）。

【例 5-20】3 135.68÷328=9.56（以固定个位档定位法为例）

①定位：运算前确定盘右第二个计位点为商数小数点，则商的个位档固定在正一档，用"▼"表示（如图5-39所示）。

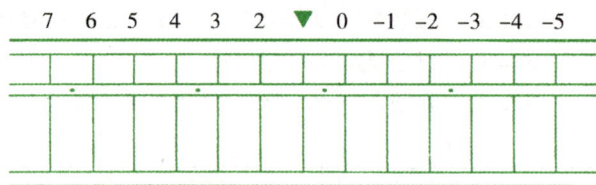

图5-39

②置被除数：因 M−N−1=+4位−（+3位）−（+1位）=0位，故从0位拨入被除数（如图5-40所示）。

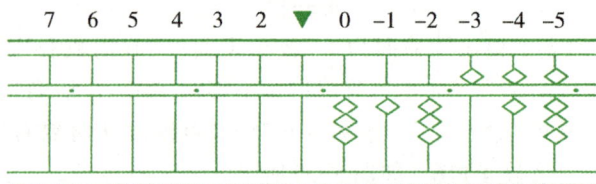

图5-40

③试商：31<32，不够除，"数近估商为9"。

④立商：本例为不够除，故挨位上商数9，将首商拨入被除数的前一档，即正一档（如图5-41所示）。

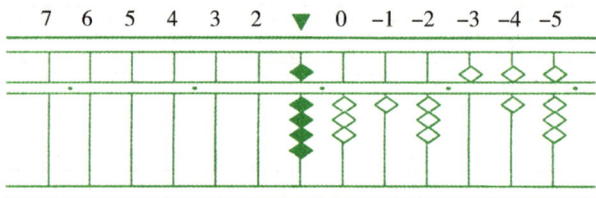

图5-41

⑤减积：从商数右边第一、二、三档减去除数与商数的乘积"三九27""二九18""八九72"，余数为18 368（如图5-42所示）。

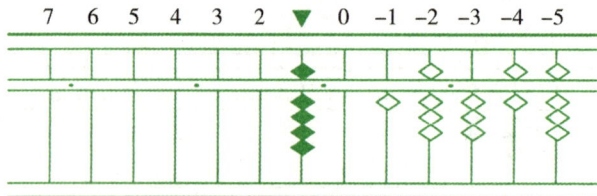

图5-42

⑥调商：1<3不够除，以18与3相比较，估商为6，在0位档立商6，商右一档减去除数与商数之积"三六18"，右二档减"二六12"时不够减，说明估商偏大，须退商，即原商数减1，隔位还原已乘减过的除数首位3，用新商5与未乘减的除数28继续乘减（如图5-43所示）。

146

5	4	3	2	▼	0	-1	-2	-3	-4	-5
余数						1	8	3	6	8
次商				6						
减积						-1	8			
退商						-1				
还原						+0	3			
新商				5						
减积2×5								-1	0	
减积8×5									-4	0
盘面余数							1	9	6	8

图5-43

求三商时，用19与3比较估商为6，为避免退商麻烦，宁可商得小一些，设试商为5，减积后，结果等于除数，故须进行补商，其过程如图5-44所示。

5	4	3	2	▼	0	-1	-2	-3	-4	-5
商与余数				9	5		1	9	6	8
试商					5					
减积3×5						-1	5			
减积2×5							-1	0		
减积8×5								-4	0	
盘面余数								3	2	8
						+1				
补商					6					
								-3	2	8

图5-44

⑦看盘写答数：盘面9.56为商数（如图5-45所示）。

| 7 | 6 | 5 | 4 | 3 | 2 | ▼ | 0 | -1 | -2 | -3 | -4 | -5 |

图5-45

（二）不隔位商除法

不隔位商除法，够除时挨位立商，所以也称挨位商除法；不够除时，被除数首位数直接改为商数，所以又叫改商除法。它和隔位商除法的运算步骤、方法基本一致，只是在置商、立商、减积和调商时，档次向左移了一位，因而能减少拨珠次数，也利于简便运算。

1.置商原则

"够除挨位上商数，不够除本位改商数。"

2.减积的档次

除数是第几位数，则除数与商的乘积的个位数就从商数右边第几档减去，其十位数从个位数左一档减去（如图5-46所示），但在试商与减积时，要结合心算并注意档次处理，有时要运用"存十默记"的办法记住在商数档上剩下的余数，以便于除数第二位数与商数的乘减。

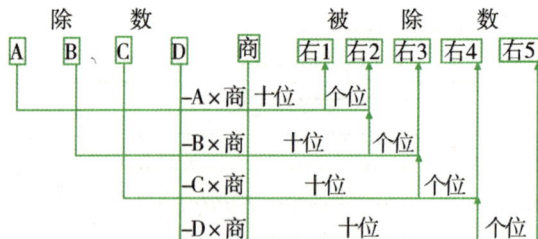

图5-46

3.补商与退商

补商的要领是：商数加1，商右档不隔位减去一次除数。退商的要领是：商数减1，商右档不隔位加上已乘减过的那部分除数。

4.一位数不隔位商除法

【例5-21】246÷6=41（以公式定位法为例）

①在算盘左起第二档拨被除数246（因够除挨商数，故在左起二档拨被除数就够了），默记除数6（如图5-47所示）。

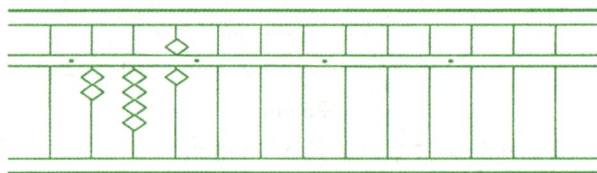

图5-47

②2与6相比不够除，以24与6相比较估商4，将被除数首位2改为商数4，被除数首位上已有2，故再加2即成为商数4，在商本位起减除数与商数的乘积"六四24"，减积时，十位数的"2"可不必拨减，只减后面的个位数4就可以了，余数为6（如图5-48所示）。

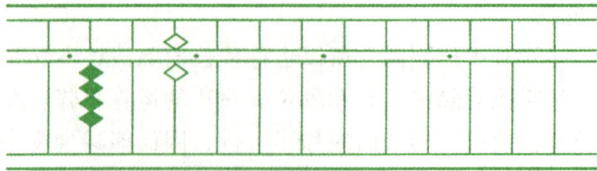

图5-48

③余数6与6相比，够除，则挨位上商1，在商后挨位减除数与商的乘积"六一06"，恰好除尽（如图5-49所示）。

左1　左2

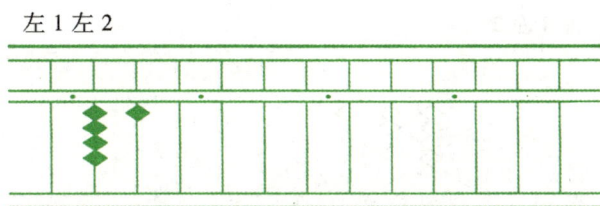

图5-49

④定位：根据公式定位法——盘上公式法，此题为"空档相减"，用公式M−N定位，则M−N=+3位−（+1位）=+2位。

⑤写答数：看盘面结合定位写答数，此例答案为41（如图5-49所示）。

【例5-22】0.04466÷0.007=6.38（以固定个位档定位法为例）

①定位：先在算盘上固定小数点位置，再用M−N确定被除数的置拨档次。本例为M−N=−1位−（−2位）=+1位。

②置数：本例从正一档拨入被除数4 466，默记除数7（如图5-50所示）。

③试商：4<7，不够除，以44与7相比较，估商为6。

④不够除，被除数首位数4改为商数6，同时减积"七六42"，减积时，积的十位在商位（改商的同时就已改掉），积的个位数在商右一档减去。减积后的余数为266（如图5-50所示）。

	4	3	2	1	▼	0	−1	−2	−3
置数				4		4	6	6	
改商				6					
减积7×6				−4		2			
余数						2	6	6	
改商						3			
减积7×3						−2	1		
余数							5	6	
改商							8		
减积7×8							−5	6	
盘面商数				6			3	8	

图5-50

⑤求次商、三商：本例以余数为新的被除数，继续求商，分别得次商3、三商8。

⑥看盘写答数：此例答数为6.38。

5.多位数不隔位商除法

【例5-23】104 210÷1 226=85

①算盘左起第二档拨被除数104 210，默记除数1 226（如图5-51所示）。

左1左2

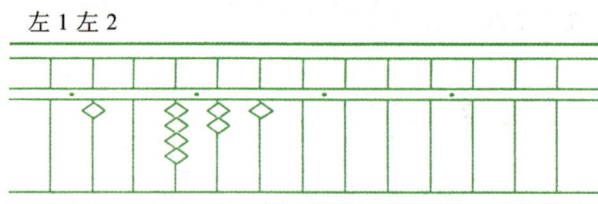

图5-51

②10与12相比，不够除，估商为8，则被除数首位改为商数8，因被除数首位已有1，再加7成为商数8，乘积"一八08"，应从商位起减积，因十位数1在改商时已被改掉，只在商右位减8即可。此时要用心算记住被除数的首位1，用心算相减，在商后加余数2即可。再继续从商右一档起减积"二八16"、右二档起减积"二八16"、右三档起减积"六八48"，余数为613（如图5-52所示）。

左1左2

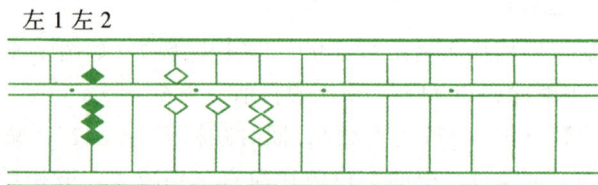

图5-52

③余数6大于1，够除，以61与12相比，估商为4，则挨位上商数4，从商位起减积"一四04"商右一档起减积"二四08"商右二档起减积"二四08"、商右三档起减积"六四24"，余数为1 226（如图5-53所示）。

左1左2

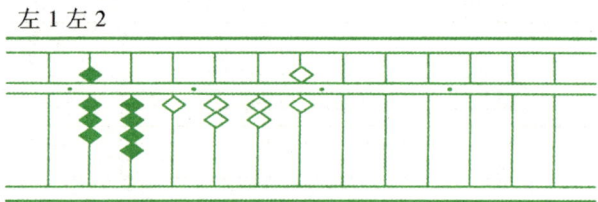

图5-53

④余数1 226，与除数相同，说明商数偏小，应补商1，在商后挨位减1×1 226，恰好除尽，商数为85（如图5-54所示）。

左1左2

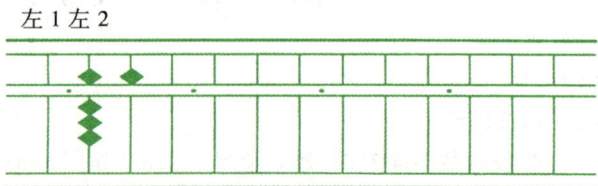

图5-54

⑤定位：根据公式定位法——盘上公式法，此题为"空档相减"，用公式M-N定位，则M-N=+5位-（+4位）=+1位。

⑥写答数：看盘面结合定位写答数，此例答案为85（如图5-54所示）。

【例5-24】21 756÷588=37（以公式定位法为例）

①从算盘左起第二档拨上被除数21 756，默记除数588（如图5-55所示）。

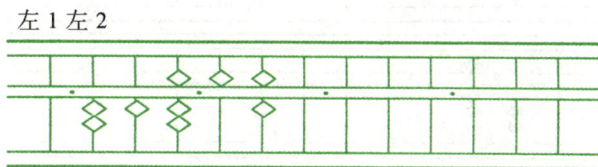

左1左2

图5-55

②2小于5，不够除，以21与5相比较，估商为4，则本位改商4，在商本位起减乘积"五四20"，因被除数首位已改作商，可以不减，继续从商右一档起减积"八四32"，但被除数"17"不够减"32"，说明估商偏大，这时应退商1。由于是不隔位商除法，故本位退商1，下位（不隔位）还上多减的除数5，余数为6 756（如图5-56所示）。

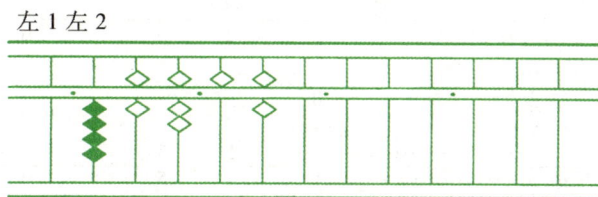

左1左2

图5-56

③从商右一档起再继续乘减"八三24"、商右二档起减积"八三24"，余数为4 116（如图5-57所示）。

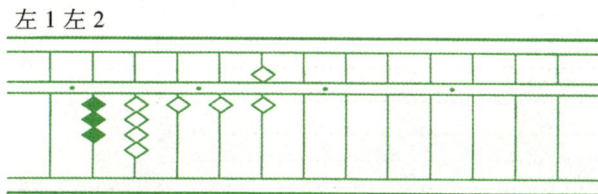

左1左2

图5-57

④4小于5，不够除，本位4改为商数7，在商本位起减积"五七35"，这时商数位上只要加5减2，右一档加5就行了。再继续从商右一档起减积"八七56"、商右二档起减积"八七56"，恰好除尽，商数为37（如图5-58所示）。

⑤定位：根据公式定位法——盘上公式法，此题为"空档相减"，用公式M-N定位，则M-N=+5位-（+3位）=+2位。

⑥写答数：看盘面结合定位写答数，此例答案为37（如图5-58所示）。

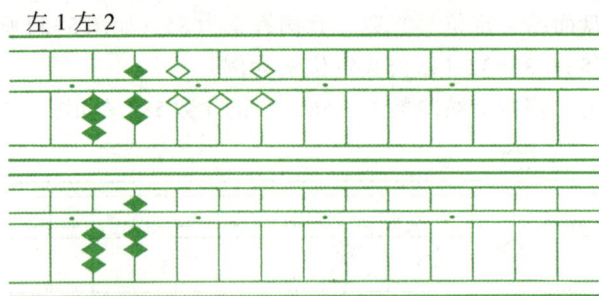

左1 左2

图5-58

【例5-25】354.0593÷68.5=5.17（用固定个位档定位法，保留两位小数）

①定位：先在算盘上固定小数点位置，再用M-N确定被除数的置拨档次。本例为M-N=+3位-（+2位）=+1位。

②置数：本例从正一档拨入被除数3 540 593，默记除数685（如图5-59所示）。

4	3	2	1	▼	0	-1	-2	-3	-4	-5	-6
置数			3		5	4	0	5	9	3	
改商			[5]								
6×5			-3		0						
减积 8×5					-4	0					
5×5						-2	5				
余数			1		1	5	5	9	3		
改商					[1]						
6×1					-0	6					
减积 8×1						-0	8				
5×1							-0	5			
余数					4	7	0	9	3		
改商					[6]						
6×6						-3	6				
减积 8×6							-4	8			
5×6								-3	0		
余数						5	9	9	3		
改商						[8]					
6×8							-4	8			
减积 8×8								-6	4		
5×8									-4	0	
盘面商数			[5]		[1]	[6]	[8]				

图5-59

③试商：3<6，不够除，以35与6相比较，估商为5。

④立商：不够除，被除数首位数3改为商数为5，同时减积"六五30"，减积时，积的十位在商位（改商的同时就已改掉），积的个位数在商右一档减去，再分别从商右一档、右二档减去乘积"八五40""五五25"。减积后的余数为115 593（如图5-59所示）。

⑤求次商：不够除本位改商1，减积后余数为47 093。

⑥求三商：不够除本位改商6，减积后余数为5 993。

⑦求四商：不够除本位改商8，减积后余数为513，已到小数点后第三位，虽不能除尽，但足够保留位数，因此不必再往后除。

⑧看盘写答数：此例答数为5.17（如图5-59所示）。

"商除好学试商难"是初学者普遍反映的问题，即使到大中专水平，仍然除算滞后，拖珠算综合鉴定的后腿。因此，解决估商难点成为提高除算运算速度的关键所在。一般来讲，够除题试商相对容易些，下面仅就不够除题介绍几种估商方法：

第一，看首估商法（适用于法数二位是0、1、2、3等小数字）。

看首估商法就是看被除数前两位数中包括几个除数首位数，够几就估商几，经常用到下面13条规律：①二一6；②三一4；③三二7；④四一3；⑤四二5；⑥四三7；⑦五商倍；⑧六加2；⑨七八加1；⑩九商同；近商九；同头商九八；都是一几看两位。如"二一6"，其中二为除数首位数，一为被除数首位数，6为商数。也就是说，当除数的第二位数是小数字的时候，遇到被除数首位是1，除数首位是2，就可试商为6。其他亦然。

【例5-26】 137 862÷207=666

【例5-27】 243 978÷314=777

【例5-28】 125 952÷512=246

【例5-29】 34 151÷923=37

【例5-30】 26 558÷98=271

其中，【例5-26】用的是"二一6"，【例5-27】用的是"三二7"，【例5-28】用的"五商倍"，【例5-29】、【例5-30】用的是"九商同"。对于"近商九"和"同头商九八"有个快速判断方法，就是将法数首位加到实数二位上，再将实、法前两位比较，若实大于或等于法，则为"近"，可商9。

【例5-31】 39 552÷412=96

　　　　　　39+4>41，商9

【例5-32】 36 668÷412=89

　　　　　　36+4<41，商8

【例5-33】 20 826÷234=89

　　　　　　20+2<23，商8

【例5-34】 309 618÷334=927

　　　　　　30+3=33，商9

当实首与法首都是1时，最难试商，我们通过比较法、实两数前二位之差，找出如下规律：差0、1、2时商9；差1、2、3时商8；差3、4、5时商6或7；差6商6；差7、8、9时商5。也可只取中间数字判断。

【例5-35】 139 425÷143=975

　　　　　　14-13=1，商9

【例5-36】 10 725÷143=75

14-10=4，商7

第二，减1估商法（适用于法数二位是4、5、6等中数字）。

当除数的第二位数字是4、5、6等中数字时，也可参照看首估商法的13条规律估商，由于除数增大，为避免退商麻烦，可将商减1立商。

【例5-37】 5 005÷65=77

50÷6≈8，8-1=7

【例5-38】 359 784÷456=789

35÷4≈8，8-1=7

第三，加1估商法（适用于法数二位是7、8、9等大数字）。

当除数的第二位是7、8、9等大数字时，同样能利用看首估商法的13条规律估商，但由于除数太大，我们干脆把除数的第二位进上去，即把除首加1后再估商，取最大商。

【例5-39】 19 608÷38=516

19÷（3+1）≈5

【例5-40】 655 904÷796=824

65÷（7+1）≈8

应该指出的是，再好的估商方法也不可能"百发百中"，机械套用，往往受阻。最好的办法是多学、多练、多用，在实践中摸索规律，俗话说"熟能生巧"就是这个道理。

这里再从另一角度说明估商方法问题。

（1）简易估商具体方法。

①为了达到简易目的，估商时，一般只取除首，反用九九，如31 075÷565，先以31÷5≈6，利用九九口诀，不另立估商法则和口诀。

②还要求准确，估商时遇到除数次位数是大数码（大于5）时，则大商削减1。

可以把小于5的数称为小数，不小于5的数称为大数。当除数次位数为大数时，只取除头估商，则可能估商偏大，尤其当估商为大数码时，大多偏大，这时，可把估出的商数削减1，就可能准确了。

如上例31 075÷565，只取首位5，舍去次位6（大数），则估商为6，商是大数码，应减1为5，否则，以下就不够减积了；又如28 243÷463，只取除首4，舍去次位6，则估商为7，应减1为6，这个商是准确的。

③当除数首位为1或2时，一般难以估商，就取除数头两位心算估商。

上述可以概括为"只取除首，反用九九，除次大数，大商削1，除首1、2，两位心算"。

【例5-41】 52 962÷679=78（如图5-60至图5-62所示）

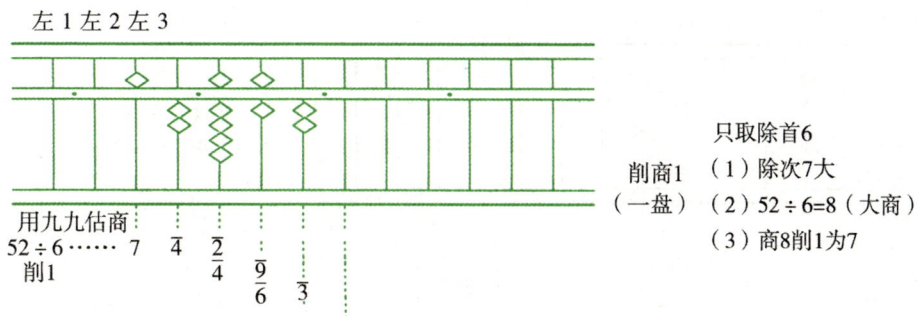

只取除首6

削商1　（1）除次7大
（一盘）（2）52÷6=8（大商）
　　　　（3）商8削1为7

用九九估商
52÷6……7　　4　2　9　3
削1　　　　　　　4　6

图 5-60

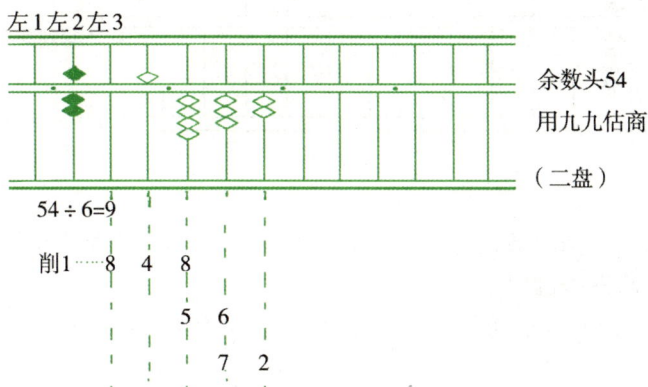

余数头54
用九九估商

（二盘）

54÷6=9

削1……8　4　8
　　　　　　5　6
　　　　　　7　2

图 5-61

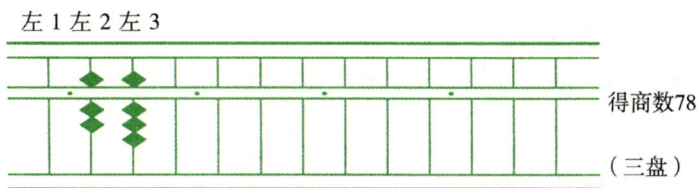

得商数78

（三盘）

图 5-62

【例5-42】7 847÷133=59（如图5-63至图5-65所示）

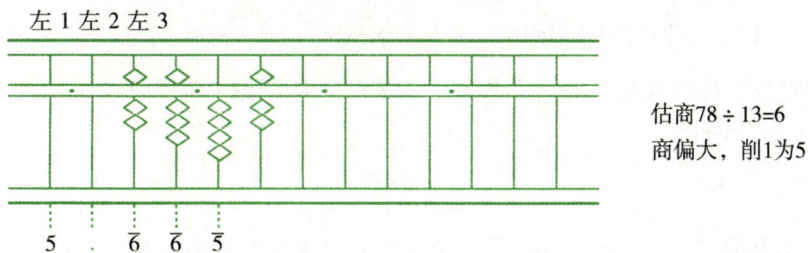

估商78÷13=6
商偏大，削1为5

5　6　6　5

图 5-63

左 1 左 2 左 3

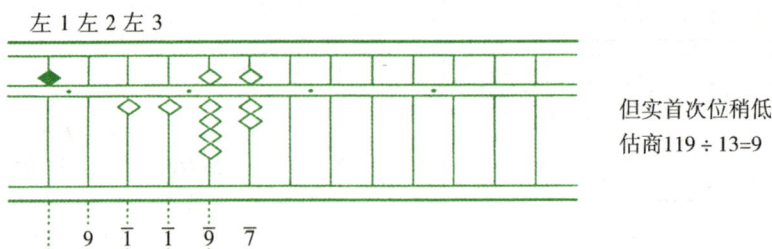

但实首次位稍低
估商 119÷13=9

9 1̄ 1̄ 9 7̄

图 5-64

左 1 左 2 左 3

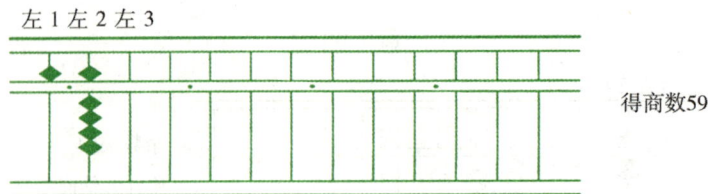

得商数 59

图 5-65

（2）估商法原理。

这里我们着重讨论当除数次位数是大数码时而被舍弃，则估商为大数码时削 1，便有较多机会得出准确商的道理。

设被除数为 A，除数（取两位数）首码为 b，次码为 m，商码为 Q，则：

$$A \div (b+0.1m) = Q \tag{5-3}$$

由公式 5-3 得：$(b+0.1m)Q = A$ （5-4）

即 $bQ = A - 0.1mQ$ （5-5）

取：$bQ_1 = A$ （5-6）

由公式 5-5 和公式 5-6 得：$b(Q_1 - Q) = 0.1mQ$

即 $Q_1 - Q = \dfrac{0.1mQ}{b}$ （5-7）

由公式 5-7 知，$\dfrac{0.1mQ}{b}$ 表示估商码 Q_1 比确商 Q 多的数值，除数首码 b 取 1 和 9 的平均值 $5 = \dfrac{1+9}{2}$，当 $m \geqslant 5$ 和 $Q \geqslant 5$ 时，$\dfrac{0.1mQ}{b} \geqslant \dfrac{0.1 \times 5 \times 5}{5} = 0.5$，而 $m \leqslant 9$ 和 $Q \leqslant 9$，所以 $\dfrac{0.1mQ}{b} \leqslant \dfrac{0.1 \times 9 \times 9}{5} = 1.62$，即 $0.5 \leqslant Q_1 - Q \leqslant 1.62$，可取 $Q_1 - Q = 1$，从而 $Q = Q_1 - 1$，此表示当"舍大商大"，即除数次位数大数、商又大数时，从估商码 Q_1 削减 1 即得商码 Q。

从公式 5-7 还可得：

$$Q = Q_1 - \dfrac{0.1mQ}{b} \approx Q_1 - \dfrac{0.1mQ_1}{b} \tag{5-8}$$

于是可直接算 $\dfrac{0.1mQ_1}{b}$ 的值，这就不必限 m、Q_1、b 为大码、小码了，只要 $\dfrac{0.1mQ_1}{b} \geqslant 1$，就从 Q_1 削减 1（当 $\dfrac{0.1mQ_1}{b}$ 大于 n，就从 Q_1 中削减 n）。如 m=4，Q_1=8，b=3，易估算出 $\dfrac{0.1 \times 4 \times 8}{3} > 1$，于是从 Q_1=8 中削减 1，入商 7，而此种情况按前述简易估商法则是不该减 1 的。

此例说明，按 $\frac{0.1mQ_1}{b}$ 削减估商既适应面宽，又可增加准确立商机会，只是按此式算比按前述简易法麻烦，未必可取。

所谓估商，就不能保证100%准确立商，制定估商法则要做到准确立商，须多与简易估商法则两者兼顾，甚至以简易估商法则为主方可保证珠算的高速度。

本着这一精神，前述简易估商法则是可取的，关于该法则的论证方法也是可取的。

有些情况，如37 425÷376，一看首位商不能隔位立商1，但可挨位立商9，就连上述简易估商法则也不必用了。

现以任取的123、156、243、312、352、434、542、623、687、723、752、821、875、917、964这15个数作除数，商为两位数，估首位商数码为样本。运用简易估商法则，在1 485次估商中，偏差超过1的只有266次。

差错率：266÷1 485≈18%

准确率：100%-18%=82%

当然，这只是一个样本的试验结果，可以继续选有代表性的样本试验，也可以把全部三位除数、两位商数、估商数码的情况都统计出来。但是，由此试验结果推断，运用简易估商法则的准确率大体上是80%，因此是可取的。

【例5-43】568.32÷0.0768=7 400（如图5-66至图5-68所示）

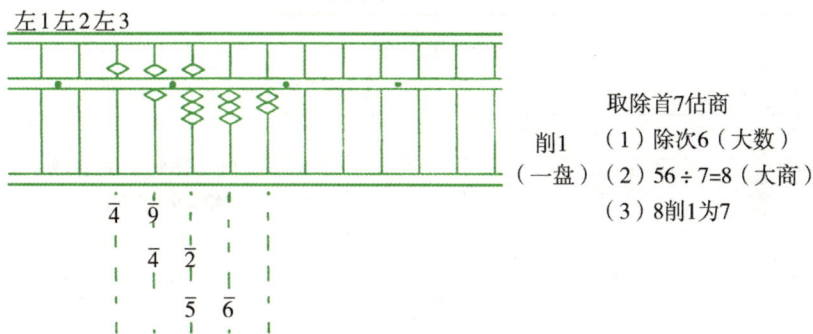

取除首7估商

削1
（一盘）

（1）除次6（大数）

（2）56÷7=8（大商）

（3）8削1为7

图5-66

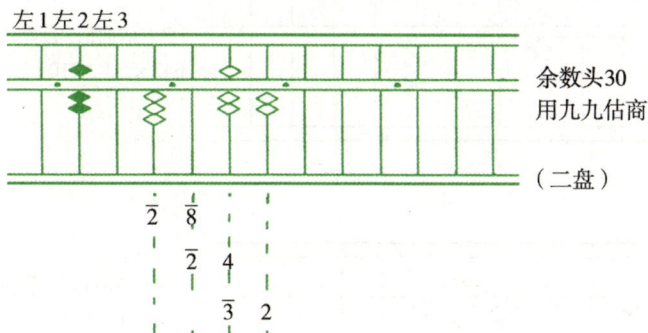

余数头30
用九九估商

（二盘）

图5-67

左1 左2 左3

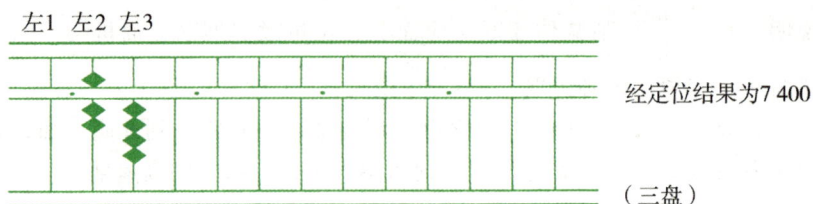

经定位结果为7 400

（三盘）

图5-68

（3）结合心算。

显然，估商时或多或少地用了心算，当心算能力强时，可以使估商较准较快。

在减（加）积时，更可结合心算减少拨珠次数，提高计算速度。如当商为±1、±2、±5、±9时，可以用心算单元积，直接拨入算盘，而不必逐一算数码积、按数码积拨珠，这大致可以使拨珠次数减少50%以上，效率是比较高的。

【例5-44】6 106 704÷642=9 512（如图5-69至图5-73所示）

左1 左2 左3

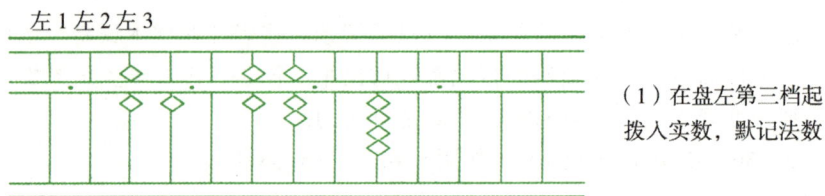

（1）在盘左第三档起拨入实数，默记法数

图5-69

左1 左2 左3

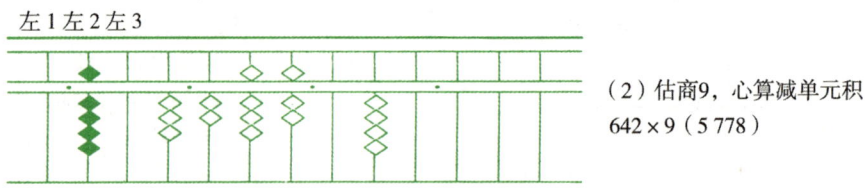

（2）估商9，心算减单元积642×9（5 778）

图5-70

左1 左2 左3

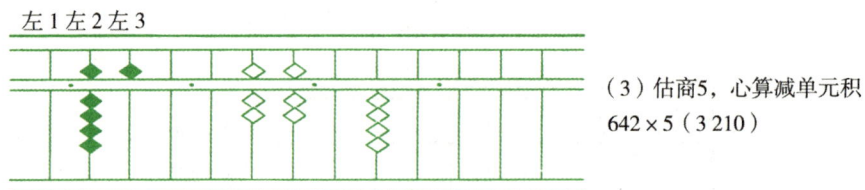

（3）估商5，心算减单元积642×5（3 210）

图5-71

左1 左2 左3

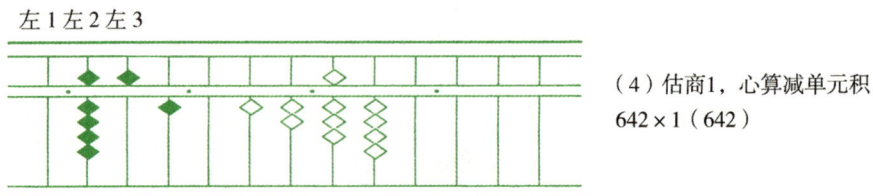

（4）估商1，心算减单元积642×1（642）

图5-72

左1 左2 左3

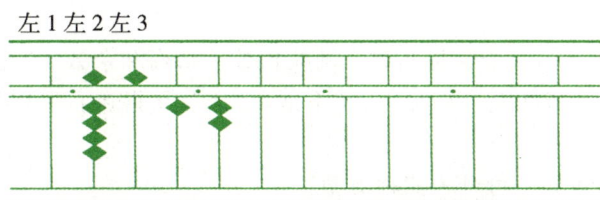

（5）估商2，心算减单元积
642×2（1 284），除后定位
得9 512

图5-73

二、归除法

归除法是利用口诀求商的一种除法。当法数是一位数时称为"归法"，也叫"单归"；当法数是两位或两位以上时称为"归除"。一般要求，应用本法时需用七珠（上二下五）算盘，当今不太适用，故应用者甚少。

（一）归除口诀

1.九归口诀

一位数除法又称"单归"，当法数是1、2、3、4、5、6、7、8、9时，称为一归、二归、三归、四归、五归、六归、七归、八归、九归，共九组口诀，称为九归法。九归口诀见表5-1。

表5-1　　　　　　　　　　　　九归口诀表

法数	口　　诀
一归	逢一进1，逢二进2，逢三进3，逢四进4，逢五进5，逢六进6，逢七进7，逢八进8，逢九进9
二归	二一改作5，逢二进1，逢四进2，逢六进3，逢八进4
三归	三一3余1，三二6余2，逢三进1，逢六进2，逢九进3
四归	四一2余2，四二改作5，四三7余2，逢四进1，逢八进2
五归	五一改作2，五二改作4，五三改作6，五四改作8，逢五进1
六归	六一下加4，六二3余2，六三改作5，六四6余4，六五8余2，逢六进1
七归	七一下加3，七二二余6，七三4余2，七四5余5，七五7余1，七六8余4，逢七进1
八归	八一下加2，八二下加4，八三下加6，八四改作5，八五6余2，八六7余4，八七8余6，逢八进1
九归	九一下加1，九二下加2，九三下加3，九四下加4，九五下加5，九六下加6，九七下加7，九八下加8，逢九进1

口诀说明如下：

（1）口诀中第一个字指法数，第二个字指实数，阿拉伯数字指商和余数。"逢"是指拨去实数本档的算珠，"进"是指在左一档加上，"下加""余"是指在右一档加上，"改作"是指在本档上改变。

（2）表5-1中九归口诀共有59句，可分为四种类型：

一是"逢几进几"类，23句。当实数首位数字是法数的倍数时运用此类口诀，如"逢四进2"。

二是"几几改作几"类，8句。当实数首位数字小于法数又能除尽时运用此类口诀，如"五二改作4"。

三是"几几几余几"类，14句。当实数首位数字小于法数，相除后有余数时运用此类口诀，如"七三4余2"。

四是"几几下加几"类，14句。当实数首位数字小于法数，相除后商数与原实数首位相同，且后面还有余数时运用此类口诀，如"九二下加2"。

为了便于计算，人们又在九归口诀的基础上归纳了一套改良口诀，称为新增九归口诀。新增九归口诀见表5-2。上一下四珠新算盘也能运算，但应用者不多。

表5-2　　　　　　　　　　　　新增九归口诀表

法数	口诀
二归	二一改6下减2，二一改7下减4，二一改8下减6，二一改9下减8
三归	三一改4下减2，三一改5下减5，三一改6下减8，三二改7下减1，三二改8下减4，三二改9下减7
四归	四一改3下减2，四一改4下减6，四二改6下减4，四二改7下减8，四三改8下减2，四三改9下减6
五归	五一改3下减5，五二改5下减5，五三改7下减5，五四改9下减5
六归	六一改2下减2，六一改3下减8，六二改4下减4，六三改6下减6，六四改7下减2，六四改8下减8，六五改9下减4
七归	七一改2下减4，七二改3下减1，七二改4下减8，七三改5下减5，七四改6下减2，七四改7下减9，七五改8下减6，七六改9下减3
八归	八一改2下减6，八二改3下减4，八三改4下减2，八四改6下减8，八五改7下减6，八六改8下减4，八七改9下减2
九归	九一改2下减8，九二改3下减7，九三改4下减6，九四改5下减5，九五改6下减4，九六改7下减3，九七改8下减2，九八改9下减1

口诀说明如下：

（1）口诀中的第一个字指法数，第二个字指实数，阿拉伯数字分别指商数和减数。

（2）该类口诀适用范围：当运用"九归口诀"的"改作类"时，如果余数大于或等于法数，一般可用此类新增九归口诀进行运算，以减少拨珠次数，提高运算速度。例如：13÷2，若用"二归"口诀，需用"二一改作5""逢二进1"两句口诀；若用新增口诀，需用"二一改6下减2"。如果余数小于法数，只能按原"九归口诀"进行运算。

2. 撞归口诀

撞归口诀见表5-3。

表5-3 撞归口诀表

法数	口诀	法数	口诀	法数	口诀
一归	见一无除作91	四归	见四无除作94	七归	见七无除作97
二归	见二无除作92	五归	见五无除作95	八归	见八无除作98
三归	见三无除作93	六归	见六无除作96	九归	见九无除作99

口诀说明如下：

此口诀可归纳为："见几无除作九几。""见几"是指实、法数同头；"无除"指不够除；"作九几"是指将实首直接变成商9，并在下位加上同头数。

此口诀适用于实数、法数同头且不够除时。

3. 退商口诀

退商口诀见表5-4。

表5-4 退商口诀表

法数	口诀	法数	口诀	法数	口诀
一归	无除退一下还1	四归	无除退一下还4	七归	无除退一下还7
二归	无除退一下还2	五归	无除退一下还5	八归	无除退一下还8
三归	无除退一下还3	六归	无除退一下还6	九归	无除退一下还9

口诀说明如下：

此口诀可归纳为："无除退一下还几。"

此口诀应在估商偏大，须退商时使用。

（二）归除方法

1. 一位数除法

一位数除法又称"归法"，也叫"单归"，其运算步骤如下：

① 置数。从算盘左起第二档拨入实数，默记法数。

② 置商、减积。用口诀计算。

③ 定位、写商数。

（1）一归法（如图5-74所示）。

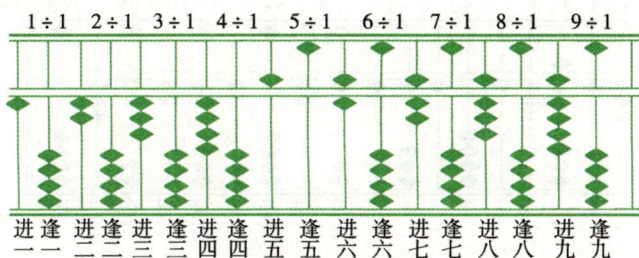

图5-74

当除数为1（一归），被除数分别是1、2、3、4、5、6、7、8、9时，口诀是：

1÷1逢一进一；2÷1逢二进二；3÷1逢三进三……9÷1逢九进九。就是说，当除数为一时共有九句口诀。

练习：用123456789÷1

（2）二归法（如图5-75所示）。

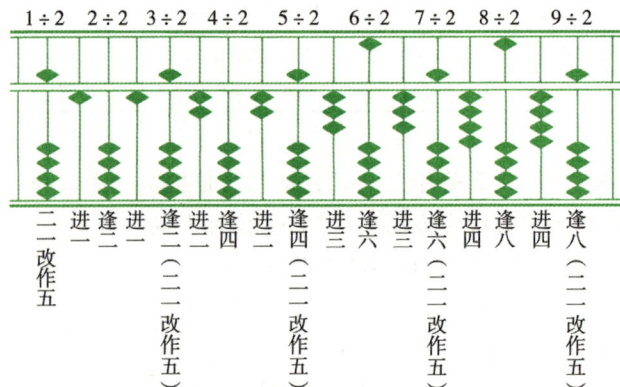

图5-75

当除数是2（二归），被除数分别是1、2、3、4、5、6、7、8、9时，口诀是：

当被除数是1时，商五正好除尽，口诀是二（除数）一（被除数）改作五，把一改成五。

当被除数是2时，商一正好除尽，口诀是逢二进一。

当被除数是3时，商一余一，余一用一的口诀，去二用逢二进一的口诀。

当被除数是4时，商二正好除尽，口诀是逢四进二。

当被除数是5时，先商二，余一再除，用两个口诀：逢四进二，二一改作五。

当被除数是6时，商三正好除尽，口诀是逢六进三。

当被除数是7时，用两个口诀：逢六进三，二一改作五。

当被除数是8时，正好除尽，口诀是逢八进四。

当被除数是9时，用两个口诀：逢八进四，二一改作五。

注意余数接着往下除，当除数分别是3、4、5、6、7、8、9时同此。

练习：用123456789÷2

（3）三归法（如图5-76所示）。

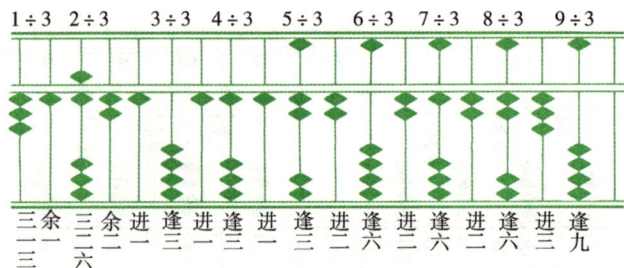

图5-76

当除数是3（三归），被除数分别是1、2、3、4、5、6、7、8、9时，口诀是：

当被除数是1时，商三余一，口诀是三（除数）一（被除数）三（商数）余一（余数）。

当被除数是2时，商六余二，口诀是三二六余二。

当被除数是3时，商一除尽，口诀是逢三（去掉一个除数）进一（商数）。

当被除数是4时，商一余一，逢三进一余一，余数还可以继续运算，三一三余一。

当被除数是5时，商一余二，逢三进一余二，余数还可以继续运算，三二六余二。

当被除数是6时，商二除尽，逢六进二（去掉两个除数，商二）。

当被除数是7时，商二余一，逢六进二余一，余数还可以继续运算，三一三余一。

当被除数是8时，商二余二，逢六进二余二，余数还可以继续运算，三二六余二。

当被除数是9时，商三除尽，逢九进三（去掉三个除数，商三）。

练习：用123456789÷3

（4）四归法（如图5-77所示）。

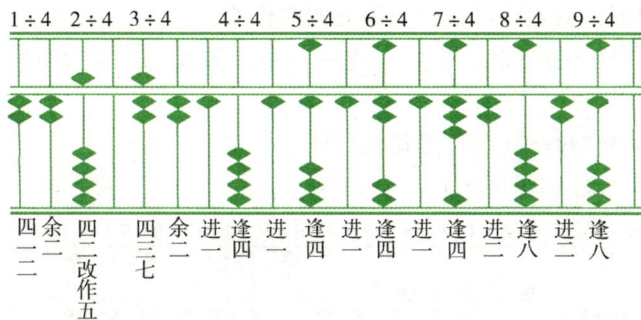

图5-77

当除数是4（四归），被除数分别是1、2、3、4、5、6、7、8、9时，口诀是：

当被除数是1时，商二余二，口诀是四一二余二（四是除数，一是被除数，前二是商数，后二是余数）。

当被除数是2时，商五除尽，口诀是四二改作五。

当被除数是3时，商七余二，口诀是四三七余二，四二改作五。

当被除数是4时，商一除尽，口诀是逢四进一。

当被除数是5时，逢四进一余一，余数还可以继续运算。

当被除数是6时，逢四进一余二，余数还可以继续运算。

当被除数是7时，逢四进一余三，余数还可以继续运算。

当被除数是8时，商二除尽，口诀是逢八进二。

当被除数是9时，逢八进二余一，余数还可以继续运算。

练习：用123456789÷4

（5）五归法（如图5-78所示）。

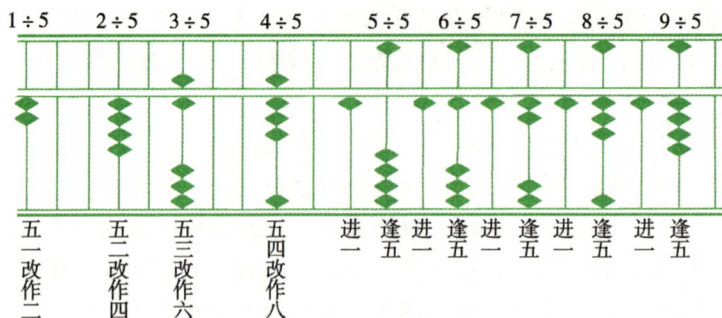

1÷5	2÷5	3÷5	4÷5	5÷5	6÷5	7÷5	8÷5	9÷5

五一改作二　　五二改作四　　五三改作六　　五四改作八　　进一逢五　进一逢五　进一逢五　进一逢五　进一逢五

图5-78

当除数是5（五归），被除数分别是1、2、3、4、5、6、7、8、9时，口诀是：

当被除数是1时，商二除尽，口诀是五（除数）一（被除数）改作二（商数）。

当被除数是2时，商四除尽，口诀是五二改作四。

当被除数是3时，商六除尽，口诀是五三改作六。

当被除数是4时，商八除尽，口诀是五四改作八。

当被除数大于或等于5时，先逢五进一，被除数6、7、8、9的余数分别按1、2、3、4运算。

练习：用123456789÷5（余数接着除）

（6）六归法（如图5-79所示）。

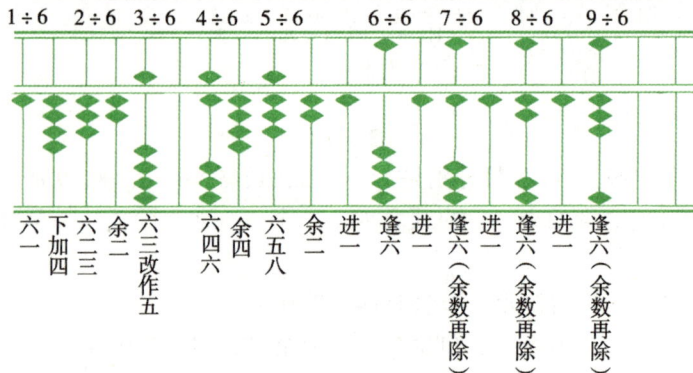

1÷6	2÷6	3÷6	4÷6	5÷6	6÷6	7÷6	8÷6	9÷6

六一下加四　　六二三余一　　六三改作五　　六四六　　六五八余一　　进一逢六　进一逢六（余数再除）　进一逢六（余数再除）　进一逢六（余数再除）

图5-79

当除数是6（六归），被除数分别是1、2、3、4、5、6、7、8、9时，口诀是：

当被除数是1时，商一余四，口诀是六（除数）一（被除数）下加四（余数）。

当被除数是2时，商三余二，口诀是六二三余二（六是除数，二是被除数，三是商数，最后二是余数）。

当被除数是3时，商五除尽，口诀是六三改作五。

当被除数是4时，商六余四，口诀是六四六余四。

当被除数是5时，商八余二，口诀是六五八余二。

当被除数是6时，商一除尽，口诀是逢六进一。

当被除数是7时，逢六进一，余一再除，同1÷6。

当被除数是8时，逢六进一，余二再除，同2÷6。

当被除数是9时，逢六进一，余三再除，同3÷6。

练习：用123456789÷6

（7）七归法（如图5-80所示）。

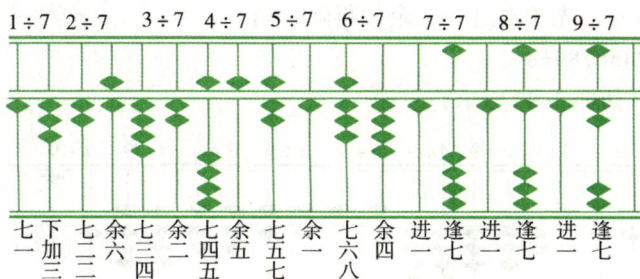

图5-80

当除数是7（七归），被除数分别是1、2、3、4、5、6、7、8、9时，口诀是：

当被除数是1时，商一余三，口诀是七（除数）一（被除数）下加三（余数）。

当被除数是2时，商二余六，口诀是七二二余六。

当被除数是3时，商四余二，口诀是七三四余二。

当被除数是4时，商五余五，口诀是七四五余五。

当被除数是5时，商七余一，口诀是七五七余一。

当被除数是6时，商八余四，口诀是七六八余四。

当被除数是7、8、9时，先逢七进一，被除数8、9的余数分别按1、2运算。

练习：用123456789÷7

（8）八归法（如图5-81所示）。

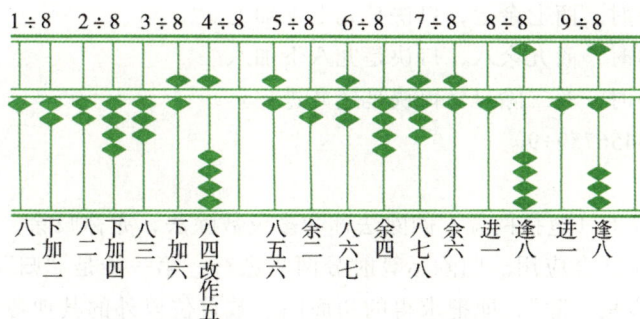

图5-81

当除数是8（八归），被除数分别是1、2、3、4、5、6、7、8、9时，口诀是：

当被除数是1时，商一余二，口诀是八（除数）一（被除数）下加二（余数）。

当被除数是2时，商二余四，口诀是八二下加四。

当被除数是3时，商三余六，口诀是八三下加六。

当被除数是4时，商五除尽，口诀是八四改作五。

当被除数是5时，商六余二，口诀是八五六余二。

当被除数是6时，商七余四，口诀是八六七余四。

当被除数是7时，商八余六，口诀是八七八余六。

当被除数是8时，商一除尽，口诀是逢八进一。

当被除数是9时，先逢八进一，余一再除，同1÷8。

练习：用123456789÷8

（9）九归法（如图5-82所示）。

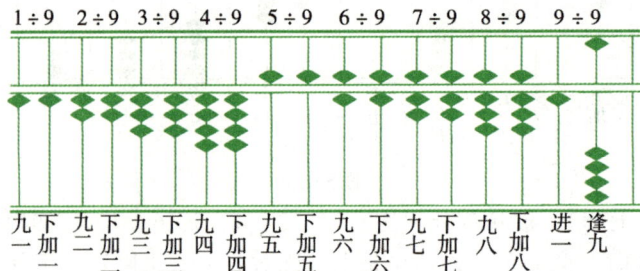

图5-82

当除数是9（九归），被除数分别是1、2、3、4、5、6、7、8、9时，口诀是：

当被除数是1时，商一余一，口诀是九（除数）一（被除数）下加一（余数）。

当被除数是2时，商二余二，口诀是九二下加二。

当被除数是3时，商三余三，口诀是九三下加三。

当被除数是4时，商四余四，口诀是九四下加四。

当被除数是5时，商五余五，口诀是九五下加五。

当被除数是6时，商六余六，口诀是九六下加六。

当被除数是7时，商七余七，口诀是九七下加七。

当被除数是8时，商九余八，口诀是九八下加八。

当被除数是9时，商二除尽，口诀是逢九进一。

练习：用123456789÷9

2.多位数除法

法数是两位以上（包括两位）的除法称为多位数除法，亦称归除。归除应将基本口诀和新增加口诀相结合应用。归除运算时分两步进行：第一步是"归"，即用九归口诀求得初商；第二步是"除"，即把求得的初商同法数首位以外的其他各位相乘，一边乘一边从实数中减去相乘之积，经过这样的乘减以后，初商才成为正式的商。第二位商数，按以上步骤求得。

归除可分为基本归除、补商归除、退商归除、撞归归除四种类型。

（1）基本归除。基本归除是归除法的基本方法，运算时，先用九归口诀求得商数，然后按照"错位相减"的原则依次从实数中减去商与法数次高位及以后数字相乘之积。

基本归除的运算方法及步骤如下：

第一，置数。从算盘左起第二档或适当位置置实数，默记法数。

第二，试商。用九归口诀求得商数，这个商数不是确商，经过乘减后才是确商，称为初商，也称试商。

第三，减积。用九归口诀求得的商依次与法数的第二位、第三位……直至末位相乘减。

第四，定位、写商数。

【例5-45】1 794÷78=23

①从算盘的左起第二档置实数1 794，默记法数78（如图5-83所示）。

②实首是1，法首是7，用口诀"七一改2下减4"，求得首位试商2，并减积"二八16"，余数为234（如图5-84所示）。

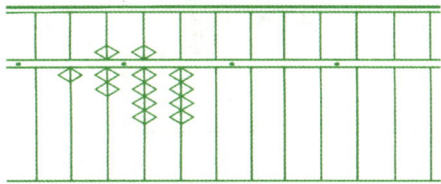 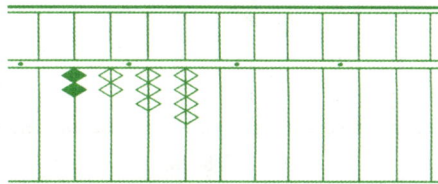

图5-83   图5-84

③余数首位是2，用口诀"七二改3下减1"，求得第二位试商3，并减积"三八24"，恰好除尽（如图5-85所示）。

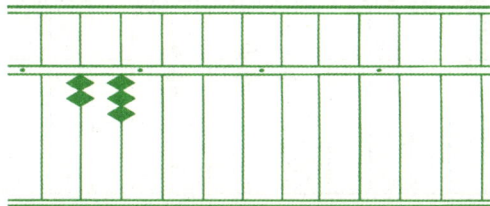

图5-85

④用公式定位法定位，+4位-（+2位）=+2位，最终商数为23。

【例5-46】761.4401÷47.35=16.08（精确到0.01）

①用固定个位档定位数，新实数位数为+3位-（+2）位=+1位，即7.614401，将其拨入盘中（如图5-86所示）。

②实首是7，法首是4，用口诀"逢四进1"，求得首位试商1，并减积，"一七07""一三03""一五05"，余数为2 879 401（如图5-87所示）。

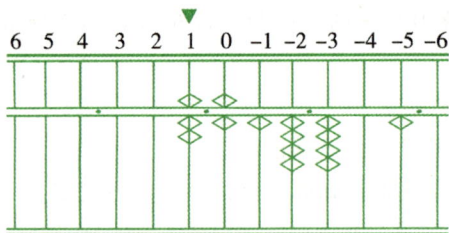

图 5-86

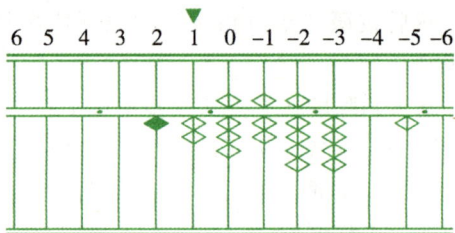

图 5-87

③余首是 2，用口诀"四二改 6 下减 4"，求得第二位试商为 6，并减积"六七 42""六三 18""六五 30"，余数为 38 401（如图 5-88 所示）。

④余首是 3，用口诀"四三改 8 下减 2"求得第四位试 8，并减积"八七 56""八三 24""八五 40"，余数为 0 521（如图 5-89 所示）。

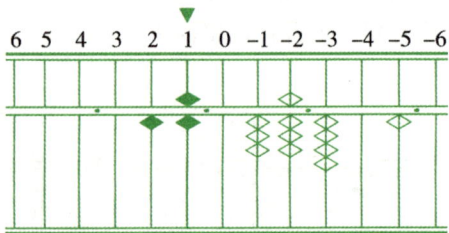

图 5-88

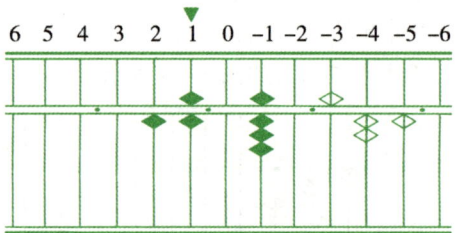

图 5-89

⑤定商：余数小于 1/2 除数，第五位试商小于 5，舍去，最终商数为 16.08（如图 5-90 所示）。

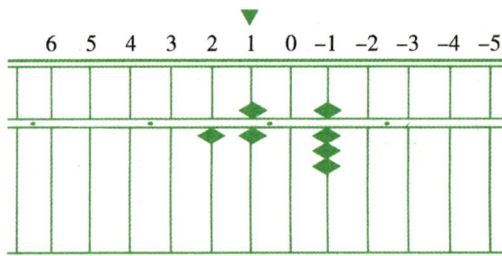

图 5-90

（2）补商归除。当减去试商与法数的乘积后，若余数大于或等于法数，说明试商偏小，需要补商。其办法是：原商数加 1，从其本档起减去一遍法数。

【例 5-47】13 937 400÷2 175=6 408

①用算前定位法，新实数位数为+8 位-（+4）位=+4 位，即 1 393.74，将其拨入盘中（如图 5-91 所示）。

②求首商。用口诀"二一改作 5"，得首商为 5，并减积"五一 05""五七 35""五五 25"余数为 3 062 400（如图 5-92 所示）。

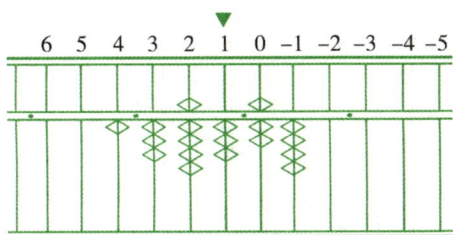
图 5-91

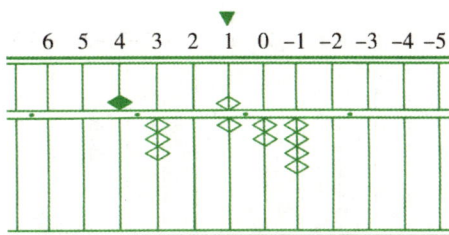
图 5-92

余数大于实数，说明试商偏小，需补商。补商1，首商变为6，从其本档起减去一遍法数02 175，余数为887 400（如图5-93所示）。

③求二商。用口诀"逢八进4"，得二商为4，并减积"四一04""四七28""四五20"，余数为17 400（如图5-94所示）。

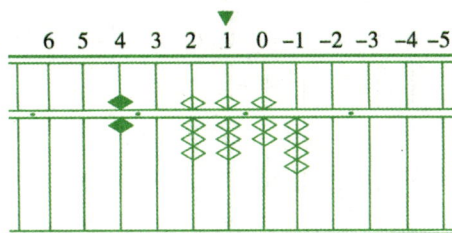
图 5-93

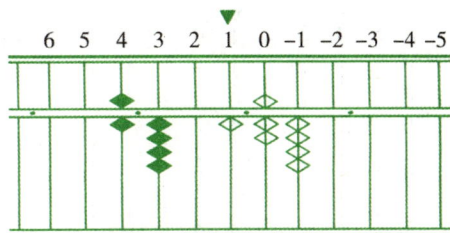
图 5-94

④求四商。用口诀"二一改8下减6"，得四商为8，并减积"八一08""八七56""八五40"，恰好除尽，得商数6 408（如图5-95所示）。

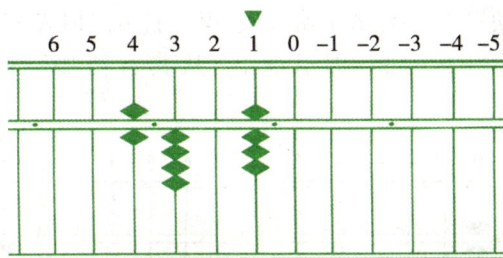
图 5-95

（3）退商归除。用九归口诀求得试商偏大时，就须退商。其办法是：若除前退商用"商减1，挨位加除首"；若中途退商，则须"退商1，挨位加除过数"。

【例5-48】1.025 8÷0.387 4=2.65（精确到0.01）

①用固定个位档定位法，新实数位数为（+1）位－0位＝+1位不变，将其拨入盘中（如图5-96所示）。

②求首商。用口诀"三一3余1"，得首商3（如图5-97所示）。

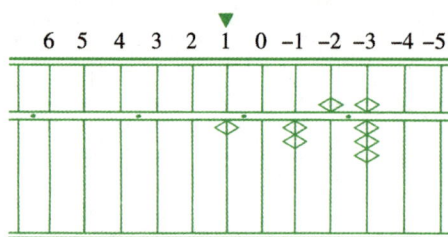

图 5-96

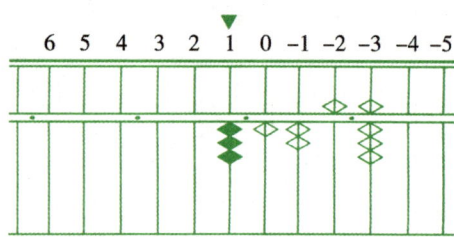

图 5-97

但发现不够减，说明试商过大，须退商，用口诀"无除退一下还 3"，即商减 1，从其右档加一遍法首 3（如图 5-98 所示）。

退商后，新商数变成 2，并减积"二八 16""二七 14""二四 08"余数为 2 510（如图 5-99 所示）。

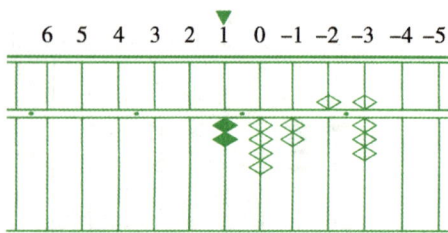

图 5-98

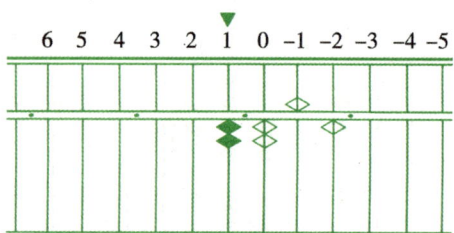

图 5-99

③求次商。用口诀"三二 6 余 2"，得次商 6，并减积"六八 48""六七 42""六四 24"，余数为 1 856（如图 5-100 所示）。

④求三商。用口诀"三一改 6 下减 8"，得三商 6，但发现不够减，说明试商偏大，用口诀"无除退一下还 3"即退商 1，从其右档加一遍法首 3（如图 5-101 所示）。

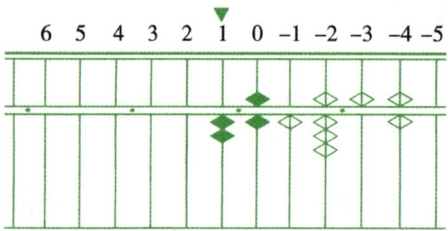

图 5-100

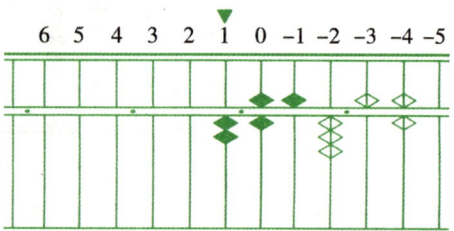

图 5-101

还不够减，要用口诀"无除退一下还 3"，即退商 1，从其右档加一遍法首 3，新商数变为 4，并减积"四八 32""四七 28""四四 16"，余数为 3 064（如图 5-102 所示）。

⑤定商：经判断，余数大于 1/2 除数，第四位试商大于 5，第三位商数进 1，终商为 2.65（如图 5-103 所示）。

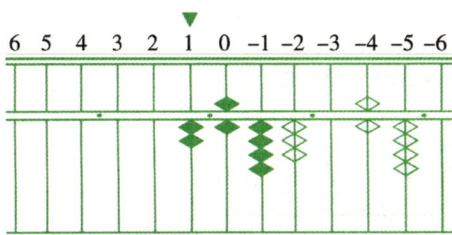

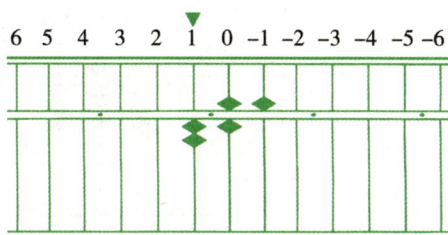

图 5-102　　　　　　　　　　图 5-103

（4）撞归归除。归除运算中，若遇到实、法数同头且不够除，则适宜用撞归归除。

【例 5-49】321 441÷327=983

①从算盘左起第二档拨入实数 321 441，默记法数 327（如图 5-104 所示）。

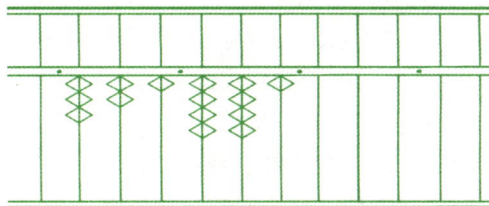

图 5-104

②求首商。实数、法数同首且不够除，适宜用撞归求商。因法首是 3，用口诀"见三无除作 93"，先将实首 3 改成 9，从其本档起加上法首 03，并减积"九二 18""九七 63"，余数为 27 141（如图 5-105 所示）。

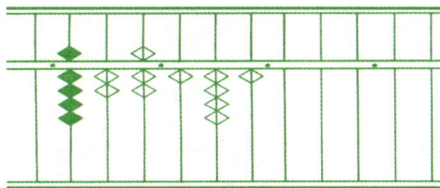

图 5-105

③求二商。用口诀"三二改 8 下减 4"，得二商为 8，并减积"八二 16""八七 56"，余数为 0 981（如图 5-106 所示）。

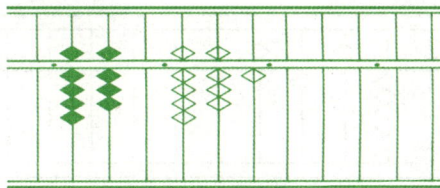

图 5-106

④求三商。用口诀"逢九进 3"，得三商为 3，并减积"三二 06""三七 21"，恰好除尽。经定位 M-N=+6 位-（+3 位）=+3 位，终商为 983（如图 5-107 所示）。

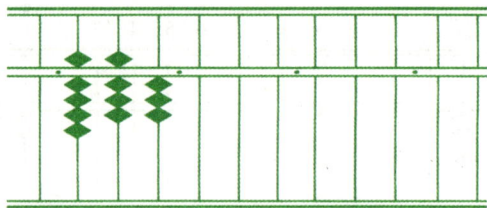

图 5-107

三、剥皮除法（凑倍除法）

（一）基本方法

剥皮除法也叫累减除法、凑倍除法，是我国古代的一种简便算法。最早记录此法的书是明代吴敬的《九章详注比类算法大全》。此法原先只有隔位法，后来改进有不隔位法，故该法分为隔位剥皮除法和不隔位剥皮除法，且由于各自总结方式不同，所以形成口诀也不完全相同，现以较为普遍的隔位剥皮除法为例加以介绍。

此法可以用几句简易口诀求商，其口诀是：

大数空加一（或空加几），隔位减除数（或隔位减几除）；

小半随进一（或随进几），隔位（或不隔位）减除数（或减几除）；

够半随进五，不隔位减半；

数近下加除，加到够减时，左位上商数，不隔位减除数（一般数近是商9或商8）。

上述口诀每前半句是从被除数角度讲的，后半句是从商数角度讲的。

口诀的具体应用：

（1）"大数空加一（或空加几），隔位减除数（或隔位减几除）"，是用于够除情况下的口诀。

"大数"是指被除数大于或等于除数（即够除的意思）。如81÷1 230，以81与12相比（同等相应数码），81>12，即为大数（两数相比的方法和商除法一致），故按口诀在被除数首位前隔一位上商数，然后在商数后面隔一位减去除数。

【例5-50】4 515÷215=21

①算盘左起第三档拨上被除数4 515，默记除数215（如图5-108所示）。

左1 左2 左3

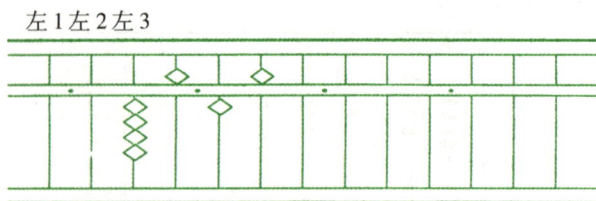

图 5-108

② 451>215（相应数码相比），用"大数空加一，隔位减除数"口诀，即在被除数首位前隔一档上商1，在商后面隔一档减除数215（如图5-109所示）。

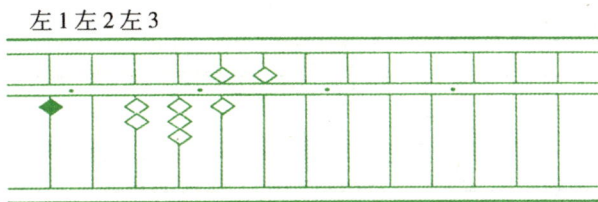

左1左2左3

图5-109

③余数236比215大，还可以用上述口诀，在被除数首位隔一档上商1，在商数后隔一档减除数215（如图5-110所示）。

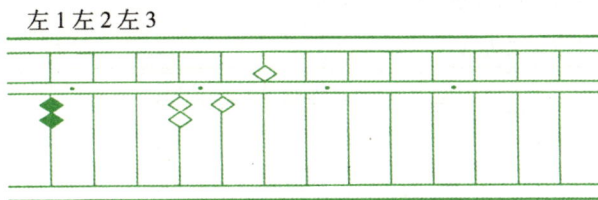

左1左2左3

图5-110

④以215比215，相等，按上述口诀，"大数空加1，隔位减除数215"，恰好除尽，最后商数经定位为21（如图5-111所示）。

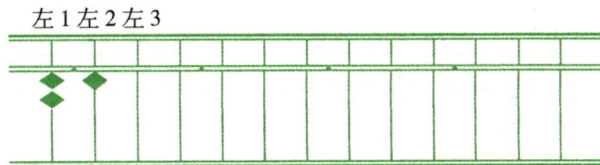

左1左2左3

图5-111

按照上例，为了提高计算速度，可以把口诀改为"大数空加几，隔位减几除"，即451>215，据观察，可用"大数空加2"（上商2），然后"隔位减2除（215×2）=430"，就是减去两个除数，4 515减4 300余215，再用"大数空加1，隔位减除数215"，恰好除尽。这样就将三个运算步骤变成了两个运算步骤，从而提高了运算速度。

（2）"小半随进一（或随进几），隔位（或不隔位）减除数（或减几除）"，是在不够除情况下的口诀。

"小半"是指被除数与除数同等相应数码比较，被除数小于除数，而且小到不够除数的一半时，叫"小半"，如224÷0.087（不管小数点与正负数如何），则22比87小（同等相应数码比），而且小到不够除数87的一半，这样就在被除数首位紧挨着的左一位上商数（即挨位商），然后在商数后面隔一档减去除数。

【例5-51】1 916.5÷87=22……余数为2.5

①算盘左起第三档起拨被除数1 916.5，默记除数87（如图5-112所示）。

左1左2左3

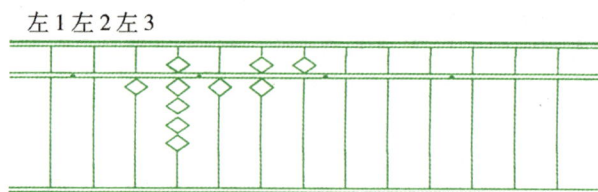

图5-112

②以19 165的19与87相比（同等相应数码比），19比87小，且不够一半，即"小半随进一"。被除数首位前一档进商1，然后"隔位减除数"，即在商数1的后面，隔一档减除数87，余数为10 465（如图5-113所示）。

左1左2左3

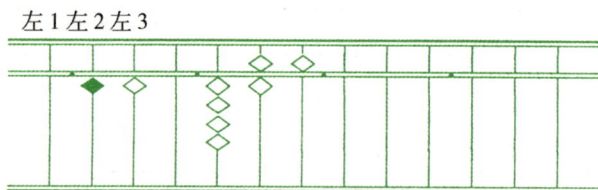

图5-113

③以余数头两位10与87相比，数小且不够半，即"小半随进一，隔位减除数"，挨位上商1，减87，这时商数为2，余数为1 765（如图5-114所示）。

左1左2左3

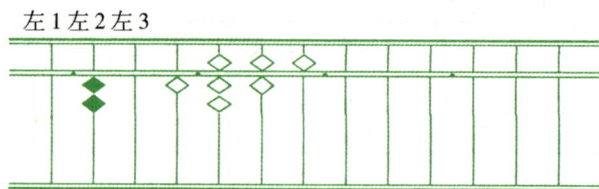

图5-114

④以余数的17与87相比，小且不够半，按上述口诀，被除数首位1的左边挨位上商数1，然后在商数的后面隔一档减除数87，余数为895（如图5-115所示）。

左1左2左3

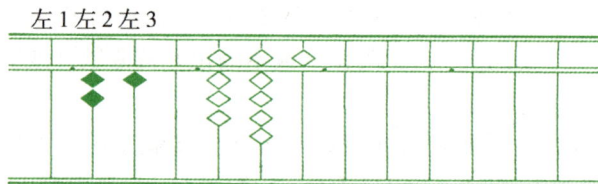

图5-115

⑤以余数的89与被除数87相比，够除，即用"大数空加一，隔位减除数"，在被除数首位隔一档上商数1，再在商后隔一档减除数87，这时余数为25。不再除了，经定位为22余2.5（如图5-116所示）。

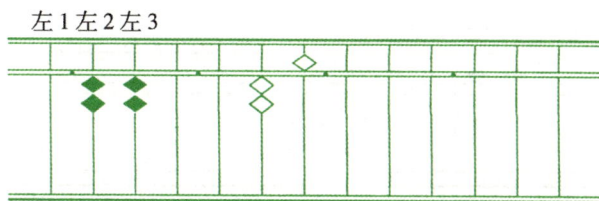

左1左2左3

图 5-116

根据上述情况，为提高计算速度，也可以把口诀改成"小半随进几，隔位（或不隔位）减几除"，即 19<87（同等相应数码相比），"用小半随进2（挨位上商2），不隔位减2除（除数87×2=174）"，从被除数中减去174，余数为1765，再以17与87比，可以用"小半随进2（挨位上商2），不隔位减2除（减87×2=174）"，这时余数为25。运算中少了两个步骤，提高了运算速度。

（3）"够半随进五，不隔位减半除"，也是在不够除情况下的口诀。

"够半"是指被除数和除数同等相应数码相比（不管小数点和正负数如何），被除数小于除数，但够除数的一半时，叫"够半"。如39 000÷630，以39与63相比（同等相应数码相比），不够除，但达到了除数的一半，这时应挨位上商5，并且不隔位减"半个"除数（也可以用除数乘5）。

【例 5-52】 310 750÷565=550

①算盘左起第三档拨被除数310 750，默记除数565（如图5-117所示）。

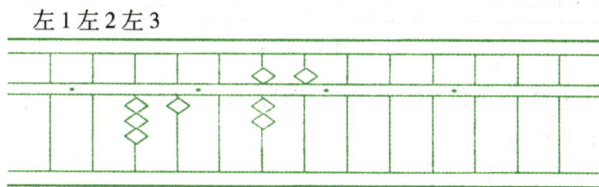

左1左2左3

图 5-117

②以310 750的31与除数同等数码56相比，小于除数，但够除数的一半，即"够半随进五，不隔位减半除"。挨位上商5，不隔位减"五五25""五六30""五五25"，余数为28 250（如图5-118所示）。

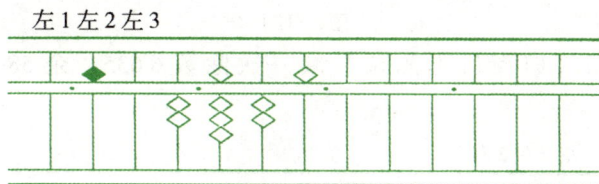

左1左2左3

图 5-118

③以28与56比，仍小于除数，但已够半，挨位上商5，不隔位（在商数后位起）减"半个"除数（565×5），"五五25""五六30""五五25"，正好除尽，经定位为550（如图5-119所示）。

左1 左2 左3

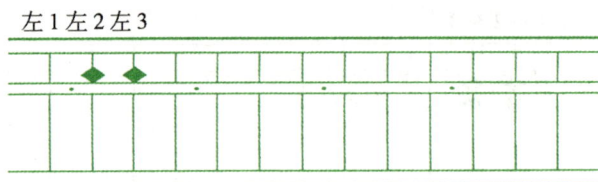

图 5-119

（4）"数近下加除，加至够减时，左位上商数，不隔位减除数"，这也是在不够除情况下的口诀。

"数近"是指被除数与除数同等位数相比（不管小数点和正负数如何），虽然被除数小，但超过除数的一半，且较接近除数（如0.65÷66），这时可在被除数首位后面一位加上一个除数，如不够减，可以继续加，加到够减时，在被除数首位左一档上商数，再在被除数本位起（即商后不隔位）减去一个除数。

【例5-53】655 538÷663 500=0.988

①算盘左起第三档拨被除数655 538，默记除数663 500（如图5-120所示）。

左1 左2 左3

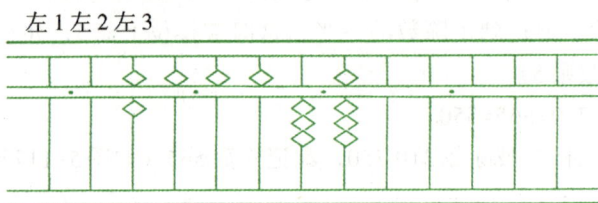

图 5-120

②6 555略小于6 635，"数近下加除"，被除数首位后面一位加除数，加一次6 635，就够减了（如图5-121所示）。

左1 左2 左3

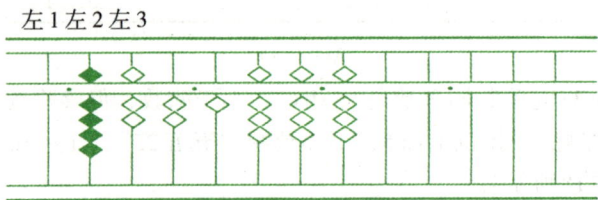

图 5-121

③商后面一档（即商后不隔位）减一次除数6 635，余58 388（如图5-122所示）。

左1 左2 左3

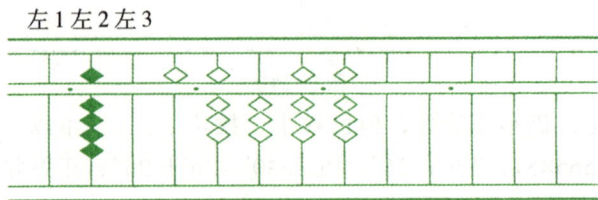

图 5-122

④5 838 比 6 635 略小，即数近左位上商数，下一位加除数 6 635，本位减除数，但不够除，再加上一次除数就够减了，于左位上商数 8，在商数后面不隔位（即被除数本位起）减除数 6 635，余 5 308（如图 5-123 和图 5-124 所示）。

左1 左2 左3

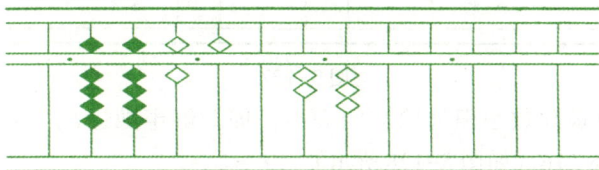

图 5-123

左1 左2 左3

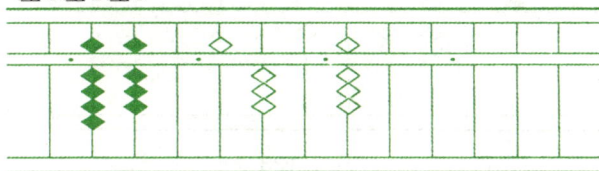

图 5-124

⑤5 308 比 6 635 略小，"数近"，下一位加两次除数 6 635，够减（如图 5-125 所示）。

左1 左2 左3

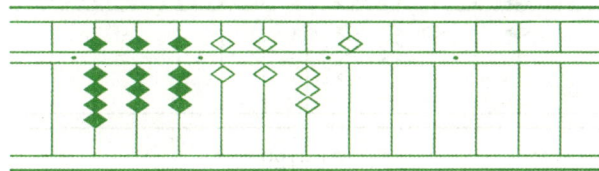

图 5-125

⑥在被除数首位左一位上商 8，商数 8 后面不隔位（即被除数本位起）减一次除数 6 635，减完恰好除尽（如图 5-126 所示）。

左1 左2 左3

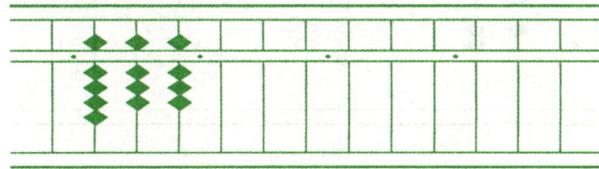

图 5-126

得商为 988，经定位为 0.988。

上述"大数""小半""够半""数近"四类口诀，在运算时，可以结合使用。

【例 5-54】39 816÷0.00632=6 300 000

①算盘左起第三档起拨被除数 39 816，默记除数有效数 632（如图 5-127 所示）。

左1 左2 左3

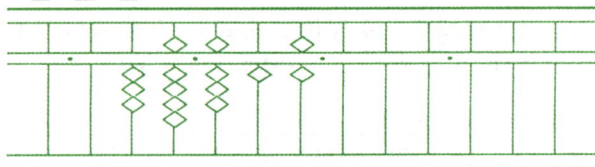

图 5-127

②以 39 比 63，被除数小但够除数的一半，即"够半随进 5，不隔位减半除（除数 632×5）"，余数为 8 216（如图 5-128 所示）。

左1 左2 左3

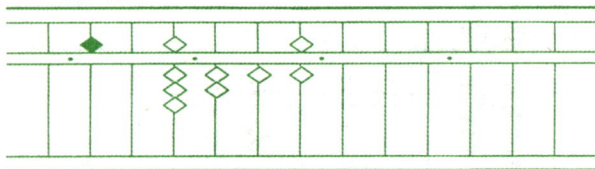

图 5-128

③以余数 82 与 63 比，数大，即"大数空加 1（商数成为 6），隔位减除数 632"，余数为 1 896（如图 5-129 所示）。

左1 左2 左3

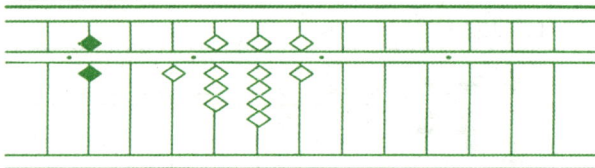

图 5-129

④以余数 18 与 63 比，小且不够半，可以用"小半随进 2，不隔位减 2 除（632×2）"（如图 5-130 所示）。

左1 左2 左3

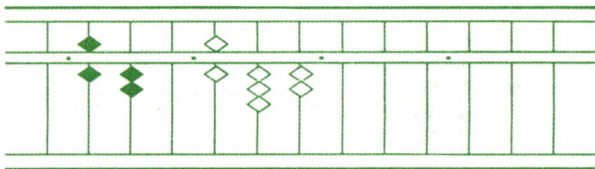

图 5-130

⑤余数 632，同除数 632 相比，两数相等，即"大数空加 1，隔位减除数"，恰好除尽，经定位为 6 300 000（如图 5-131 所示）。

左1左2左3

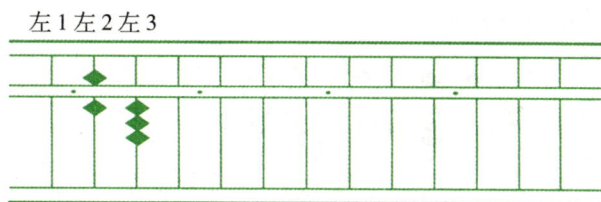

图 5-131

【例 5-55】 1 835 601÷709=2 589

①算盘左起第三档起拨被除数 1 835 601，记除数 709（如图 5-132 所示）。

左1左2左3

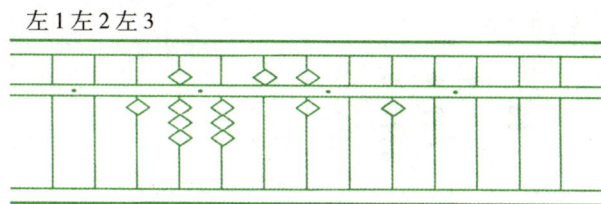

图 5-132

② 18<70，"小半随进 2（因进 1 偏小），不隔位减 2 除（709×2）"，余数为 417 601（如图 5-133 所示）。

左1左2左3

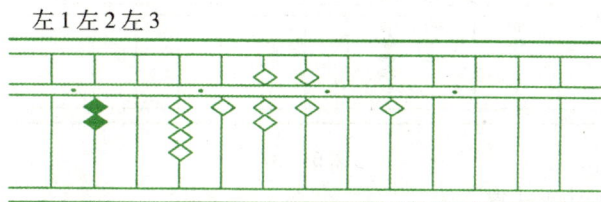

图 5-133

③ 41<70，用"够半随进 5，不隔位减半除（709×5=3 545）"，余数为 63 101（如图 5-134 所示）。

左1左2左3

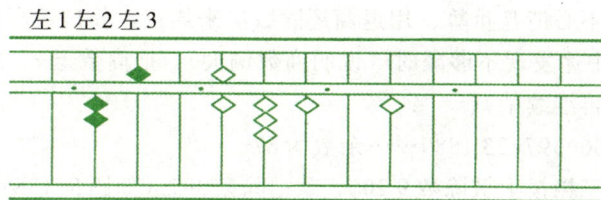

图 5-134

④ 63<70，"数近"，可在被除数首位 6 下档加二次除数，成为 77 281，然后在被除数首位左一位上商数 8，在商 8 后不隔位减一次除数 709，余数为 6 381（如图 5-135 所示）。

左1左2左3

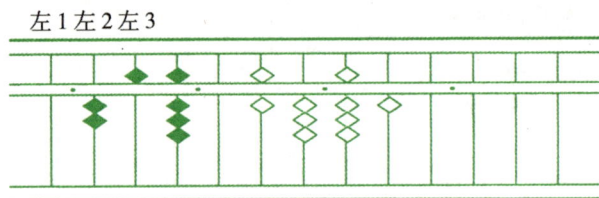

图 5-135

⑤63<70，"数近"，下位加一个除数709，够减了，即左位上商9，不隔位减除数，恰好除尽，算盘上得数为2 589，经定位为2 589（如图5-136和图5-137所示）。

左1左2左3

图 5-136

左1左2左3

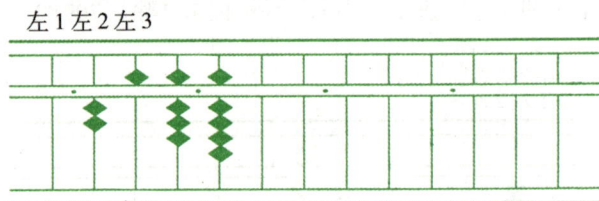

图 5-137

（二）不够减除时的计算

在上述应用"大数空加几，隔位减几除""小半随进几，隔位（或不隔位）减几除"时，都是采用一次估商来进行的，不是上一个商、减一次除数来一个一个地估商处理的，但是要做到一次估商准确，必须多学多练，多积累经验。如果一次估商时发生了商数偏大现象，可不必清盘重算，用退商还除数法来纠正。其口诀和商除法相同，就是"退1隔还几"，即中途发现不够减时（说明商数偏大），把商数退1，然后隔一档还上已经减去的几，便可再继续乘减。

【例5-56】9 206÷397=23.1889……余数为67

①算盘左起第三档拨上被除数9 206，默记除数397（如图5-138所示）。

左1左2左3

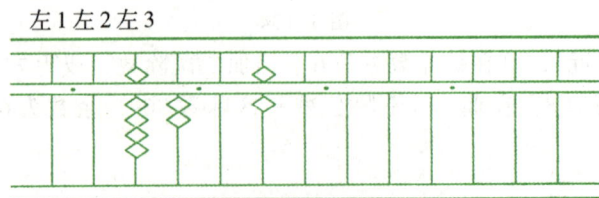

图 5-138

②92>39，用"大数空加3，隔位减3除（397×3）"，发现被除数第二位起206不够减除（如图5-139所示）。

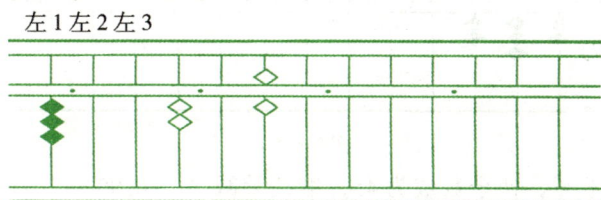

图 5-139

③作"退1隔还3"，即把商数退1，再隔一档退还已经减去的3，然后继续乘减"二九18""二七14"，余数1 266（如图5-140所示）。

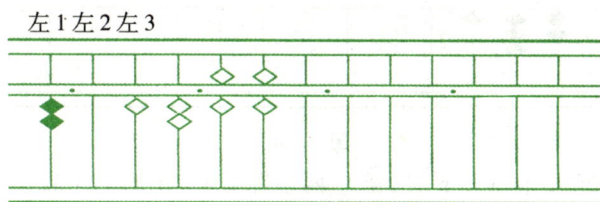

图 5-140

④余数12<39，用"小半随进4"，乘减"四三12"，发现余数66不够减（如图5-141所示）。

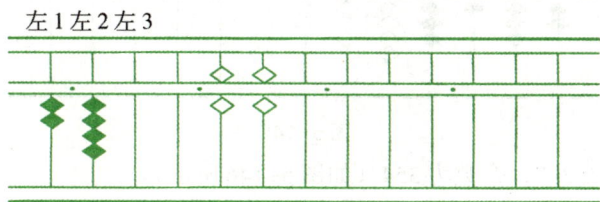

图 5-141

⑤作"退1隔还3"，使余数成为366，继续乘减"三九27""三七21"，这时余数为75（如图5-142所示）。

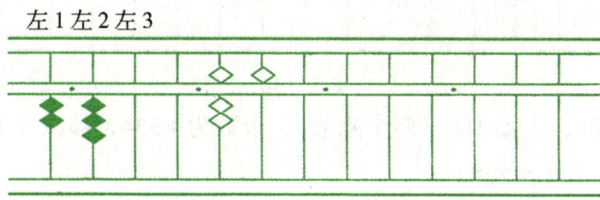

图 5-142

⑥75>39，"大数空加2，隔位减2除（397×2）"，余数第三位起不够减除（如图5-143所示）。

左1左2左3

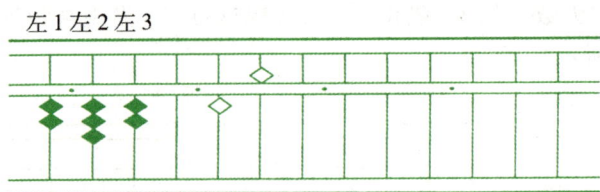

图 5-143

⑦作"退1隔还3"，使余数成为45，继续乘减"一九09""一七07"，减后余数为353（如图5-144所示）。

左 1 左 2 左 3

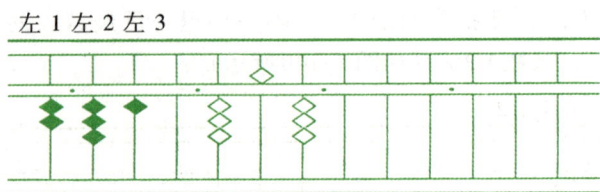

图 5-144

⑧35<39，"数近"，商8，下加2除（两个除数），余数为4 324，够减（如图5-145所示）。

左1左2左3

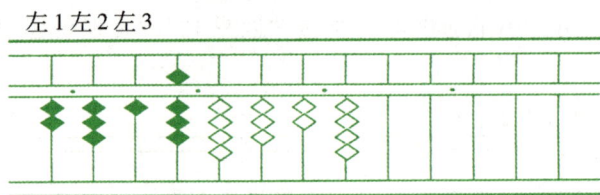

图 5-145

⑨不隔位减除数397，余数为354（如图5-146所示）。

左1左2左3

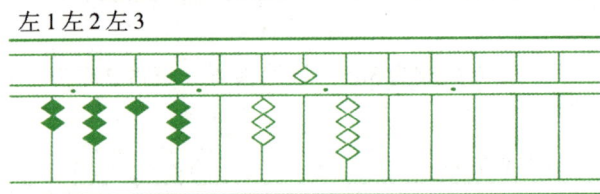

图 5-146

⑩"数近"，商8，下加2除（两个除数），余数为4 334，够减（如图5-147所示）。

左 1 左 2 左 3

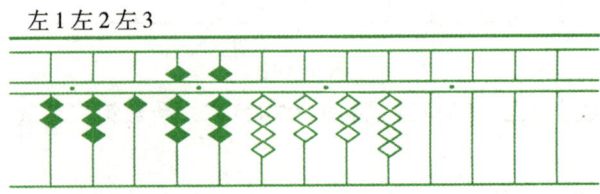

图 5-147

不隔位减除数397，余数为364（如图5-148所示）。

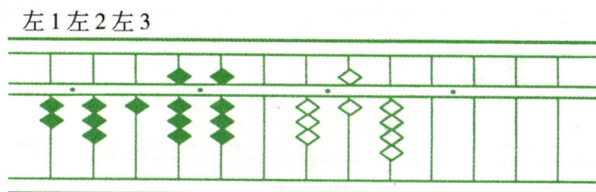

图5-148

余数36<39，"数近"，下位加除数，够减3，左位上商9，不隔位减397，余数为67，不再往下除了，盘上数字为231 889，经定位为23.1889（如图5-149所示）。

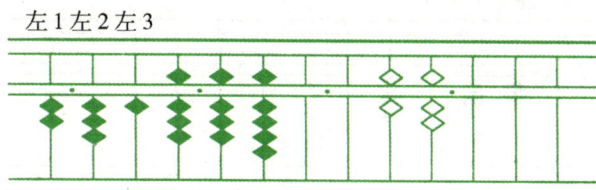

图5-149

【例5-57】 19 165÷87=220.287……余数为31

①算盘左起第三档拨被除数19 165，默记除数87（如图5-150所示）。

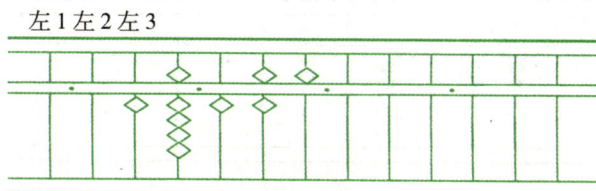

图5-150

②19<87，"小半随进2，不隔位减2除（减两个除数）"，余数为1 765（如图5-151所示）。

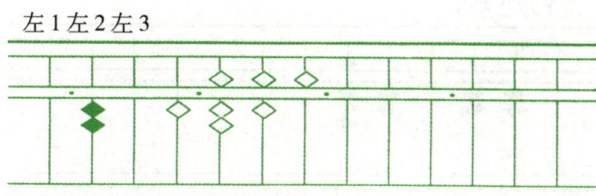

图5-151

③17<87，"小半随进2，不隔位减2除（减两个除数）"，余数为25（如图5-152所示）。

左1左2左3

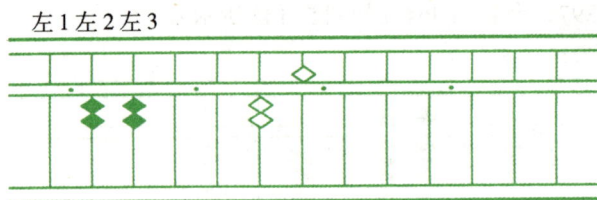

图5-152

④25<87，"小半随进3，不隔位减3除"，减"三八24"，后面就不够减了（如图5-153所示）。

左1左2左3

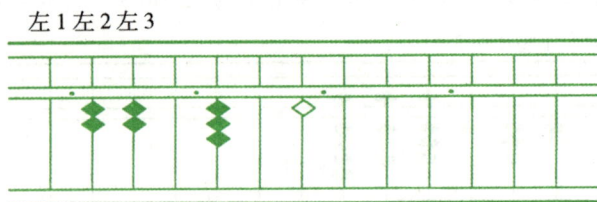

图5-153

⑤"退一隔还2"，然后减"二七14"，余数为76（如图5-154所示）。

左1左2左3

图5-154

⑥余数76<87，"数近"，可以数近下位加2除（两个除数），加到够减时（余数为934）即在左位上商8，不隔位减除数87，剩下余数为64（如图5-155所示）。

左1左2左3

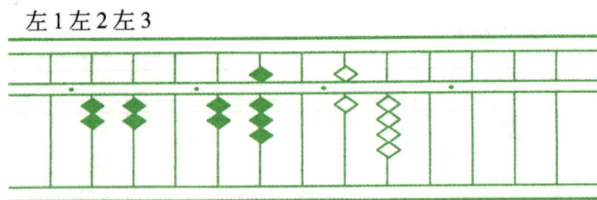

图5-155

⑦ 64<87，"数近"，可以用"数近下加除"，即下位加3除（三个除数），余数为901。加到够减时，左位上商7，不隔位减除数87，余数为31，不再往下除了，算盘上的数字为220 287 余31，经定位为220.287，余数可舍去不要（如图5-156所示）。

左1左2左3

图5-156

在除算中特别要注意，不要机械地应用口诀，而要灵活地掌握，有时还可以直接用心算估商，不必以口诀求商。如上例中第七盘式64<87，相除时，不必用"数近下加除（下位加3除），加到够减时，左位上商数、不隔位减除数"的口诀求商，而直接求商7，然后用7去乘除数，并直接从被除数中减去（和商除法一样计算），即挨位上商数7，再乘减"七八56""七七49"，余数为31，结果一样。可见商除法和剥皮除法可以结合运用。

（三）除算中除不尽的处理方法

在除法运算中，时常遇到除不尽的数，这时不一定要无限地继续运算下去，只要求一个比较准确的近似值就可以了，其余采用四舍五入的办法进行处理。为节省时间，提高效率，只要求到事先所确定的准确值为止，再看余数与除数的大小关系，进行四舍五入即可。具体做法是：

第一，当余数大于或等于除数的一半，其商数大于5或够5时，就在已求得的商数末位上加1，去掉余数，这叫"五入"。

第二，当余数小于除数的一半，其商在5以下时，就将余数舍去不要，按"四舍"处理。

【例5-58】28 516÷398=？（准确到1）

28 516÷398=71余258，个位后的余数258，就可以不再除了，但余数258大于除数398的一半，就用"五入"来处理，在已求得商数71的末位上加1，去掉余数258，变商数为72。

【例5-59】96 367÷6 238=？（准确到1）

96 367÷6 238=15余2 797，在求到商数个位5后，余数2 797就不用再除了，但余数2 797小于除数6 283的一半，可用"四舍"来处理，将余数去掉不要，确定商数为15。

四、补数除法（凑整除法）

补数除法是将除数凑成一个整数，减去一次凑整的除数，就得一个除法的商数，但必须将除数中因凑整而虚加的补数（即跟着凑整除数而多减被除数部分）补还给被除数，加在被除数的相应档位上，使每一个商数在被除数上减去的仍是除数的原数。

补数除法主要是将接近整数的除数，以大数为基础，补上小数而成整数。例如，100÷95=1余5，就以除数95为基础，凑上小数5成为100，运算时，先以100÷100=1，然后在被除数的个位档上补上多减除的5，即"余5"。

使用补数除法的基本条件一般是除数首位是9，而且是接近整数（如96、988、9 632……）的除法，因为凑整的补数越小越便于计算。

在具体运算时，还可以在拨珠方面寻找快速的窍门。

【例5-60】12 054÷98=123

本例可以用除首1为商数，而在1右面加补数"02"（2以前必须有0的档位，以免加错档位）。同样，用被除数的第二位2作为商数，而2右边加两次"02"（商几加几次补数）……最后，得商数123。具体运算步骤见表5-5。

表5-5　　　　　　　　具体运算步骤

算盘左起第二档拨数12 054，记住02		一	二		五	四
"一"作为商数，向右移一档加02	1		二	二	五	四
"二"作为二商，向右移一档加02×2	1	2		二	九	四
"二"作为三商，向右移一档加02×2	1	2	2		九	八
隔位上商数1，隔位减除数，即98	1	2	3			

注：特别说明一点，上述除法是用不隔位除法，所以最后98与98相除，也算"大数"，但不隔位进商1，减98就行。如果用前述隔位除法，则每一位被除数的头位上商时，应向左进一档（也即隔位上商的意思），如上例最后98÷98，即可隔位上商1，隔位减除数98。

【例5-61】40.1856÷97.5=0.41216

具体运算步骤见表5-6。

表5-6　　　　　　　　具体运算步骤

左起第二档拨被除数40.1856，记补数025		四		一	八	五	六	
"四"作商，右移一档加025×4	4		一	一	八	五	六	
"一"作商，右移一档加025×1	4	1		二	一		六	
"二"作商，右移一档加025×2	4	1	2		一	五	六	
"一"作商，右移一档加025×1	4	1	2	1		五	八	五
"五"作商，右移一档加025×5	4	1	2	1	5		九	七	五
975÷975，隔位上商数1，隔位减975	4	1	2	1	6			

五、几种主要除法的对比与评价

评价各种除法的优劣应当观察其准确度、速度、易学易用性以及科学性等方面，然后综合而定。

（一）商除法

其优点是：

（1）估商不必用口诀，可以心算估商；

（2）易学易用，与笔算原理一致，无须另搞程序，适用面广；

（3）熟练运用不隔位商除法，速度快；

（4）适用上一下四珠算盘，无须采用顶珠、底珠等。

其缺点是：

（1）由于心算估商往往不准，则需补商、退商，程序复杂，影响速度；

（2）还存在一次全面减积过程，拨珠较多。

如能熟练掌握心算估商，则简便易用。

（二）归除法

其优点是：

（1）估商按口诀进行，无须心算，顺手而得；

（2）口诀求商一般速度快，尤其一位数除法。

其缺点是：

（1）有些计算拨珠次数较多，层次复杂，动作慢；

（2）当今适用的算盘不宜有顶珠、底珠、悬珠的拨珠过程，同时与筹算原理不同，一般难掌握；

（3）口诀繁多，不易记诵，如不能熟练掌握口诀，则无法运算，且易出错。

（三）剥皮除法（凑倍除法）

其优点是：

（1）方法简单，易学易用；

（2）一般不必过多心算，估商易；

（3）无须运用更多口诀，也不需应用顶珠、底珠等。

其缺点是：

（1）一般要一次次减加，拨珠多，速度慢；

（2）特别遇到3、4、6、7、8等更不易掌握。

如能掌握加倍、减倍适当结合心算则速度必快。

（四）补数除法（凑整除法）

其优点是：将接近整数的除数，以大数为基础，补上小数而成整数，计算方便、简捷。

其缺点是：除数能凑成整数。

第四节　变通除法

变通除法是在基本除法的基础上，根据计算数字特点、运算规律和计算任务要求而简化一些运算过程的算法。

省除法

在实际工作中，有时遇到被除数与除数的位数很多，而求商数的位数不多的情况。例如，某门市部的销售额是1 586 275.96元，而开支费用是76 478.46元，问其费用率是多少？按一般的计算方法为76 478.46÷1 586 275.96×100%=4.82%。

由此可见，所求商数虽然只有三个数码（4.82%），但在实际运算中，由于两个数字都很庞大，需要经过复杂的拨珠运算，如果适当地截去几位除数和被除数，这样就减少了计算数位，便于计算，而且不至于影响商数的准确性。这种截位简化除法，叫省除法，具体步骤如下：

（1）先用公式定位法确定所要求的商数的位数（包括整数和小数部分）。目前，有人把省除法和固定个位档定位结合进行应用，拨被除数时，以固定个位为准。

（2）除数和被除数从头位起截取比商数多一位的位数。但要注意，如果被除数小于除数（先比头位数，如果头位数相同，就比较第二位，以此类推）时，应多截取一位，截取位数后面的数字，按四舍五入的方法舍去或进位。

截取公式=（M−N）或（M−N+1）+精确度2+保险系数1 （5-9）

（3）把已截取后的被除数拨在算盘右端，其末位在末一档上（或拨在左端，但末位后面一档拨下两颗珠作为压尾档），默记除数。

（4）计算中，减积一律到末档为止，末档后需减数时，凡满五，就在末档再减1。

（5）除的结果，按规定商数四舍五入。

【例 5-62】上例截取公式是（M−N+1）×%再加小数点和保险系数1，则（5−7+1）×%为1位加两位小数再加保险系数1，即截取位码等于四个位码。

①7 648÷1 586（7 648是76 478.46截取四位，第四位8是四舍五入的结果，1 586是1 586 275.96截取前四位的结果）。算盘右端拨上被除数7 648，默记除数1 586（如图5-157所示）。

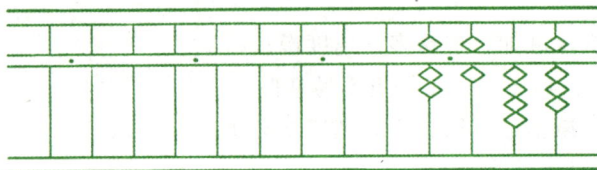

图5-157

②"大数空加4，隔位减4除"，减积"四一04""四五20""四八32""四六24"，余数为1 304（如图5-158所示）。

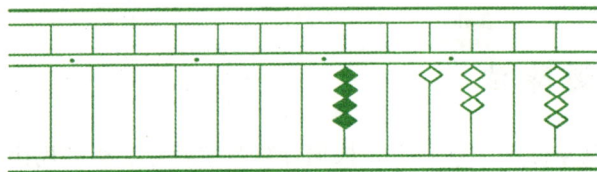

图5-158

③挨位直接试商8，用直接乘减，减积"八一08""八五40""八八64""八六48"（末档去1）（如图5-159所示）。

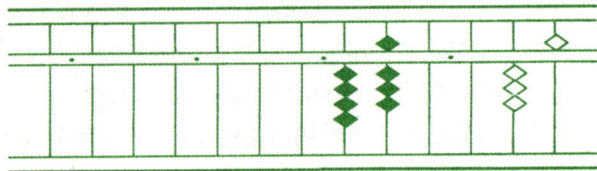

图5-159

④"大数空加2，隔位减2除"，减积"二一02""二五10""二八16"（末档去1）

（如图5-160所示）。

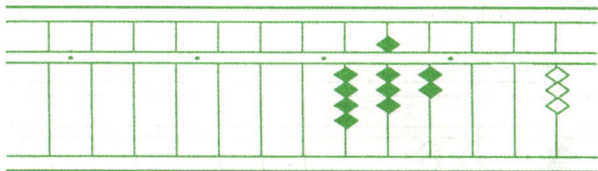

图5-160

至此不需再除，看出余数不够商5，舍去得商数，并定位为4.82%。

【例5-63】25 468.462÷5 468.8=4.66（精确到0.01）

①商的位数，按公式定位是整数一位，小数两位，共三位，除数和被除数各从头位起截取四位，且因被除数头位2小于除数头位5，即不够除，则被除数应多截取一位，为五位，即为25 468，拨在算盘右边，默记除数5 469（如图5-161所示）。

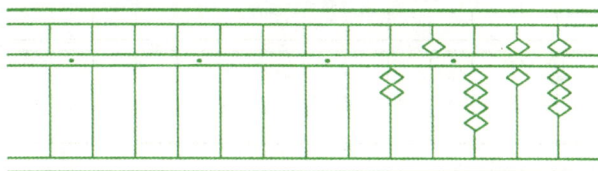

图5-161

②计算后（计算过程从略）商数是4.66（余数6小于除数头两位54的一半，舍去不要）（如图5-162所示）。

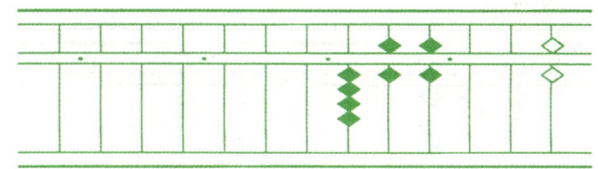

图5-162

第五节　珠算结合心算除法

珠算结合心算除法是将乘法的心算方法用于除法的减积运算，以利于多位除法的正确立商，减少拨珠次数，提高运算速度。

【例5-64】504÷24=21（用不隔位除法）

①从算盘第二档起拨上被除数504，默记除数（如图5-163所示）。

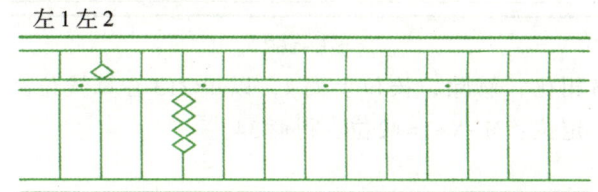

左1左2

图5-163

②50与24相比，够除，被除数首位挨位上商数2，以2×24心算48，商右挨位减积48，余数为24（如图5-164所示）。

左1左2

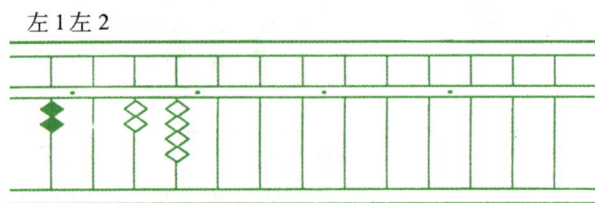

图5-164

③24与24相比，够除，挨位上商1，以1×24，减积24恰好除尽（如图5-165所示）。定位：M−N+1=+2位，得商数21。

左1左2左3

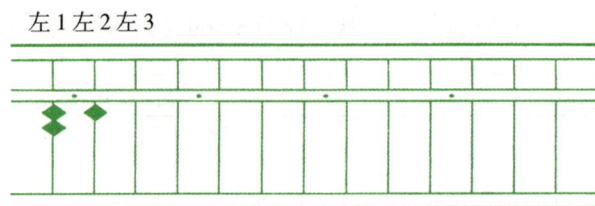

图5-165

【例5-65】7 242÷213=34（用不隔位除法）

①算盘左起第二档拨上被除数7 242，默记除数（如图5-166所示）。

左1左2左3

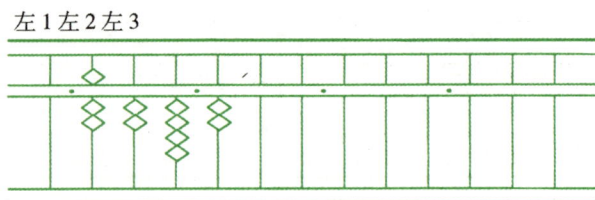

图5-166

②以724与213相比，够除，挨位上商数3，以3×213心算639，商右挨位减积639，余数为852（如图5-167所示）。

左1左2

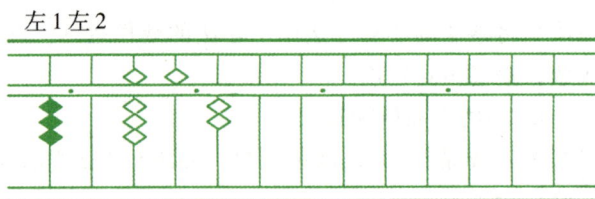

图5-167

③以852与213相比，够除，挨位上商4，以4×213心算挨位减积852，恰好除尽（如图5-168所示）。定位：M−N+1=+2位，得商34。

左1左2

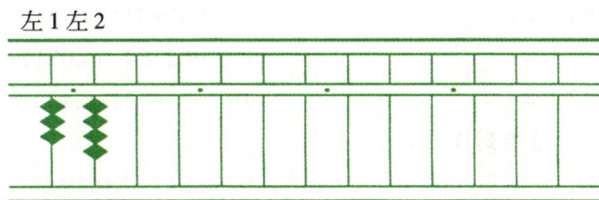

图 5-168

课后练习

一、基本练习

1.商除法（精确到 0.01）

（1）5.0238÷0.06＝

（2）60.552÷80＝

（3）294.81÷81＝

（4）5.304÷1.7＝

（5）86.391÷8.7＝

（6）56 725÷657＝

（7）280.23÷4.57＝

（8）8.5134÷0.294＝

（9）8.143÷0.1283＝

（10）240.7÷9.316＝

2.归除法（精确到 0.01）

（1）131.16÷20＝

（2）1.8360÷0.05＝

（3）58.032÷9.3＝

（4）60 480÷36＝

（5）5.6772÷5.7＝

（6）71.2420÷7.16＝

（7）607.0328÷62.71＝

（8）142.546÷27.1＝

（9）200.464÷7.48＝

（10）4 902.12÷18.36＝

3.剥皮除法（凑倍除法）（精确到 0.01）

（1）285 912÷627＝

（2）140.598÷4.38＝

（3）95.1716÷9.42＝

（4）187.308÷4.73＝

（5）707.256÷83.6＝

（6）170.816÷2.176＝

（7）25.05528÷93.84＝

（8）318.2112÷36.83＝

（9）15.70712÷54.92＝

（10）6 100.29÷724.5＝

4.补数除法（凑整除法）（精确到 0.01）

（1）46.83÷9.95＝

（2）148.7÷99.8＝

（3）6.214÷0.993＝

（4）3 724÷99.1＝

（5）2.736÷0.992＝

（6）543.76÷998.5＝

（7）1.2496÷0.9978＝

（8）4 327÷99.92＝

（9）463.89÷9.976＝

（10）39.46÷9.999＝

5.省除法（精确到 0.01）

（1）6.24318÷4.51762＝

（2）407.315÷72.4153＝

（6）618.342÷729.159＝

（7）0.318342÷0.724689＝

（3）6.47281÷49.6134=

（8）4.30145÷3.41576=

（4）823 516÷941 568

（9）59.2164÷46.0317=

（5）14.6318÷27.5724=

（10）41.6721÷8.43216

6.一次减积除法（精确到0.01）

（1）1 452÷61.7=

（6）6.311÷0.1649=

（2）515.7÷8.3=

（7）2 998÷36.14=

（3）313.5÷9.04=

（8）1 763÷27.58=

（4）113.5÷4.76=

（9）373.2÷8.163=

（5）4 934÷293=

（10）32.41÷0.5237=

7.空盘除法（精确到0.01）

（1）23 296÷64=

（6）0.99615÷0.145=

（2）477.42÷7.3=

（7）8 463.62÷45.26=

（3）20 532÷58=

（8）36.59616÷4.192=

（4）210.864÷5.73=

（9）9.5433÷0.2936=

（5）1.15866÷3.14=

（10）25.4995÷3.728=

二、除算趣味题练习

（1）用 123 456 789 先乘以 9 的倍数（即 9、18、27、36、45、54、63、72、81 等）后，再除以原乘数（即 9 的倍数）；或用 123 456 789 先乘以任意两位数（如 19、28、37、46、64、73、82、91 等），再除以原乘数。先乘后除或先除后乘反复计算，对熟练除法运算极有帮助。

（2）狮子滚绣球。

乘法中是将 1 953 125 乘以 512 的倍数（如 4 608 等），再用除法还原，即乘完后再除。反复计算，颇有趣味。

（3）孤雁出群。

① 998 001÷999=999

② 99 980 001÷9 999=9 999

（4）山上五只虎，地下九三七五。

520 828 125÷9 375=55 555

（5）盘中乐。

下列各题结果都出现六个 6：

① 567 432×65÷852×154

② 235 764×175÷354×572

③ 375 624×325÷564×308

④ 467 532×325÷702×308

⑤ 625 374×175÷939×572

⑥ 448 884×65÷674×154

⑦ 555 444×175÷834×572

⑧ 455 544×65÷684×154

⑨ 545 454×325÷819×308

⑩ 445 554×175÷669×572

三、简答题

1.简述珠算商除法的步骤和方法。

2.何谓归除法？它和商除法有何区别？

3.珠算除法的定位方法主要有几种？

文化广角

珠算之最

珠算家——程大位

程大位，字汝思，号宾渠，安徽休宁率口人，今安徽黄山市屯溪区，生于明嘉靖十二年，卒于明万历三十四年。他自幼颖悟过人，诗词文章、书法篆刻，无不精通，但他更长于算学。他二十岁后，在长江中下游一带经商，收集了大量的古算书，并遍访名师；四十岁左右，弃商返乡，专心著述；近六十岁时，完成珠算著作《直指算法统宗》（又名《算法统宗》）十七卷。

《算法统宗》是一部集各种算理算法之大全的珠算著作，是一部兼有教科书、工具书及实用手册等诸多功能的雅俗共赏、趣味盎然的珠算科普著作。《算法统宗》自1592年5月在他的家乡安徽黄山市屯溪区"宾渠旅舍"正式刊行面世后，在国内外畅销百余年而不衰。1598年，程大位又在原著的基础上删繁就简，从十七卷本压缩精编成四卷本，取名《算法纂要》。

《算法统宗》这部风行于海内外的珠算巨著，奠定了程大位在我国乃至世界珠算史上"珠算大师"的地位。

珠坛故事

算盘算出原子弹爆炸的数据

1964年10月16日，我国第一颗原子弹爆炸成功。但你知道原子弹的许多数据是算盘高手演算出来的吗？影片《横空出世》中便有这样一个场面：在一所大学的食堂大厅内，数百名算盘高手在演算原子弹数据。有人要问：国家既然下这么大的决心要研制原子弹，为什么不用计算机来帮助计算呢？当时我们国家只有一台计算机，全国有很多重要部门要用，比如说导弹部门，都有大量的数据要计算。当时是1959年，中苏关系破裂后，苏联专家带走了所有的图纸，给我们的很多援助都中断了，从而使整个原子弹的研究计划一下搁浅了。这件事恰恰激发了我国科学家的崇高爱国精神和顽强意志，也证明了珠算这一优秀传统文化在科研领域中占有的重要地位。为了成万上亿个数据，科学家们经常用算盘算到深夜，解决了许多数学难题，从而创造了世界上伟大的奇迹。

戏剧中的珠算文化

1.元曲《庞居士误放来生债》

《庞居士误放来生债》中曰："古人道：鹪鹩巢深林，无过占的一枝；鼹鼠饮黄河，无过装的满腹。咱人这家有万顷田……克了我的衣食，闲着手，去那算盘里拨了我岁数……"

2. 歌剧《白毛女》

贺敬之、丁毅等创作的《白毛女》第二场"逼债"中的舞台场景提示："地主黄世仁家。靠近客厅的一间偏房，桌旁有椅子，桌上放着一根高台蜡烛，烛光照着账本、算盘、砚台、水烟筒等物。"

《白毛女》中穆仁智应和着黄世仁，一遍遍打算盘并口念着珠算口诀和"利打利，利滚利"，生动地再现了封建社会杨白劳等穷苦农民过着饥寒交迫、横遭剥削的生活实况，以及黄世仁等地主阶级专横跋扈、残酷剥削压迫农民的情况。

3. 歌剧《王贵与李香香》

《王贵与李香香》第一部中"崔二爷收租"一章："风吹大树嘶啦啦响，崔二爷有钱当保长。一个算盘九十一颗珠，崔二爷牛羊没有数数。"用了"一个算盘九十一颗珠"的无穷概数，让观众更容易理解"崔二爷牛羊没有数数"的数字之大。

第六单元

简易心算与开方及珠心算简介

■ **课前思考**

1. 简易心算有哪些基本方法？
2. 珠算式心算的训练方法有哪些？
3. 珠算开方的步骤有哪些？

■ **学习目标**

知识目标：了解简易心算的分类和基本方法，了解珠算开方的原理和方法。

技能目标：掌握珠算式心算的训练过程和运算方法。

素养目标：提升学生思维敏捷性、注意力、空间想象力，引导学生开发自身潜能。

第一节　简易心算法

心算也称脑算或口算，是指不借助于任何计算工具，在脑子里进行分析反映的计算。

心算具有悠久的历史，是我国优秀的文化遗产之一。据史料记载，东汉时期徐岳撰写的《数术记遗》中就介绍了"计数，既舍数术，宜从心计"的心算方法。可见，早在1 800多年以前，我国就有了心算，直到今天，心算仍兴盛不衰，并得到不断的改进与发展。

珠算文化：新中国13档荷花牌实木算盘

一、心算加法

心算加法，一般从高位算起，位数对齐，逐位相加。练习心算加法时，遵循由易到难的原则，首先练习两个数码相加，逐步增加数码的个数，力争形成条件反射，见数得和数。在一位数熟练的基础上再练习多位数相加。

（一）一位数加法

一位数加法是最基本的心算，是多位数加法心算的基础，必须熟练，要求单个数码之和一看便知，可以用以下几种方法求和：

1.凑十法

多个数相加，若其中几个数之和为10，可先凑出10，再加上其余的数，简称"凑十加余"。

【例6-1】7+6+3=16

心算时，7与3凑成10，再加上6，得16。对于此类型的算题，只要熟记1与9、2与8、3与7、4与6、5与5五对数字，便可迅速求出和数。

2.拆并法

多个数字相加，若没有可直接凑成10的数，可将其中一个数拆成两个或三个数，再与其他几个数字组合成10，则易于心算。

【例6-2】8+4+9=21

可把4拆成2、1、1，2与8、1与9分别凑成10，和是21。

3.相同数组合法

相同数相加，用其个数乘以数码即得出和数。

【例6-3】6+6+6+6=6×4=24

4.连续数组合法

三个以上的连续数相加（数字的个数为奇数）且成等差数列，则可根据中间数字乘以项数求和。

【例6-4】5+7+9+3+1=25

此题可排列为1、3、5、7、9，可取中间项数字5乘以项数5，得和25。

（二）多位数加法

1.逐位法

这是最基本的算法。心算时，数位对齐，逐位相加。先算最高位，默记答数后再算第二位、第三位，直到算完末位。

【例6-5】513+264=777

心算时，将513先加上200，记住713；再加60，记住结果773；最后加上4，结果为777。

$$513+264=513+200+60+4$$
$$=713+60+4$$
$$=773+4$$
$$=777$$

【例6-6】786+517=1 303

$$786+517=786+500+10+7$$
$$=1\ 286+10+7$$
$$=1\ 296+7$$
$$=1\ 303$$

2.凑整法

当加数接近于 10^n 或 10^n 的倍数时，可先看作 10^n 或 10^n 的倍数，相加后，再减去多加的数字。

【例6-7】576+987=1 563

576+987=576+1 000-13=1 576-13=1 563

【例6-8】481+598=1 079

481+598=481+600-2=1 081-2=1 079

3.基数法

当相加的各数都接近于一个数时，则可以把该数作为基数乘以相加数的个数，然后加上或减去各个数与基数的差。计算时，先求累计差，多于基数的用加，少于基数的用减，随增随减差数，到差额累计完成后，再加上基数之和，即总和=基数×个数+累计差。

【例6-9】61+59+62+58+64

$\qquad$ =60×5+（1-1+2-2+4）

$\qquad$ =304

4.堆垛法

几个数连续相加，且成等差数列，即可用堆垛法，使用等差数列的求和公式求和，即

$$S_n=\frac{a_1+a_n}{2}\times n$$

若项数为奇数，则直接以中项之和乘以项数。

【例6-10】51+52+53+54=$\frac{51+54}{2}\times 4$

$\qquad\qquad\qquad$ =52.5×4

$\qquad\qquad\qquad$ =210

【例6-11】26+27+28+29+30=28×5

$\qquad\qquad\qquad$ =140

二、心算减法

心算减法与心算加法一样，也是从高位减起，数位对齐，逐位相减，运用心算做减法，要熟练掌握一位数或两位数相减的差数。

（一）逐位法

这是心算减法的最基本算法。心算时，位数对齐，逐位相减。先减去数的最高位，默记答数，再减去第二位、第三位……直到最低位为止。

【例6-12】869-532=337

869-532=869-500-30-2

$\qquad\qquad$ =369-30-2

$\qquad\qquad$ =339-2

$\qquad\qquad$ =337

【例6-13】746-369=377

746-369=746-300-60-9

　　　　=446-60-9

　　　　=386-9

　　　　=377

（二）凑整法

当减数接近于10^n或10^n的倍数时，可先看作10^n或10^n的倍数，相减后，再加上多减的数字。

【例6-14】7 695-998=6 697

7 695-998=7 695-（1 000-2）

　　　　　=7 695-1 000+2

　　　　　=6 695+2

　　　　　=6 697

（三）归总法

在连减计算时，可把连减的几笔数字相加再减去其和数。对加减混合计算，也可把应加的数和应减的数各自累计起来，再进行加减。

【例6-15】527-36+38+96-42

　　　　=（527+38+96）-（36+42）

　　　　=661-78

　　　　=583

（四）互补法

如果被减数和减数互为补数，则可把被减数乘以2，再减去积首位的"1"，即得所求的差。若被减数小于减数，则须求积的补数再添上"-"（负号），即得所求的差数。其原理为：

∵ $a+b=10^n$

∴ $a-b=a-（10^n-a）=2a-10^n$

【例6-16】829-171=658

829×2=1 658，再去掉首位"1"，即求出差数为658。

【例6-17】258-742=-484

258×2=516，其补数为484，再添上"-"，即得差数为-484。

三、心算乘法

心算乘法如同珠算的空盘前乘法，是从高位起乘，逐位相乘求积，同位数相加，满十进位。心算乘法速度的快慢，关键在于一位乘法求积的快慢。因此，在熟练掌握心算加法的前提下，运用大九九口诀，从高位算起，心算口念一致，求出并记牢部分积。乘积的定位一般采用公式定位法。

下面介绍心算乘法的一些主要方法：

（一）逐位法

这是一种基本的算法，主要用于一位乘法之中。对多位乘法，则将一个因数拆成单个有效数字，即将多位数简化为多个一位乘法。心算时，从高位算起，逐位心算口念，求出计算结果。

【例6-18】 36×7=252

30×7=210

6×7=42

210+42=252

【例6-19】 369×85=31 365

369×80=300×80+60×80+9×80

　　　　=24 000+4 800+720

　　　　=29 520

369×5=300×5+60×5+9×5=1 500+300+45=1 845

29 520+1 845=31 365

（二）凑整法

当一个因数接近于10^n或10^n的倍数时，则可以通过凑成10^n或10^n的倍数相乘，以达到简化计算过程的目的。

【例6-20】 426×98=41 748

426×98=426×（100-2）

　　　　=426×100-426×2

　　　　=42 600-852

　　　　=41 748

【例6-21】 637×489=311 493

637×（500-11）=637×500-637×10-637

　　　　　　　=318 500-6 370-637

　　　　　　　=311 493

（三）跟踪法

如果一个因数中有相同的数字，只需计算其中一个数的乘积，对另一个数则依据其位置对齐加一次前面得出的积数即可。因为运用了跟踪的形式加积，所以叫跟踪法。它有两种情况：

1.因数中有明显相同的数

【例6-22】 329×88=28 952

乘数首位8乘以329得积数2 632，第二个8与329之积与之相同，不必再运算，向后移一位相加2 632，即28 952。

2.因数中凑得相同的数

【例6-23】 436×27=436×（30-3）

　　　　　　　=436×30-436×3

$$=13\ 080-1\ 308$$

$$=11\ 772$$

在两位数的乘法中，可以运用这种跟踪法的数还有：

18=20-2	63=70-7
36=40-4	72=80-8
45=50-5	81=90-9
54=60-6	

在三位数的乘法中，可以运用这种跟踪法的数有：

198=200-2	594=600-6
297=300-3	693=700-7
396=400-4	792=800-8
495=500-5	891=900-9

（四）倍数法

当一个因数中的数字内具有倍数关系时，可以先计算出基数之积，再在相应位上加其与倍数之积，从而得出计算结果。

【例6-24】438×48=21 024

438×48=438×40+438×4×2

　　　　=17 520+1 752×2

　　　　=21 024

【例6-25】58×412=23 896

58×412=58×（400+12）

　　　　=58×（400+4×3）

　　　　=58×400+58×4×3

　　　　=23 200+232×3

　　　　=23 200+696

　　　　=23 896

（五）首同尾补法

两个两位数相乘时，若被乘数与乘数的首位相同，而末位数字互补，则首位数与首位数加1之积作为积的前位，末位之积为积的后两位，末位之积小于10，则以0补足十位数。

【例6-26】67×63=4 221

6×（6+1）=6×7=42，作为积的前两位；

3×7=21作为积的后两位，因此乘积为4 221。

【例6-27】81×89=7 209

8×（8+1）=72作为积的前两位；

1×9=09，作为积的后两位，则乘积为7 209。

（六）尾同首补法

两个两位数相乘，末位相同，首位互补，则首位之积加末位为积的前两位；末位之积为乘积的后两位，若末位之积小于10，则以0补足十位数。

【例6-28】39×79=3 081

3×7+9=30为积的前两位；

9×9=81为积的后两位，则积为3 081。

（七）首一法

两个两位数相乘，且首位均为1时，则一个因数加另一个因数的末位数乘以10，再加上两个末位数之积，就得出两因数的乘积。

【例6-29】16×12=192

（16+2）×10=180；6×2=12；180+12=192

（八）首九法

两个两位数相乘，且首数均为9，则一个因数减去另一个因数的补数为乘积的前两位，两因数的补数之积作为乘积的后两位，两因数之积小于10，则用0补足十位数。

【例6-30】96×98=9 408

96的补数为4，98的补数为2，96-2=94为积的前两位，4×2=08为积的后两位，所以乘积为9 408。

这种方法也可延伸到三位以上的因数相乘。

【例6-31】987×965=952 455

987的补数为13，965的补数为35，则987-35=952为积的前三位，13×35=455为积的后三位，则积为952 455。

（九）折半法

当乘数为5、25、125、625等数时，可利用半数的道理对被乘数进行折半计算。

1.乘数为5

因为5为10的1/2，即5=1/2×10，所以可将被乘数折半后再扩大10倍，即得出积数。

【例6-32】5 738×5=28 690

5 738折半为2 869，再扩大10倍为28 690。

2.乘数为25

因为25为100的1/4，即25=1/4×100=$\left(\dfrac{1}{2}\right)^2$×100，所以可将被乘数"折半后再折半"，然后扩大100倍，即得出乘积。

【例6-33】8 674×25=216 850

8 674折半为4 337，4 337再折半为2 168.5，扩大100倍为216 850。

3.乘数为125

因为125为1 000的1/8，即125=1/8×1 000=$\left(\dfrac{1}{2}\right)^3$×1 000，所以可以将被乘数折半，

折半，再折半，然后扩大1 000倍，即得出乘积。

【例6-34】27 496×125=3 437 000

27 496折半为13 748；13 748折半为6 874；6 874再折半为3 437；3 437扩大1 000倍，则乘积为3 437 000。

4.乘数为625

因为625是10 000的1/16，即625=1/16×10 000= $(\frac{1}{2})^4$×10 000，所以将被乘数折半四次，再扩大10 000倍，即得出乘积。

四、心算除法

心算除法比心算加减法、乘法难度大，应用范围较小，但是作为一种计算方法，掌握它对于提高珠算除法水平是有帮助的。下面针对数字的特点，介绍一些心算方法。商的定位法与珠算定位法相同，但通常使用公式定位法。

（一）凑成法

这是一种最基本的心算方法。因为除数与商数之积等于被除数，所以可用除数凑成被除数，从而得出商数。

【例6-35】某顾客用10元买5.80元/千克的糖果，问可以买多少？

①10元钱买1千克还剩4.20元，再买0.5千克还剩1.30元；

②再买0.2千克需用1.16元，还剩0.14元；

③0.01千克即10克需0.058元，再买20克需0.116元，还剩0.024元，约买4克；

④可买糖果为1+0.5+0.2+0.02+0.004=1.724（千克）。

（二）以乘代除法

当除数为5、25、125、625时，可分别用2、4、8、16同被除数相乘来代替除算，再经定位得出商数。

【例6-36】56÷5=11.2

56×2=112，经定位得11.2。

【例6-37】658÷25=26.32

658×4=2 632，经定位得26.32。

【例6-38】8 269÷125=66.152

8 269×8=66 152，经定位得66.152。

【例6-39】840÷625=1.344

840×16=13 440，经定位得1.344。

（三）折半法

当除数的有效数字是2的乘方数时，如2、4、6、8、16……则可将除数折半一次、二次、三次、四次……再通过定位得出商数。

【例6-40】396÷2=198

将396折半一次求得商数198。

【例6-41】486÷4=121.5

将486折半一次为243，243再折半一次为121.5。

（四）扩倍法

当除数在50以内、末位数又是5时，可将被除数和除数乘以2，即双方扩大一倍，并使除数变成只有一位有效数字后再除，得商一致，而计算简化了。

【例6-42】75÷1.5=50

被除数和除数扩大2倍，变为150和3；150÷3=50。

第二节　珠算式心算简介

珠算式心算，通俗地讲，就是在脑子中打算盘，也就是把0~9各数表示在脑中想象的虚算盘上，通过想象，模仿珠算的拨珠动作来进行拨珠运算，在高度熟练的基础上，形成条件反射，无须拨动算珠，即能直接计算出结果。

学习珠算式心算，首先要有熟练的珠算技术为基础；其次要在脑中想象虚算珠，进行想象拨珠练习，这是珠算式心算的关键。想象练习要由易到难，开始时可闭目强迫大脑进行想象，然后逐步过渡到不闭目进行想象。先练习听算，待熟练后再练习看算。本节介绍珠算式心算的简单方法。

一、珠算式心算加减法

珠算式心算加减法同珠算计算方法相同，要掌握它，关键是需要有一套科学的训练方法。

（一）看数、记数的训练

看数、记数的训练借助于数字卡片，事先制作数码卡片若干。

首先，进行看数、写数的训练。任何1张卡片，看1秒钟，将看到的数记住，迅速写下来。也就是说，用1秒看数，2~4秒写数。练习一段时间，再做多张卡片进行训练，熟练后位数由少到多，逐步增加数的位数和卡片的张数。

其次，进行记数、读数训练。看数方法同前，只是间隔1~2秒，将看到的数背读出来。注意仍由少到多，循序渐进。

（二）听算、看算练习

加减法的听算、看算，一般地讲，应先练听算，后练看算，然后听算和看算交替练习。

1.听（看）算三个一位数字的加法

如

6	4	1	8	2
3	7	6	7	6
2	5	9	3	4

这是最基础的练习。通过三个一位数字加算练习，初步在脑中建立起虚算珠的形象。

2.听（看）算三个一位数字的加减混合算

如

7	8	5	9	6
-2	-6	-4	-2	-3
6	4	9	8	4

3.听（看）算两个两位数字的加减算

如

78	67	82	96
-29	-48	15	14

4.听（看）算三个两位数字的加减混合算

如

69	82	95	87
-42	-67	-72	-72
57	59	86	43

5.听（看）算两个三位数字的加减算

如

476	593	789	816
359	427	-527	-429

6.听（看）算三个三位数字的加减混合算

如

329	978	476	927
-461	-354	218	-829
186	269	-735	416

二、珠算式心算乘法

珠算式心算乘法和珠算乘法一样，一般用九九口诀进行乘加，或用"一口清"累加，其定位方法与珠算方法一致。初学时应由易到难，先从一位乘以两位开始，逐步向一位乘多位发展，一般掌握到二三位程度就可自如应对日常工作和生活。

三、珠算式心算除法

珠算式心算除法，比加减、乘的难度大，应用范围也较小，运用时，一般使用隔位商除法，定位方法同珠算定位法。

第三节　珠算开方法简介

珠算技术不仅能进行基本的加减乘除运算，还能进行一些高级的运算，如乘方、开方、有理数运算、多项式、线性代数、灰色预测等运算。为了扩大知识面、开阔视野，本书仅就珠算开平方法做简单介绍，以引导大家加强对我国传统优秀文化遗产的研究，促进珠算技术的发扬光大。

珠算开平方法有多种，现以商除折半开平方方法为例加以介绍。其运算步骤如下：

第一，分节布数：把被开方数，从小数点起向左、右每两位分为一节。若最左一节为一位数，前档补0凑为一节，把被开方数在节前空一档布入算盘内。

第二，求首根（初根）：看最左一节中的数，用平方九九歌估出含几的平方，求出首根；在节的前档入根，从被开方数最左一节中减掉首根的平方数。

第三，余数折半：把余数用破头乘法乘以5（即乘以0.5）的办法折半。

第四，求二根（次根）：用首根去除折半后的余数估出二根；从余数中挨位减去首根和二根的积，再依次减去次根平方数的半数。

第五，求三根：用一、二两位根去除余数，估出三根，然后从余数中挨位减去首根与三根的积、二根与三根的积及三根平方数的一半。

第六，求后面的各根，均按照上述求三根的方法类推。

第七，取根定位：由被开方数的节数决定根的位数（整数位或小数位）。被开方数的整数部分分为几节，就有几位整数根。若是纯小数，小数点后第几节有效数字，根的首位就从小数点后第几位开始。

第八，注意事项：首先，估根时若同位相比有根，则要隔档进根；若是添位相比有根，则要挨位进根。其次，注意到第一条后可自然发现"0"根，有0根时，在从余数中减去各根之积时，要注意档次。

第九，纯小数开平方根和不尽根：纯小数开平方的方法与整数开平方法完全相同，只是分节时从小数点起自左向右两位一节；另应注意首根在小数点后几节，就是小数点后的第几位小数。

关于不尽根在计算上与上述相同，只是比要求的小数位数多求出一位根后四舍五入。

【例6-43】$\sqrt{4613904}=2148$

①分节布数：4 613 904是七位数，可分为四节，因左一节是一位数，从左起第三档布入算盘（如图6-1所示）。

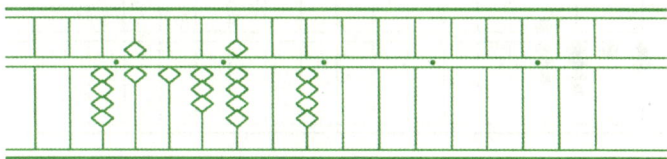

图6-1

②求首根：从左一节04中，运用平方九九歌可以看出首根为2，节前档进根2，挨位减04，原数变为：2；00 613 904（如图6-2所示）。

③余数折半：把余数613 904×0.5，原数变为306 952，原数变为：2；00 306 952（如图6-3所示）。

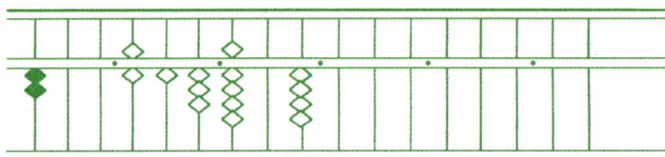

图 6-2

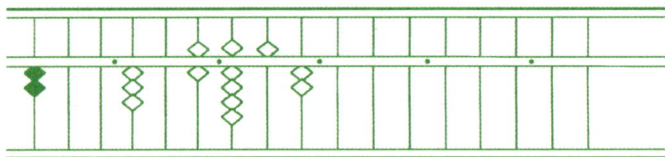

图 6-3

④求二根：用余数同位 3 比首根 2，估二根为 1，隔档进根 1，挨位减 2×1，1^2×1/2，原数变为：21；0 101 952（如图 6-4 所示）。

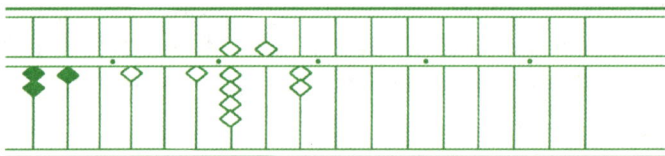

图 6-4

⑤求三根：用余数添位 101 比首二根 21，估三根为 4，前档进根 4，挨位减 2×4、1×4、4^2×1/2，原数变为：214；017 152（如图 6-5 所示）。

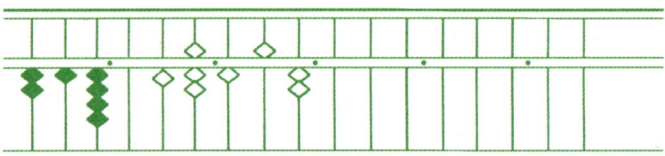

图 6-5

⑥求四根：用余数添位 1 715 比首三根 214，估出四根为 8，前档进根 8，挨位减 2×8、1×8、4×8、8^2×1/2（如图 6-6 所示）。

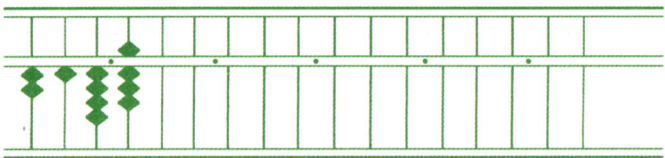

图 6-6

⑦取根定位：根据分节，已知有四位整数根，所以 2 148 为所求的平方根。

带小数和小数开平方的方法与整数开平方的方法完全一致，只是分节不同。小数开平方和不尽根，需要注意求的小数位数。一般按要求的位数多一位，再四舍五入。

对于珠算开立方等方法，本书不再介绍，感兴趣者请借阅有关资料进行研究。

课后练习

一、心算（简易心算或珠心算）

（1）加减算

① 364+136=

② 8.96-0.89=

③ 697-298=

④ 6.32+5.68=

⑤ 100-45.65=

⑥ 217-49.87=

⑦ 29.34+56.28=

⑧ 28.76+31.76=

⑨ 99.74+43.27=

⑩ 24.98+59.89=

（2）乘算

① 14×12=

② 9.6×9.8=

③ 69×21=

④ 3.2×6.8=

⑤ 84×2.5=

⑥ 217×49.5=

⑦ 9.34×2.58=

⑧ 28.76×25=

⑨ 99.6×9.94=

⑩ 246×598=

（3）除算

① 364÷4=

② 8.96÷0.5=

③ 697÷2.5=

④ 6.32÷0.01=

⑤ 45.65÷3.6=

⑥ 21 749.87÷765=

⑦ 29.34÷6.25=

⑧ 28.76÷3.16=

⑨ 99.74÷4.37=

⑩ 249.8÷59.8=

二、珠算开平方

（1）$\sqrt{714025}$

（2）$\sqrt{264196}$

（3）$\sqrt{495616}$

（4）$\sqrt{30.0304}$

（5）$\sqrt{2538.1444}$

（6）$\sqrt{2209}$

（7）$\sqrt{76176}$

（8）$\sqrt{403225}$

（9）$\sqrt{92.7369}$

（10）$\sqrt{525625}$

文化广角

珠算之最

现存世上最早的绘有算盘图式的珠算书——《盘珠算法》

《盘珠算法》全名为《新刻订正家传秘诀盘珠算法士民利用》。这本书是明代（1573年）徐心鲁订正，刻书家熊台南刊行的。宋、元、明时期，福建建阳地区的印刷业十分发达，特别是建阳麻纱，其所刊行的书籍在国内享有很高的声誉。熊台南所刊行的《盘珠算法》是明万历年间福建所刊行的众多图书中的一种。

徐心鲁在书中名言他是"订正"者，那么该书原作者必定在1573年以前。从书的内容来看，它是遵循"士民利用"这个宗旨的。因此，可以说，在《盘珠算法》之前，我国民间已经广泛使用算盘了。此时算盘图式是上一算珠，下五算珠，中间用木隔开，一共九排。《盘珠算法》共二卷，卷一为珠算口诀及其他实用的计算方法，卷二为解决实际问题的实用算术，书中附有五十四幅珠算盘图式。书中的口诀和算法一直沿用至今，从中我们不难见到其巨大的魅力。

珠坛故事

华罗庚与珠算

华罗庚初中毕业后，15岁时曾求学于上海中华职业学校，在校期间跟随华印椿先生学习珠算。当时华罗庚珠算打得非常好，在珠算考试和比赛中连连夺魁，是全校有名的珠算高手。

1973年6月，华罗庚率领"双法"小分队到浙江推广试验优选法和统筹法。在杭州他曾委派随行的中国科技大学数学系副主任龚升教授去听珠算家黄继鲁的"三算结合教学"课。龚升教授听课结束后座谈时说："你们的教改很有意义，儿童从小学会珠算，终身受用，二年级的孩子算盘已打得不错，教学效果很好，希望坚持试验。""华先生的算盘打得很好，有时还用算盘计算。"

华罗庚1963年在《从孙子的神奇妙算谈起》一书中，就《孙子算经》中曾作为一个典型问题的"韩信点兵"进行论述，将这一传统的典型问题，用珠算轻松地解答：在算盘上先打上2，每次加3，加成5除余3的时候暂停下来，再在这个数上每次加15，到得出7除余2的时候，就是答案。

美术中的珠算文化

算盘入画，可圈可点。较早绘有算盘图的作品是宋代张择端的名画《清明上河图》，南宋刘胜年绘制的《茗园赌市图》、元初画家王振鹏绘制的《乾坤一担图》、明代画家杜堇绘制的《水浒·秦明蒋敬图》等中都绘有算盘。

大画家齐白石曾画过一把折扇，正面是一把算盘，赫然写着"发财图"三个大字。背面写着题跋，大意是：有一天，有位客人请求齐白石画一张发财图，可发财的门道太多了，画什么好呢？齐白石建议画赵公元帅（即财神爷）、印玺官帽或刀枪绳索，但都被索画者否定了，他要齐白石画算盘。齐白石想了想说："好，赚人钱有利于人，算盘真是仁具啊！"于是他一挥而就，完成了这幅作品。

第七单元

点钞基本方法

课前思考

1.点钞的方法有哪些？
2.钞票扎捆的方法有哪些？

学习目标

知识目标：了解点钞的意义，熟悉点钞的基本方法。

技能目标：熟练掌握单指单张点钞法，了解其他点钞法。

素养目标：弘扬工匠精神，树立技能成才、技能报国的人生理想；培养学生一丝不苟、严谨务实的工作作风。

点钞技术是财会出纳人员的基本功，正确地运用点钞方法，掌握点钞技巧，直接关系到现金收付的效率和质量。同时，点钞是金融、商业等行业部门考核员工素质、评选技术能手的项目之一，应受到重视。

第一节 点钞前的准备

一、点钞前的坐姿

由于点钞时的坐姿是否正确，直接影响清点的速度和准确率，因此点钞时两脚要平踏地上，上身要直正、自然，全身肌肉放松，端坐桌前，两肘放在桌上，精神集中，做到手、眼、脑三位一体，要有配合，默记张数，不能口念出声。眼睛与钞票距离适中。

二、点钞用具、钞票把摆放

蹾齐要清点的钞票把。挪开钞票把上捆扎的腰条，将要清点的钞票把依次摆放在桌面上。新腰条轻微折一下或弯曲，使其横立散放在桌面上，以便于拿取。印章、海

绵缸等用品摆放在适当位置（在实际工作，收付现金的清点时，还要平摊整理现金，挑剔出损伤券，然后按券别、完整券和损伤进行分类整点、捆扎）。

第二节　手工点钞方法

点钞方法分为手工整点和机具整点两种，其中手工整点钞票的方法在广大业务人员的不断改进下已发展到20多种，归总起来共三大类：单指单张点钞、多指多张点钞和扇面式点钞。本节主要介绍几种普遍使用的方法。

一、单指单张点钞

单指单张点钞法主要有手持式单指单张捻点法和手持式单指单张中指拨点法。

（一）手持式单指单张捻点法

1.持钞与折把

钞票左端中间处夹在左手中指与无名指中间，钞票左端尽量靠近手指根部。左手拇指、无名指、小指在钞票内侧，中指、食指在钞票外侧。中指、食指适当用力抵住钞票，中指、无名指夹紧钞票，大拇指按于钞票内侧将钞票向外翻推，捻成一个微开的扇面形状。钞票自然直立与桌面基本垂直（如图7-1和图7-2所示）（拆把与持钞顺序要求不完全一样，根据方法不同，可在持钞同时拆掉旧腰条，也可以清点完毕捆扎新腰条后顺势拆掉旧腰条）。

图7-1

图7-2

2.清点

右手为清点钞票之动力，大拇指微抵于钞票右上角，食指端紧靠于反扇面的右上端，中指靠紧食指，无名指、小拇指弯曲（如图7-3所示）。拇指指尖将钞票右上角向右下方并经食指的适度摩擦逐张捻动。同时，无名指配合拇指将捻动的钞票向下弹拨，拇指捻动一张，无名指弹拨一张，左手拇指随着点钞的进度，逐步向后移动，食指向前推移钞票，以便加快钞票下落的速度（如图7-4所示）。

图7-3

图7-4

3.记数

两眼紧盯钞票下滑处，看牢是否带张，同时心记张数，每捻动一张记一个数，即1、2、3、4、5、6、7、8、9、1（10）；1、2、3、4、5、6、7、8、9、2（20）……1、2、3、4、5、6、7、8、9、9（90）；1、2、3、4、5、6、7、8、9、10（100）。采用这种记数的优点是将十位数的二位数字变成一位数字，省心易记，每点百张可节约记忆80多个字节，且心记速度易与清点速度相协调，不易产生差错。

4.扎把

扎把见第三节相关内容。

（二）手持式单指单张中指拨点法

1.持钞

将钞票横放于桌面，正面向内，左手中指在钞票内侧，食指、无名指、小指在钞票外侧，大拇指压在钞票上端轻轻用力，向内侧下压，使其弯曲成一定斜面，钞票两端向内弯成"U"形。拇指与钞票上端斜面垂直，轻轻按在上面，中指用力向外抵住钞票，食指紧靠钞票外侧上端，无名指与小拇指紧紧握住钞票持在胸前（如图7-5和图7-6所示）。

图7-5

图7-6

2.清点

右手心向下，大拇指靠住钞票内侧上部，食指、无名指、小指微微弯曲。中指指尖与钞票外侧右上角轻摩擦向下拨点，逐张拨动，每次一张，眼睛看每次拨下的张数（如图7-7和图7-8所示。）

图7-7

图7-8

3.记数

记数同手持式单指单张捻点法。

4.扎把

扎把见第三节相关内容。

这种方法是一种较新的点钞方法，易学、易操作，速度快，点数准。

二、多指多张点钞

（一）手持式多指多张四指拨点法

1.持钞

持钞方法同手持式单指单张中指拨点法。

2.清点

右手心向下，大拇指靠住钞票内侧上部（如图7-7所示）。其余四指在钞票外侧，微微弯曲，从小拇指开始，无名指、中指、食指依次与钞票外侧右上角票面摩擦向下拨点，一指一张，四指反复用力，每拨点4张为一组，记一个数，眼睛看准拨下的钞票，随着清点进度，左手拇指逐渐向上移动，并捻动钞票小斜面，提高右手拨点速度（如图7-9所示）。

图7-9

3.记数

采用分组记数法，每一组记一个数，数至25组为100张，即1、2、3、4、5、6、7、8、9、1（10）；1、2、3、4、5、6、7、8、9、2（20）；1、2、3、4、5（25）。

4.扎把

扎把见第三节相关内容。

（二）手持式多指多张五指拨点法

1.持钞

左手无名指、小指夹住钞票左下端，拇指按住钞票借用桌面擦力乘势将钞票上翻，或用右手将钞票另一端向上折起，小指、拇指从钞票两侧伸出卡住钞票。拇指要高于中指，中指稍用力，使钞票右上角稍向后倾斜成弧扇形，食指稍弯曲抵住钞票背面上方（如图7-10所示。）

2.清点记数

右手拇指指尖按于钞票内上角向外拨点，食指、中指、无名指和小指依次由钞票外角轻轻向怀里拨点，每指拨点一张，每5张为一组记一个数，从拇指拨下钞票开始计数，数至20组100张（如图7-11所示）。

图7-10

图7-11

3.扎把

扎把见第三节相关内容。

三、扇面式点钞

（一）扇面式拇指一按14张点钞法

1.持钞与拆把

左手拇指在钞票内侧，其余四指在钞票外侧，并向手心弯曲，用力使钞票成微弧形。右手拇指稍用力将原腰条抽开，同时左手将钞票直立举起，钞票下端与左手掌心保持一定距离使钞票可以自动晃动，右手拇指靠近左手拇指按住钞票，其余四指伸向钞票背面横托钞票，虎口对准钞票右侧面（如图7-12所示）。

2.开扇

以左手拇指为轴心，这个轴心尤为重要。右手掌内侧将钞票向左下方压弯，右手腕带动手指由左向右将钞票自由摇动。接着，左手配合右手逆时针捻动轴心，右手拇指协助向左推捻钞票，其余四指在背面随左右晃动将钞票均匀化开，直至打开呈扇面状、每两张之间距离能清晰辨认为止（如图7-13至图7-15所示）。

图7-12

图7-13

图7-14

图7-15

3.清点记数

左手持扇，眼睛与扇面保持一定距离，从扇面右上角开始向左看，先看清第七张，再往后看7张，用右手拇指压下一组14张，同时心里记按的数（一次按的张数可根据个人的能力而定，每次按的张数越多，清点的速度越快）。右手食指迅速将拇指清点的一组钞票隔开，接着拇指再按下一组。经过勤学苦练，右手拇指就像一把尺子，一按下来就是14张一把，100张的钞票按7组零2张即点完（如图7-16所示）。

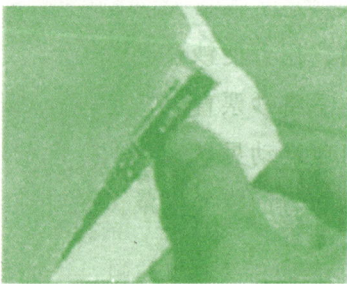

图7-16

4.合扇

钞票清点完毕，将左手小拇指挡在钞票下端边缘处，拇指放松，钞票右下角落在桌面上将扇合拢、蹾齐；或左右手配合快速相向推钞合把（如图7-14所示）。

5.扎把

扎把见第三节相关内容。

（二）扇面式多指多张点钞法

1.持钞与拆把

同扇面式拇指一按14张点钞法。

2.开扇

同扇面式拇指一按14张点钞法。

3.清点记数

左手持扇，右手拇指、食指、中指、无名指先后交替清点。每指按下相同张数。拇指按下一组，同时眼睛向左移动，看清第二组，食指向下按压，然后中指、无名指依次向下按压，如此循环往复至清点完毕（如图7-17和图7-18所示）。

图 7-17

图 7-18

4.合扇

同扇面式拇指一按 14 张点钞法。

5.扎把

扎把见第三节相关内容。

第三节 钞票捆扎方法

腰条捆扎技术是纸币清点中的一个重要环节。捆扎速度对提高点钞整体速度有很大作用。腰条一般分长短两种。长腰条主要用于实际工作中现金的捆扎，捆扎两周半；短腰条多用于比赛，捆扎一周半，捆扎速度快，但难度大，易松散。

一、缠绕捆扎法

当清点完最后一张钞票时，左手迅速下翻将钞票蹾齐，拇指在内，其他四指在外握住钞票左端，五指配合用力，使钞票向内弯曲。右手迅速拿起腰条的 2/3 处，将腰条 1/3 处贴于钞票背面，右手食指、中指将腰条压住，迅速将腰条绕钞票一周多至上端时，右手腕向右侧翻转，使腰条形成折角，用拇指或食指将腰条余头插入原腰条下面（如图7-19至图7-21所示），用拇指压平折角。

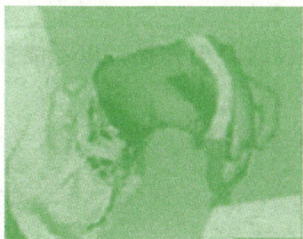

图 7-19

图 7-20

图 7-21

二、拧扎法

将点准的钞票合把蹾齐后，左手把钞票横立，拇指在钞票内侧，食指在钞票上脊中间，其他各指在钞票背面。右手取腰条1/3处搭在钞票上脊中间，用左手食指将腰条压住（如图7-22所示）。右手食指与拇指捏住腰条向钞票背面缠绕，在腰条两端并拢处捏紧（如图7-23所示），同时左手拇指从钞票前移到食指对侧面中间，将钞票捏紧竖起。此时左右手手心向下，左手手指稍用力将钞票弯成"弓"形，左手往外转动钞票，右手向怀里拧腰条并打半个结，拇指翻下贴近钞票，食指顺势上翻按住花结连同腰条余头塞入原腰条下边（如图7-24所示）。

图7-22

图7-23

图7-24

钞票捆扎应松紧适度。扎小把应以第一张钞票轻轻向斜上方提，以不能抽出为标准。每一小把钞票要蹾齐，不准有露头钞票或梯形上下错开。

清点捆扎完毕后要迅速在每把腰条上盖章，图章要盖清晰。

课后练习

一、点钞训练

将学生6人分为一组，一组再分成两个小组，其中一个小组中的3人，1人计时，1人分钞，1人登记点钞成绩；另外一个小组，点验仿真钞券。一轮练习过后，两个小组的学生互换岗位。

二、扎把训练

1.实训内容

（1）以小组为单位进行单把捆扎和多把捆扎训练，互查并评价捆扎质量。

（2）将已经捆扎好的钞券，右手捏紧，左手盖章，清晰地将名章盖在每把钞券的侧面捆条上。

2.实训目标

（1）熟练掌握扎把的动作和要求。

（2）熟练掌握盖章的动作和要求。

3.实训考核

根据学生钞券捆扎的质量予以评分。每把钞券捆扎及盖章质量分为合格和不合格两种。捆扎不合格的情况为：散把或能自然抽张；扎把过紧呈船形；成把钞券未蹾齐，露头部分上下错开超过5毫米。

盖章出现不合格情况，每把钞券扣1分。盖章不合格分为两种情况：盖章未盖在指定位置，即扎把钞条的侧面；盖章不清晰，即不能分辨文字或数字。

附录 珠算重要文献、重要人物、重要事件和重要学术活动

一、珠算重要文献简介（见表1）

表1 珠算重要文献简介

序号	年代（公元）	著作名称	编著者	主要内容说明
1	50—100年（东汉初年）	《九章算术》	佚 名	我国古老的数学著作，全书分为"方田""盈不足""方程""勾股"等9章。采用问题集的形式，搜集了246个与生产相联系的问题和解法。其中负数、分数、联立方程解法是具有世界意义的成就。书中有筹算开平方、开立方的方法
2	196—206年（东汉末年）	《数术记遗》	徐 岳	该书介绍了古代14种算具、算法：积算（筹算）、太一算、两仪算、三才算、五行算、八卦算、九宫算、运筹算、了知算、成数算、把头算、龟算、珠算、计数（心算）。"珠算"之名，首见于此。原文："珠算：控带四时，经纬三才。"
3	400年前后（东晋末年）	《孙子算经》	待 考	该书共分为3卷：上卷叙述筹算记数制度及筹算乘除法则；中卷列举筹算分数法和开平方法；下卷有"物不知数"问题，同一次同余式题
4	8世纪（唐代）	《得一算经》《一位算法》《求一算术化零歌》	陈从远江 本龙受益	对筹算乘除法进行改革
5	762—779年（唐代宗年间）	《夏侯阳算经》	佚 名	该书记载筹算制度及乘除法则，并出现重因、身外因、身外减、损乘等多种乘除简捷算法。原本已失传，无考
6	1008—1016年（北宋大中祥府时代）	《南部新书》	钱 易	该书记载了"八卦五曹算法"及"鼓珠之法"
7	1031—1095年（北宋天圣九年至绍圣二年）	《梦溪笔谈》	沈 括	该书内容涉及天文、数学、物理、化学、地质、地理等14个领域，内有增乘法记载
8	1056—1062年（北宋嘉祐元年至七年）	《盘珠集》《走盘集》	待 考	此两书为我国最早的珠算书，现皆遗失。程大位《算法统宗》卷末《算经源流》条中著录此两书

序号	年代（公元）	著作名称	编著者	主要内容说明
9	1078 年（北宋元丰元年）	《谢察微算经》	谢察微	该书中有下列各条言及算盘："中：算盘之中。上：脊梁之上，又位之左。下：脊梁之下，又位之右。脊：盘中横梁隔木……"人们以此推断北宋已有现在的横式算盘
10	1274 年（南宋咸淳十年）	《乘除通变本末》	杨　辉	该书共 3 卷：上卷《算法通变本末》，中卷《乘除通变算宝》，下卷《法算取用本末》。九归口诀是算书中的最早记录
11	1279 年（南宋祥兴二年）	《静修先生文集》	刘　因	该书卷十一中有算盘诗一首："不作瓮商舞，休停饼氏歌，执筹仍蔽簏，辛苦欲如何。"此诗主旨是借算盘去教育和讽刺那些好财而盘算他人的人
12	1299 年（元大德三年）	《算学启蒙》	朱世杰	"留头乘法""撞归""起一"在该书中出现
13	1366 年（元至正二十六年）	《辍耕录》	陶宗仪	该书引用了下列内容："凡纳婢仆，初来时，曰擂盘珠，言不拨自动。稍久，曰算盘珠，言拨之则动。既久，曰佛顶珠，言终日凝然，虽拨亦不动……"
14	1371 年（明洪武四年）	《魁本对相四言杂字》	佚　名	该书是中国古代一本看图识字的读物。其最后一页有"算盘"二字，旁画有十档上二下五珠算盘，与现在的通用算盘一样。这是至今发现最早画有算盘图的书
15	1403—1424 年（明永乐年间）	《鲁班木经》	佚　名	该书是一本土木工程专用书，其中记录了制造算盘的规格："算盘式：一尺二寸长，四寸二分大。框六分厚，九分大，起碗底。线上二子，一寸一分；线下五子，三寸一分。长短大小，看子而做。"此书说明当时已有标准算盘，并被广泛使用
16	1450 年（明景泰元年）	《九章详注比类算法大全》	吴　敬	该书中首次出现加减口诀。"商除法""金蝉脱壳""铺地锦"都是最早的记载，并且使用了大九九口诀，以及先十法做加减
17	1524 年（明嘉靖三年）	《新集通证古今算学宝鉴》	王文素	该书是中国明代水平较高的一部珠算书。它继承前人，有所创新，论定位法独特而详明，有盘中定位法、掌中定位法、悬空定位法等。它对各种乘除算法的介绍十分完整

序号	年代（公元）	著作名称	编著者	主要内容说明
18	1573 年（明万历元年）	《盘珠算法》	徐心鲁	该书中出现上法诀、退法诀，是现存最早的绘有算盘图式的珠算书
19	1592 年（明万历二十年）	《算法统宗》	程大位	该书是一部应用数学书，也是一部有名的古典珠算专著。书中乘法以"留头乘"为主，除法以"归除法"为主，奠定了后世珠算算法的基础。书中首次提出了归除开平方、开立方的珠算算法。珠算式笔算"一笔锦"及"铺地锦"是我国自己创造的笔算。此书先后流传至日本、朝鲜以及世界各地，影响面极广
20	1603 年（明万历三十一年）	《算学新说》	朱载堉	该书是计算音律的专著，计算时所用的工具为算盘。作者为进行多位数开方运算，提出了制造大算盘和改造当时流行算盘的 3 点意见：（1）专门制造了 81 档大算盘；（2）为防止大数开方错位，在算盘上贴一纸条，上写位数；（3）凡算多位乘除，盘上安一活动竹条，上写法数 25 位数字，乘除时移动竹条，可省定位。这是现今定位算盘的滥觞
21	1604 年（明万历三十二年）	《算法指南》	黄龙吟	该书中有加、减、乘、除各类歌诀，九归举例和"斤两法""一掌金""金蝉脱壳"等
22	1661 年（清顺治十八年）	《数度衍》	方中通	该书中介绍了加、减、乘、除各种珠算算法。后附"正珠乘除新法"，是其子方正珠创立的新法，实乃今日之补数乘除法
23	1882 年（清光绪八年）	《算学发蒙》	潘逢禧	该书提出了珠算起源于宋代的见解，绘有梁上三珠、梁下五珠算盘。该书 13 卷，有 5 卷专写珠算的各种问题及算法。此书注重指法练习，提出"珠算之用，指法为先……"
24	1905 年（清光绪三十一年）	《初等小学珠算入门》	杜秋孙	该书是中国第一本学校用的珠算书。根据《奏定学堂章程》（1903 年）的要求，规定初等小学四五年级学习珠算。这是为满足教学之需而编写的书
25	1905 年（清光绪三十一年）	《普通珠算课本》	蒋仲怀	该书是清代最早的中小学教科书之一，被列入江苏督学唐景崇采辑的《中学堂暂用课本之书目》，再版多次，流传颇广

序号	年代（公元）	著作名称	编著者	主要内容说明
26	1914年 1925年 1935年 1935年 1937年 1940年 1944年	《珠算增减法》 《珠算速记法》 《笔算珠算混合教学法》 《实用珠算》 《珠算制度考》 《珠算教材》 《算盘探源》	蒋士荣 华印椿 陈耿光 王善彰 李　俨 李文煦 严敦杰	说明从略
27	1953年	《速成珠算法》	余介石	余介石教授为近代珠算研究家，一生研究珠算。1953年，为适应农业合作化需要，编著此书，流传颇广
28	1954年	《大众速成珠算》	华印椿	该书中附有"珠筹合算"方法
29	1965年	《珠算教学研究通讯》	余介石	《珠算教学研究通讯》（油印）是我国第一个珠算专刊
30	1986年	《算法纂要校释》	李培业	该书是我国首部出版的古算书，为纪念程大位逝世380周年而出版
31	1987年	《中国珠算史稿》	华印椿	该书是我国第一部珠算史专著，从开始写作到最后著成前后用了14年时间，对我国珠算史做了系统的论述
32	1990年	《中华珠算大辞典》	华印椿 李培业	该书是我国第一部珠算辞书，全书共收集近2 000条目，插图上千幅，涉及珠算基础知识、算史、算理、算法等11个门类
33	1990年	《中国珠算大全》	余宁旺	该书是一部涉及内容比较完整的珠算辞书，图文并茂，发行量大。由近代珠算家余介石之子余宁旺教授主编
34	1996年	《世界珠算通典》	李培业 铃木久男	该书是当今世界上最大型的一部珠算工具书，全书近170万字，收录条目2 000多个。该书内容广泛，包括珠算史、珠算基础知识、算理算法、珠算大事记等，荣获亚太地区出版金奖
35	1999年	《古今珠算法的评价和优选》	丛吉滋	该书运用有关科技成果，对各种珠算法进行了深入的分析研究，科学地进行评价比较，并对照论述了珠算法的独特优点，把对珠算、珠心算的优越性和不可替代性的认识提高到了理性的高度
36	2000年	《当代中国珠算》	朱希安 叶宗义	该书由中国珠算协会和中国台湾地区有关珠算组织各方的珠算专家、学者共同编写。该书通过回顾当代中国珠算的历程，展望今后的发展前景，从理论上和中、西方数学的结合上，对当代中国珠算做了全面而系统的论述

二、重要人物对发展珠算事业的指示（见表2）

表2　　　　　　　　　　　　　重要人物对发展珠算事业的指示

序号	时 间	重要领导人对发展珠算事业的指示	讲话和指示内容
1	1972年	周恩来总理关于珠算的重要指示	1972年10月14日，周恩来总理同美籍华人李政道博士谈话时，说到了电子计算机，李政道博士突然说："中国早就有计算机。"周总理还没答话，李政道博士紧接着说："就是中国古老的算盘。"周总理当时很机警地对陪同一块谈话的同志说："要告诉下面，不要把算盘丢掉，猴子吃桃子最危险。"周总理这几句话的意思很明显，就是说算盘还有用处，在电子计算机时代也不能把它丢掉，作为历史文化遗产也是很有价值的，我们应当很好地把它保存下来
2	1978年	邓小平同志对发展我国珠算事业的批示	1978年8月，我国珠算界人士上书党中央，请求加强对珠算事业的领导，成立有关的珠算组织。同年9月，邓小平同志亲自批示："不要把算盘丢掉，交科学院、财政部研办。"邓小平同志的重要批示使珠算界人士群情振奋，如沐春风。1979年10月，中国珠算协会正式成立。40多年来，该协会对推动和发展珠算事业、促进社会经济发展诸方面都做出了显著的贡献
3	1979年	薄一波为《珠算》杂志题词	在中国珠算协会主办的《珠算》杂志第一期上，当时的国务院副总理、我国著名的财经工作专家薄一波同志题词："算盘是我国的传统计算工具。一千多年以来在金融贸易和人民生活等方面起了重要作用。用算盘和用电子计算机并不矛盾。现在还应充分发挥算盘的功能，为我国经济建设事业服务。"薄老的题词对算盘的重要性做了充分的肯定
4	1982年	时任全国政协副主席、著名诗人赵朴初观陈云同志打算盘照片题诗	1976年，我国财经工作专家陈云同志到杭州视察工作，亲自打起算盘来。这个情景被当时的记者拍下来登在报刊上。1982年1月，赵朴初同志看见了此照片，针对此景题诗一首："唯实是求，珠落还起。加减乘除，反复对比。运筹帷幄，决胜千里。老谋深算，国之所倚。"

序号	时　间	重要领导人对发展珠算事业的指示	讲话和指示内容
5	1991年	时任国务委员兼财政部部长王丙乾为首届全国珠算科技知识竞赛题词	1991年，中国珠算协会组织举办首届全国珠算科技知识竞赛。全国参加比赛的有年过花甲的老人，也有几岁的儿童，还有干部、工人、农民、学生和军人等，共计247万人参赛。时任国务委员兼财政部部长王丙乾为大会题词："加强珠算的学术交流和理论研究，把珠算这门应用科学提高到一个新的水平。"
6	1992年	江泽民关心珠算教学情况	1992年元月，江泽民视察江苏常州刘国钧职教中心，前后逗留26分钟，当听到该校8901班40名学生珠算技能全部达到普通一级以上水平，并有一名能手级时，笑着对桂永贵老师说："我问你一个问题，大算盘和小算盘比，哪一个打得更快？"桂永贵老师回答："小算盘快。"江泽民又问学生，学生也回答说："小算盘快。"江泽民拿过张乃蓉同学的算盘，弯下腰，一边拨打算盘，一边提问题："我们男同志手指粗，不灵活，打这种小算盘能打得快吗？"男生朱登宇站起来回答："我是运算自如的。"江泽民又问："计算加减法，是电子计算机快呢，还是算盘快？"张乃蓉同学回答："还是算盘快。"江泽民听了脸上露出满意的笑容。江泽民不仅鼓励学生学习珠算，还亲手打起算盘。这是对珠算事业的极大鼓舞
7	1997年	时任副总理李岚清考察珠心算	时任中共中央政治局委员、国务院副总理李岚清于1997年4月4日在山东省招远市视察珠心算现场教学时曾给予肯定。中央、省、市电视台均做了专题报道，在全国引起巨大反响。珠算式心算已成为开发儿童智力、改革教学方式、搞好素质教育的一项重要内容
8	1998年	朱镕基关心珠心算发展	时任国务院总理朱镕基同志1998年11月视察大连，在大连星海会展中心观看庄河实验小学学生珠心算表演时，连声称赞说："真了不起！"高度评价了珠心算的教学成果
9	1999年	江泽民关心珠心算发展	1999年8月17日，江泽民观看大连庄河实验小学学生珠心算表演，对孩子们精湛的表演称赞道："了不起，我佩服你们。"党和国家领导人在百忙中重视和关心珠心算发展让人们备受鼓舞，充满信心和力量

三、珠算重大事件及重要学术活动（见表3）

表3 　　　　　　　　　　　　珠算重大事件及重要学术活动

序号	时　间	作品与活动	主要内容说明
1	公元前1095±90年（约周文王时代）	陕西岐山陶丸	1976年3月，我国考古工作者在陕西省岐山县凤雏村发掘西周王朝早期宫室遗址。出土文物中有90粒陶丸，其中青色20粒，黄色70粒，均呈现珠形，无孔，直径一般为1.5~2厘米，表面达10级光洁度。珠算史专家李培业教授等认为这是西周时代作为计算用的算珠，并进行了初步论证，引起了世人关注
2	1108年前（北宋大观二年前）	河北巨鹿算珠	1108年黄河泛滥，巨鹿故城被湮没。1921年7月，前北平国立历史博物馆派员前往巨鹿故城三明寺旧址发掘，获王、黄二姓故宅地下木桌、碗、砚、算盘珠等文物200多件。其中算珠一颗为木质，扁圆形，直径2.11厘米，与现代通用算盘珠大小相近。此算珠现由北京历史博物馆收藏
3	1100—1130年（北宋元符三年至南宋建炎四年）	清明上河图	该图系一长卷，在"赵太丞家"药铺柜台上，绘有一把十五档算盘。珠算史研究者多以此为宋代已有成型算盘的见证
4	1310年（元至大三年）	乾坤一担图	该图中一位老人挑一副货郎担，后担上插着一把算盘，算盘有梁，有档穿珠，在外露出六档，其余部分在货郎担内遮蔽不见，每档上有上珠和下珠。这把算盘式样结构和现代算盘一样。货郎担上有算盘，足以说明当时民间已广泛使用，也证明宋代已有了算盘
5	1949年	方筹	它是直条式的倍数表，由北京李本一设计，同时南京尹漱石也设计了"方筹"
6	1950年	二梁算盘	该算盘由上海邓伯贤设计，后更名为"邓加算盘"
7	1952年	天珠算盘	该算盘是两梁七珠算盘，即天珠一粒，上珠一粒，下珠五粒，共计七粒。天珠除代表十数外，还可以作为定位珠使用。其设计者有张匡、葛汝宾、姚文海等
8	1954年	加尺算盘	这种算盘在运算时，把"法数"写在"加尺"上，由陈梓北设计
9	1957年	建议成立珠算学术研究机构	6月26日，北京《文汇报》登载了老珠算家邓伯贤关于《建议成立珠算学术研究机构》一文

序号	时　间	作品与活动	主要内容说明
10	1959年	提出三算结合	《江西教育》第9期刊登宜春小学关于口算、笔算、珠算三算结合的文章
11	1963年	建立"欠一法"和"借商法"理论	余介石完成了"过大商"（又名"高商"）商除法的研究，从此在我国珠算界建立了"欠一法"和"借商法"理论
12	1964年	建议珠算教改	春季，上海地区珠算界召开第二次教改座谈会。年底，余介石教授首次上书教育部，建议珠算教改，列名者有16人，包括华印椿先生
13	1966年	珠算及辅助工作座谈会	11月中旬，中国数学界人士召集珠算及辅助器（工具）座谈会，向有关部门提出今后进行珠算工作的建议
14	1967年	"远东唯一大算盘"被损坏	年初，红卫兵打碎了上海市南京路达仁堂药铺内已有40多年历史的五十一档"远东唯一大算盘"
15	1969年	始创"三算结合"	上海崇明县新河公社"五七"干校始创了"三算结合"，后推广到全国
16	1977年	第一个业余珠算研究小组成立	6月26日，四川省宁南县食品公司系统成立了我国第一个业余珠算研究小组，由蒋畅行同志发起建立
17	1979年	中国珠算协会成立	2月，中国珠算协会筹备会在北京召开。10月31日至11月5日，中国珠算协会在河北省秦皇岛市召开成立大会，出席大会的代表及来宾共200余人，姜明远当选为会长
18	1980年	中国珠算协会首次出访日本	8月1日至16日，中国珠算协会友好访问团首次出访日本。8月10日，中国、日本、美国、巴西等国家珠算代表团举行国际珠算教育者会议，并发表宣言
19	1981年	首届全国珠算技术比赛大会举行	9月12日至15日，首届全国珠算技术比赛大会在山东省济南市举行，来自29个省、自治区、直辖市的代表286名，进行了加、减、乘、除、账表、传票等项目的比赛
20	1981年	首届中国珠算史讨论会召开	11月4日至8日，首届中国珠算史讨论会在陕西省西安市户县召开，到会代表33人，收到论文18篇。日本珠算史研究会会长铃木久男教授做了报告，肯定珠算盘是中国宋代前发明的，修改了以前的研究结论

序号	时　间	作品与活动	主要内容说明
21	1982年	陈宝定算盘资料展览	2月12日，上海市嘉定珠算协会在上海古猗园举办珠算（盘）资料及实物展览，到会代表180余人，展出陈宝定收藏的算盘130种、各种算具31件以及其他多种图书资料
22	1982年	"算盘迷"电视节目播出	12月8日，上海电视台五频道播放"算盘迷"电视节目计20分钟，对普及珠算技术起了积极的宣传作用
23	1983年	关于珠算的人大提案	江苏省金逊副省长在五届全国人大五次会议上慎重地提出了"请把珠算列入小学、初中必修课程"的提案，此提案被列入2021号提案，并交国务院研究办理
24	1983年	华罗庚是珠算能手	4月5日，《珠算》杂志第2期刊登文章介绍，华罗庚教授青年时代（1925年）曾求学于上海中华职业学校，在几次珠算考试和比赛中连连夺魁，并成为全校著名的珠算能手
25	1985年	财政部批复《全国珠算技术等级鉴定标准》	9月17日，财政部批复《全国珠算技术等级鉴定标准》（〔1985〕财会字第60号文件），同意将该标准作为考核会计人员珠算技术水平的试行标准
26	1986年	组织世界珠算协会	中、日、美三国有关人士商议组织世界珠算协会，受到重视珠算的国家和地区的积极响应。次年3月，三国珠算组织在友好协议书上正式签字
27	1987年	上一下五菱珠算盘出土	此算盘是在福建省漳浦县盘陀乡埔村明代卢维祯墓中发现的，是一架完整的木质算盘。它的出土证明了两件事：一是菱珠算盘是中国首创的；二是中国明代确曾存在过梁上一珠的算盘。该发现震惊中日珠算界
28	1990年	华印椿逝世	他是我国著名的珠算家，国际珠算界知名学者，被誉为"珠算泰斗"，享年94岁
29	1991年	首届全国珠算科技知识大赛举行	9月，首届全国珠算科技知识大赛决赛颁奖大会在北京举行，国务委员、财政部部长王丙乾为大会题词，中国科技协会会长朱光亚出席大会
30	1991年	举办海峡两岸珠算优秀选手比赛	7月5日，在北京举办海峡两岸首届珠算学术交流会暨少年珠算观摩赛。该会决定从1991年起，每年轮流主办一次海峡两岸珠算优秀选手比赛，现已举办多次

序号	时　间	作品与活动	主要内容说明
31	1991年	程大位故居珠算资料馆开馆	11月8日，开馆仪式在安徽屯溪程大位故居小广场举行。中国珠算协会、安徽省珠算协会、安徽省文物局、黄山市领导及全国各界珠算专家出席开馆仪式
32	1993年	珠算式心算经验交流会召开	5月22日至25日，全国珠算式心算教育经验交流会在西安临潼召开。到会代表80余人，19个省、自治区、直辖市提供了交流材料
33	1993年	国华珠算博物馆开馆	该馆设在浙江省临海市开发区，由浙江省珠算协会指导协助、雷国华同志组建，展出展品2 000多件，是我国当时最大的珠算博物馆
34	1994年	公布珠心算全国成绩最新纪录	5月11日，中国珠算协会公布珠心算全国成绩最新纪录：个人全能2 827分，加减单项671分，乘法单项486分，除法单项716分，账表算单项625分，传票算单项435分。该协会决定在今后比赛中设破纪录奖
35	1994年	8集电视剧《算圣》拍摄完成	该电视剧由山东珠算协会、蒙阴县委、山东影视制作中心共同摄制，首次将珠算技术搬上电视屏幕，为研究我国的珠算历史提供了活的素材，并对反腐倡廉有启示作用，得到全国珠算界的赞扬
36	1996年	首届世界珠算大会召开	该次大会是世界珠算史上的一次具有划时代意义的会议，在山东省潍坊市召开。参加会议的有中国、日本等十几个国家和地区，交流论文30余篇。到会专家就珠算地位、发展战略、珠算教育、启智功能的理论与实践、珠心算技术的推广与普及进行了深入的研究，取得了丰硕的成果
37	2002年	"生态计算机"未落伍	1月7日，《参考消息》载文《生态计算机未落伍》。文章说：算盘曾在许多科学研究中发挥过重要作用。例如，中国研制第一颗原子弹时，大量的计算就是通过算盘完成的（注：电影《横空出世》中有数个用珠算计算和验证数据的镜头） 在美国，一些高科技专业人员也在使用算盘这种"生态计算机"，因为它不会受到电脑病毒的侵害。日本松下公司曾要求员工都能熟练地使用算盘 中国的部分小学仍在教授学生使用算盘，因为学会使用算盘的儿童更聪明，这已经得到了证明

序号	时　间	作品与活动	主要内容说明
38	2002年	成立世界珠算、心算联合会	10月28日，世界珠算、心算联合会在北京成立，中国为会长国，中国珠算协会会长迟海滨当选为第一届联合会会长
39	2002年	蒲公英（北京）速算研究所成立	为弘扬和发展珠算这一中华民族宝贵文化遗产，启迪儿童智力，开发和培养儿童的计算能力，提高国民素质，蒲公英（北京）速算研究所成立。蒲公英（北京）速算研究所是在文化部所属的中华儿童文化艺术促进会直接领导下，从事儿童珠算、心算、手算、电算的速算科学研究和普及教育的科研机构
40	2004年	南通中国珠算博物馆落成	5月，建筑面积5 500平方米的南通中国珠算博物馆落成，主体有博物馆展区及少儿珠心算训练基地
41	2007年	中国珠算、心算协会申报珠算非物质文化遗产工作开始	中国珠算蕴含了中国优秀传统文化和科技，珠算申遗工作对中国珠算事业的发展有着重大而深远的意义
42	2013年	珠算正式被联合国教科文组织列入《人类非物质文化遗产代表作名录》	12月4日阿塞拜疆时间下午5时23分（北京时间晚9时23分），联合国教科文组织保护非物质文化遗产政府间委员会第八届常务委员会会议决定，将我国申报的中国珠算项目列入《人类非物质文化遗产代表作名录》
43	2013年	台儿庄中华珠算博物馆落成	8月，建筑面积2 800平方米的台儿庄中华珠算博物馆落成，设有5个展厅，馆藏3 000多件珠算精品

课后练习参考答案

参考答案

主要参考和应用文献资料

［1］华印椿. 中国珠算史稿［M］. 北京：中国财政经济出版社，1987.

［2］李培业，铃木久男. 世界珠算通典［M］. 西安：陕西人民出版社，1996.

［3］丛吉滋. 古今珠算法的评价和优选［M］. 北京：中国财政经济出版社，1999.

［4］朱希安. 当代中国珠算［M］. 北京：中国财政经济出版社，2000.

［5］余宁旺. 中国珠算大全［M］. 天津：天津科学技术出版社，1990.

［6］张德和. 珠算长青［M］. 北京：中国财政经济出版社，2008.

［7］姚克贤. 计算技术［M］. 北京：中国财政经济出版社，1995.

［8］姚克贤. 齐鲁珠算大观［M］. 北京：中国商业出版社，1988.

［9］王宗江. 计算技术教程［M］. 北京：高等教育出版社，2002.

［10］姚克贤，王宗江. 发展珠算科技是新时代的现实要求［J］. 新理财，2004（4）.

［11］姚克贤. 对中国珠算起源的论证——考察临沂汉墓情况［J］. 日本珠算界，1982（346）.

［12］姚克贤. 浅谈中国珠算发展过程［J］. 日本珠算史研究，1982（5）.

［13］姚克贤. 再谈中国现代珠算盘起源与演变［J］. 齐鲁珠坛，1982（2）.